JN111790

幸 せ 白 書

～人がより良く生きるために
政策関係者、地方自治体、学校現場、
企業は何をすべきか

一般社団法人
ウェルビーイング政策研究所

文芸社

幸せ白書　発刊に寄せて

前野隆司

　この白書の構想を最初に考案された谷隼太さんはじめ、様々な方々のご尽力により、この白書はできあがりました。まずは、皆様に感謝したいと思います。ご尽力、ありがとうございます。そして、読者の皆さん、ありがとうございます。この白書は、基本的には政策関係者を対象に作られていますが、実は、政策はどなたでも提案できます。国民であれば誰でも。つまり、この白書は、「すべての人のための幸せ白書」なのです。

　「政策はすべての人のものだ」という話をもう少し述べましょう。私が勤務している慶應義塾大学には、SFCと呼ばれるキャンパスがあります。ここに2つある学部の一つは総合政策学部。大学院は政策・メディア研究科。どちらも「政策」という文字が入っています。ここでいう「政策」は、政治家や官僚が作り上げるいわゆる"政策"という意味ではなく、あらゆる人々の新たな提言とでもいうような広い意味を含むものです。本書の「政策」も、ぜひ広い意味で捉えていただければ幸いです。もちろん、公共的な職場における政策担当者の方々の熱意を尊重しないという意味ではまったくありません。そのような方々のニーズを満たすためのみならず、すべての方々が、この白書を片手に、さらなるウェルビーイングな世界を目指していくための指南書。これが本書の目的です。

　自己紹介が前後しましたが、私は、ウェルビーイング（幸せ、健康、福祉、良い状態）の研究を行っている前野隆司と申します（ここではウェルビーイングを幸せという意味で用います）。ウェルビーイングとは何なのかを明らかにするための心理学的・基礎的な研究から、ウェルビーイングに関する学術的知見を物づくり、サービス作り、組織作り、町作り、人作りといったすべての産業に応用するための応用研究まで、すなわち、基礎から応用までの研究を行っています。いろいろな研究を行っていますが、その根本の目的は、世界中のすべての人々が幸せな世

界の構築に貢献することです。

　日本国憲法の人権の項の最初に「幸福追求権」があります。つまり、基本的人権の根本は、幸せに生きる権利なのです。私たち日本人は、いや、人類は、幸せに生きるべきなのです。では、私たちは、幸せに生きているでしょうか。

　本当に残念なのですが、ウェルビーイングや幸せの研究者として、現代人は幸せに生きているとは言い切れないと思います。その根本原因は、「幸せ第一」ではなく「経済成長第一」という生き方を長く続けてきたからだと思います。経済成長は悪いことではありませんが、経済成長への過度な傾倒は、人心を蝕み、環境破壊を助長していると思います。

　せっかくの機会なので、はっきり書きますが、産業革命以来の経済成長重視の世界には、根本の思想がありません。何らかの思想に傾倒せずに、多様な考え、言論の自由を重視するのが現代自由主義社会なのですが、自由であるということは、言い換えれば、根本思想がないということでもあります。さらに言い換えれば、アダム・スミスの言うように、個人が自分勝手に自分の利益を最優先すれば、その結果として全体としてうまくいく、という資本主義の考え方が正しいと考えられていたのが、産業革命以来の二百数十年の世界です。

　しかしそれは間違いでした。いや、間違いでしたは言い過ぎかもしれません。「最良・最善・最適な社会システムではなかった」というほうが正確でしょう。現代とは、資本主義が最善のシステムではないことが明らかになった時代なのです。

　私は研究者として、現代人類に警鐘を鳴らしたいと思います。産業革命以来二百数十年の私たちの生き方が正しかったかどうか、見直すべき時代なのではありませんか、と。

　もちろん、過去のような根本の思想を取り戻せと主張しているのではありません。中世のように宗教が支配的な時代や、共産主義のようなイデオロギーを基本とする世界、専制君主の考えに従わざるを得ない時代に移行すべきだとは思いません。ただし、現代社会は、それらの時代に比べて、中心的思想がないために、環境問題、貧困問題、国家間の紛争やテロの問題、パンデミックの問題など、全体統合的に解決すべき問題の解決には非力です。このことは、現代社会に住む私たち自身が自覚す

べきことだと思います。

　では、根本思想のない現代社会において、いかにして全体統合的な問題解決を図るべきでしょうか。

　私は、そのためのキーになるのがウェルビーイングであると考えています。なぜなら、主観的幸福（subjective well-being）に関する様々な研究の結果、幸せな人は、利他的で、視野が広く、外交的で、自己肯定感が高く、チャレンジ精神も旺盛で、個性もあり、主体的に行動する人であることがわかっています。つまり、幸せな人とは、いい人なのです。世界をより良い方向に導くことのできる健全な人なのです。より良い社会を構築するためには、個人も、企業体も、公共機関も、ウェルビーイングを考慮した行動・活動を行うことが重要なのです。

　健全なコミュニティの一例を挙げると、従業員の幸せを第一優先に考えている著名な会社があります。これらの会社は、従業員が生き生きと主体的に幸せそうに働いているのみならず、会社自体も繁栄しています。このようなあり方を全世界に拡張することができれば、平和で幸せな世界が実現できるでしょう。

　理想論だと言われるかもしれません。そうです。理想論です。私は、理想論のない現実論は不毛であると考えます。人類は、大きな理想を持った上で、現実的な歩みを進めるべきだと思います。そして、前に述べたように、それができていないのが現代社会です。だからこそ、ウェルビーイングを中心とする理想を現代人は持つべきだと思うのです。根本思想を失った現代社会において、根本思想を代替するのが、ウェルビーイングについての科学的知見に基づく政策提言・社会運営だと思うのです。

　そして、本書は、そのための基礎知識を得ることのできる本です。豪華執筆陣により、多面的に幸せ（ウェルビーイング）についての情報が語られています。ぜひ、政策提言の際に、あるいは、その他の物づくり、サービス作り、組織作り、町作り、人作りの場面で、本書を生かしてください。みんなが幸せな世界を創るために本書を生かしていただけるならば、望外の幸せです。

《目　次》

幸せ白書　発刊に寄せて

前野隆司　3

第1章　幸せのための政策の実例（海外）

谷隼太　9

第2章　幸せのための政策の実例（国内）

細川甚孝　27

第3章　なぜ成熟国家で幸せのための政策が必要か

保井俊之　53

第4章　幸福の測り方―内閣府　幸福指標のおいたち

後藤義明　徳永由美子　63

第5章　世界の幸福度ランキング

浜森香織　梶川遥奈　83

第6章　個人の幸せと関連があるもの

米良克美　89

第7章　社会全体の幸せに関する調査・研究
　　　　──ポジティブ心理学と公共的ウェルビーイング計測

小林正弥　104

第8章　幸せな人が増えることによる効果

米良克美　122

第9章　働く人のウェルビーイングが組織にもたらす効果

島田由香　125

第10章　幸福の文化的差異と日本の幸福の特徴

瀬川裕美　145

第11章　格差是正についての実証分析と公共政策
　　　　──公共哲学とポジティブ政治心理学の視点

小林正弥　157

第12章　福祉領域におけるウェルビーイングの必要性

三宅隆之　187

第13章　地方自治において具体的政策・施策

OECDの都市政策レポートも住民のウェルビーイングを最重視

細川甚孝　203

幸せとは何かを自治体職員・議員・住民が学ぶ研修のあり方
について

細川甚孝　209

市民参加を生む自治体経営と市民満足度

小紫雅史（奈良県生駒市長）　214

企業の人材育成研修と地域との相乗効果

島田由香　219

学校教育

西郷孝彦　224

学校の働き方改革

澤田真由美　229

第14章　国政において具体的にどのような政策・施策が考えられるか

幸福研究への助成、国としての幸福調査

瀬川裕美　232

幸せ視点の働き方改革

島田由香　235

子どもたちの幸せな人生を育むためにどのような教育政策・
施策が考えられるか？

鈴木寛　241

寄付税制

関口宏聡　247

パーセント法……PMの資金源の多様化で日本の市民の社会
的幸福感や充実感を高める

鈴木崇弘　253

第15章　幸福の歴史

鷹木えりか　258

後書き …………………………………………………………… 274

支援者一覧 ……………………………………………………… 277

執筆者一覧 ……………………………………………………… 281

第1章　幸せのための政策の実例（海外）

谷隼太

1．はじめに

　より良い社会を作る上で、そこで生きる人々すべての幸せ（ウェルビーイング Well-being、以下WB）に役立つ政策は重要である。例えば国内総生産（Gross Domestic Product, GDP）のような国の経済的活動の指標と共に、WBの指標（社会の豊かさや人々の生活の質、満足度等）にも着目した公共政策は、21世紀の先進的民主主義国家運営の要である。

　従来はすべての人々に最低限の幸福で文化的な生活基盤を与える社会福祉政策中心であったが、公的負担増大や援助に依存しきった人々への批判との相克にあった。しかし、21世紀に入り地球温暖化や資源枯渇など地球環境持続性への配慮が求められ、幾度かの世界的経済危機も重なり、経済成長偏重の政策から持続可能で個々人のWBにも役立つ政策への転換が必要となってきた。そのためには、正しく人々のWB状態を測定する方法と、世界各国の公共政策がWBとしてどの程度効果的であったかの比較検討が重要である。

　（他の章で詳説するが）WB指標[1,2]には、各人の主観的な幸福感についてアンケートを通じて統計的に計測する主観的WBと、幸福に関係しそうな指標（収入、学歴、生活の状況、健康状態、笑い声の大きさ、脳機能計測など）を客観的に計測する客観的WBに大別される。さらに主観的WBは、①経験的幸福（ある瞬間～1日単位程度での、幸福、ストレス、苦痛、悲しみなどの気持ち等の肯定的・否定的感情）、②評価的尺度（最近の自分の生活を総合的に見た10段階評価等の満足度）、③エウダイモニア（人生の意義や目的、生きがい、やりがいなどの評価）などに区分することができる。

　本章では、特に2010年前後から世界的潮流となった主観的WBの取り組み事例を紹介し、なぜWBに着目した政策が潮流となりつつあるの

かについて解説する。

２．WB中心の国づくりへの世界潮流の転換

　国の政策の中心に「幸福」を置くことを最初に表明し世界の注目を集めたのはブータンである[3]。1971年の第3代国王ジグミ・ドルジ・ワンチュクによるブータン国連加盟スピーチ、1972年第4代国王ジグミ・シンゲ・ワンチュクの「国民総幸福量（Gross National Happiness, GNH）」の提唱により、決して経済成長を急がない仏教中心の国づくりが進められてきた。また、1970年代から心理学としての幸福研究が活発化したが、国民のWBは生活満足度調査など公共政策における補足的な立場にとどまっていた。

　しかし、グローバルな経済成長と共に、環境問題（大気、水質、騒音による汚染）も徐々に顕在化、富の偏在（例えば米国では1999年から2008年まで一人当たりのGDPは増加し続けたが、大多数の人の所得は低下）など課題が意識され、福利厚生度に関する包括的な計算基準が求められるようになった[4]。各国がそれぞれ国民の福祉向上に取り組む中、欧州を中心にGDPに代わる新しい国家経営の指標にWBを取り入れる動きが、2010年前後から活発化した。

　その中で最も大きな出来事は、フランスのサルコジ大統領の諮問により設立された「経済パフォーマンスと社会の進歩の測定に関する委員会」のメンバー（ノーベル経済学賞受賞のジョセフ・スティグリッツ教授、アマルティア・セン教授など米、英、仏、印の専門家25名）が作成した2009年報告書（通称「スティグリッツ報告書」）の発表である[4]。

　この報告書では古典的GDP問題や持続可能な発展・環境問題と並んで、生活の質に着目すべきとし、これら複数指標からなる計器盤（ダッシュボード）により複数の視点での発展度の評価を提案した。特に、生活の質を測るアプローチとして、①主観的幸福の測定、②能力アプローチ、③公正な配分を挙げた。

　これを契機として、まずフランス自身が2010年から国民の満足度や主観的幸福度の調査を進め、2015年以降毎年「豊かさの10新指標（10

nouveaux indicateurs de richesse）」を発表 [5]。2010年イギリスでは
キャメロン首相が「国民の幸福の測定（Measuring National Well-being, MNW）」プログラムの作成を指示し、2011年に試行版、2012年以後毎年国民のWB調査結果を公表 [6]。ドイツでも、2011～2013年の準備期間を経て、2013年ドイツウェルビーイング政府報告「The Government Report on Wellbeing in Germany, GRWG」と呼ばれる独自の幸福度指標が始まった [7]。

　これとは別に、米国では従来からの公的統計に主観的幸福度に関する計測を加え（主に2010年以降米国統計局の「American Time Use Survey, ATUS」やアメリカ疾病予防管理センターの「National Health Interview Survey, NHIS」等）[2]、主観的WB計測方法に関する報告 [8] をまとめている。その他チリ（2011年～）、メキシコ（2012年～）、韓国（2013年～）なども独自の主観的WB測定を始めている [2]。

　表1 [13] は2022年に経済協力開発機構「Organisation for Economic Co-operation and Development, OECD」が報告した各国のWB指標に関するまとめである。

　また、国連の「世界幸福度報告（2012年～）」[10]、OECD「暮らしはどう？　幸福度を測る（2011年～）」[11]、「より良い暮らし指標（2013年～）」[12] など、国際機関が中心となった幸福度向上を目指す活動は、2015年の国連総会で採択された持続可能な開発目標（SDGs）と合わせて、GDPを超える持続可能で人々の幸福を後押しする政策実現を支援している。

　以上のように、2010年代以降、既に数多くの国々でWB指標が採用され、世界の関心はそれぞれの指標を生かしたWB向上の具体的政策に移りつつある。

表1：いくつかのOECD諸国における多面的「GDPを超える」WBフレームワーク

WBの測定、モニタリング、報告

	推進母体	発表年	公開討議（有り）	WB側面の数	指標の数
オーストラリアの進歩の測定	オーストラリア統計局	2002	✓	26	147
オーストラリアの福祉	オーストラリア健康福祉研究所	2017		19	61
オーストリアはどうですか？	オーストリア統計局	2012		3	81
ベルギーのGDP補足指標	国民経済計算研究所 + 連邦計画局	2016		13	67
ベルギーの持続可能な発展指標	連邦計画局	2019		17	70
フィンランド指標 Findicators	フィンランド統計局	2009		12	97
ドイツにおけるWB（ドイツにおける良い暮らし）	連邦首相府	2016	✓	11	48
イタリアの公平で持続可能なWBの測定（フルセット）	国立統計研究所 + 経済労働のための国民評議会	2013	✓	12	130
イスラエルのWB、持続可能性、国家強靭化の指標	中央統計局	2015	✓	11	88
韓国の生活の質の指標	韓国統計局	2014	✓	11	71
ルクセンブルクのWB指数	ルクセンブルクの政府統計サービス（Statec），経済社会評議会 + 持続可能な発展のためのより高度な評議会	2017	✓	11	63
地域WB指標	メキシコ国立統計地理研究所（INEGI）	2014 /15	✓	9	16
福祉（WB）指標	メキシコ国立統計地理研究所（INEGI）及び and 国民諮問委員会	2014 /15		12	36
アオテアロア（Aotearoa）ニュージーランド指標	ニュージーランド統計局（Stats NZ）	2019	✓	24	110
ノルウェー ── 私たちの活動状況	ノルウェー統計局	2017		10	41
WB指数	ポルトガル統計局	2017		10	79
スロベニアにおけるWB指標	マクロ経済学解析開発研究所，スロベニア統計局，スロベニア環境庁 + 国立公衆衛生研究所	2015	✓	20	90
生活の質の指標	スペイン国立統計局	2019		9	59
MONET 2030（国連SDGsにも関連するスイスの持続可能な開発の指標システム）	スイス連邦統計局	2018		17	106
イギリス国民の幸福の測定	イギリス国立統計局	2011	✓	10	43

WBポリシーの適用

	推進母体	発表年	公開討議（有り）	WB側面の数	指標の数
オーストラリア財務省WBフレームワーク	財務省	2004		5	該当なし
フィンランド戦略的政府プログラム指標	首相府	2015		5	29
フランス富の新指標	首相府	2015	✓	3	10
アイスランドWB指標	アイスランド統計局（首相府の委嘱による）	2021	✓	12	39
イタリアの平等と持続可能なWB測定（ショートセット）	経済財務省	2016		8	12
ラトビア2030	首相権限下の横断的協力センター	2010	✓	7	55
オランダWBモニター	オランダ内閣＋オランダ統計局	2017		15	47
ニュージーランド生活水準フレームワークのダッシュボード	財務省	2011/18	✓	16	55
北アイルランドのアウトカム・デリバリー計画	北アイルランドエグゼクティブオフィス（旧首相副首相官邸）	2018		12	54
ポーランドの責任ある開発指数	ポーランド経済研究所	2019		3	8
スコットランド国家パフォーマンスフレームワーク	スコットランド政府	2007	✓	11	81
スロベニア国家開発戦略2030	スロベニア政府	2017	✓	12	30
スウェーデンWBの新しい測定	財務省	2017		15	15
イギリス個人と経済のWB速報	国家統計局	2019		2	12
ウェールズのWB	ウェールズ国民議会＋ウェールズ政府主任統計官	2015	✓	7	46

注：発表年は開発委託時ではなく、フレームワークが実際にリリースされた時期とした。指標の数は特に指定がない限り、2019年第3四半期時点のダッシュボードを参照した。2013年に「オーストラリアの進歩の測定」、2016年に「オーストラリア財務省WBフレームワーク」は廃止されている。「オーストラリアの福祉」は1993年から発行されている。スコットランド政府の「国家パフォーマンスフレームワーク」は2007年に最初の発表がなされているが、WBの側面や指標の数は更新された2018年版を参照した。

（出典：引用［13］中の表1）

3．各国政府による国民のWB向上の政策事例

　次に、主に2010年代以降。各国でどのようなWB政策が採られてきたかに関する代表的事例を見てみよう[13]。各国の課題や優先順位はそれぞれであるが、WB指標やダッシュボードを国民の意識を反映させる手段として政策立案に取り込むと共に、多くの政府は国連のSDGsとの整合性にも配慮している。

（1）イギリス

　スティグリッツ報告書後、早期にWB政策を発表したのはイギリスである。もっぱらWBを強化するための制度面での施策が多いようである。

・国民の幸福の測定（MNW）

　国民の幸福の測定（Measuring National Well-being, MNW）はイギリス独自のWBフレームワーク。MNWでは、10分野（①個人的WB（生活満足度等）、②我々の関係性（家族や友人関係）、③健康、④我々が行うこと（学校、仕事、余暇とそのバランス）、⑤我々の生活環境（住居、地域環境）、⑥個人の経済状態（所得や資産）、⑦教育とスキル、⑧一国経済状況（一人当たり国民所得、インフレ率）、⑨ガバナンス（民主主義）、⑩自然（環境）につき調査し、このうち①〜⑦までが個人対象調査、その他はイギリスの経済成長率、選挙での投票率、二酸化炭素排出量などのデータを用いることにより指標化。2012年4月調査では人生の満足度に関する4つの質問（上記10項目のうち①〜④）を追加した質問票を用いた20万人を対象とする大規模な世論調査を実施。系統的な幸福度調査によって、英国国民投票の影響や地域差等と国民の幸福度との関係性もデータとして明らかに。

・What Works Centre for Wellbeing

　WB政策プログラムや実践の有効性等を独自に評価し、統合報告書やシステマティックレビュー、公務員向けの学習イベントなどを通じて、学術専門家の立場からWB政策の評価の知見を政府と共有する外部機関。このセンターは、研究助成金や政府省庁からの拠出金によって支援され

ている英国の7つのWhat Worksセンターのネットワークの一部を形成。

・財務省ガイダンス（グリーンブック）におけるWB分析

　財務省のガイダンス（グリーンブック）が更新され、幸福度分析面が強化。グリーンブックは、政策立案のレンズとして幸福度を利用するためのいくつかのステップを提供。

・議会での超党派協議

　イギリスのAll Party Parliamentary Groups on Wellbeing Economicsと on Inclusive Growthはいずれも、幸福度を高めうる政策改革に関するエビデンスの交換と党派を超えた対話の場を提供。

（2）フランス

　2009年に「スティグリッツ報告書」をまとめたフランス。具体的政策としては慎重な対応を選んでいるようである。

・豊かさの10新指標

　豊かさの10新指標（10 nouveaux indicateurs de richesse）はフランスの総合的フレームワークで、2010年から検討を始め、2015年から正式運用。10個の指標（①雇用、②研究開発、③債務管理、④健康寿命、⑤人生の満足度、⑥所得、⑦生活条件、⑧学校教育、⑨カーボンフットプリント、⑩土壌状態）を組み合わせたダッシュボードを作り、WBについては⑤で調査。このダッシュボードを利用しつつ、政府の予算編成プロセスが開始。

（3）ドイツ

　2013年12月「Gut leben in Deutschland」のイニシアチブで、「我々は、我々の政策をドイツ国民の価値観や希望にもっと近づけたいと考えており、そのため、ウェルビーイング問題に対する国民の意見を理解するために、国民との対話を行う……」と発表。これを受けたフレームワークが作られた。ただし、主観的WB向上の強化については途上。

・ドイツウェルビーイング政府報告（またはドイツで元気に暮らす）

　ドイツウェルビーイング政府報告（The Government Report on Wellbeing in Germany, GRWG、または Gut leben in Deutschland（ドイツで元気に暮らす））は3区分12分野47指標（うち2指標は準備中）からなる総合的フレームワークで、生活（健康、仕事、教育、家族と余暇、収入の5分野22指標）、周辺（自由と安全、都市と地方、地域とのつながりの3分野11指標）、国家（経済、環境、自由と平等、地球規模での責任と平和維持の4分野14指標）からなる。調査結果に基づく分析レポートもグラフィカルに説明され、浮き彫りとなった課題への政府の取り組み事例（2015年の予防健康ケア法、長期失業者・若年者・移民への労働支援、子育て支援等）も適宜公開。

（4）イタリア

　イタリアでは、2016年の予算法で政府が一連のWB目標や指標について定期的に報告することを求め、WB政策づくりが始まった。

・公平で持続可能な幸福「Benessere Equo e Sostenibile, BES」プロジェクト

　2017年から（同じく経済財政省が主導する既存の「経済財政文書」において）で、幸福指標のダッシュボードを利用しつつ、政府の予算編成を試みるプロジェクトを開始。今後3年間の実験的予測、WB政策有無の影響予測対比など（後述のOECD WISEセンターはイタリア経済財務省との協力のもと、肥満やその他の健康への効果に対する予算上の影響のモデル化を進めている）。

（5）スコットランド

　スコットランドはイギリス（グレートブリテン及び北アイルランド連合王国）の一国であるが、1999年権限委譲により外交と防衛以外自治権を獲得。「幸福、WB」等をキーワードに取り入れた独自の政策を進めている。また、次節に示す「ウェルビーイング経済政府パートナーシップ（Wellbeing Economy Governments partnership, WEGo）」の加盟国である。

・National Performance Framework

　2007年導入、2015年より法律施行のフレームワーク。5つの目的（①より成功した国を作る、②スコットランドに住むすべての人々に機会を与える、③スコットランドに住む人々の幸福を高める、④持続可能な成長を生み出す、⑤不平等を減らし、経済、環境、社会の進歩を同等に重視する）の下、3つの価値（①親切・尊厳・共感をもってすべての人に接する、②法の尊重、③オープンで透明性の高い行動）、11の国家的成果（ポテンシャル発揮可能・安全・尊敬され愛されるような成長など）を示し、それらを測る81の国家的指標（子どもの声、労働者の声、精神的ウェルビーイング Warwick-Edinburgh Mental Wellbeing Scale, WEMWBSなどを含む）を設けている。

・コミュニティ・エンパワーメント法

　2015年施行。政府が一連の幸福目標や指標について定期的に報告することを要求。

・Scottish Budget 2020-21

　WB経済や持続性に配慮した予算編成で、早期学習と育児の革新的な拡大、カーボンゼロ経済、子どもの貧困対策など具体的な重点配分を表明。

・その他

　政策方針として、circular economy agenda、Fair Work Action Plan 等や Green Infrastructure Strategic Intervention（GISI）を発表。

（6）ウェールズ

　ウェールズもイギリス（グレートブリテン及び北アイルランド連合王国）の一国であるが、1999年権限委譲により外交と防衛以外自治権を獲得。また、WEGoの加盟国である。

・将来世代の幸福法　Well-being of Future Generations（Wales）
　Act

　2015年に制定された法律で、すべての公共機関に7つの幸福目標（繁
栄するウェールズ、強靭なウェールズ、より平等なウェールズ、より健
康なウェールズ、結束力のあるコミュニティのウェールズ、活気ある文
化と繁栄するウェールズ語、国際的に責任のあるウェールズ）を意思決
定の中心に据えることを義務付け。公共団体の福利厚生義務を監視・支
援するために、独立した「将来世代委員」を新設。公共機関は、幸福目
標の一部を重視するのではなく、できる限りすべての目標に向かって努
力しなければならないことを明示。この法律は、ウェールズ政府から地
方医療委員会、消防救助局、国立公園局、いくつかの国家機関（芸術評
議会、高等教育基金評議会、スポーツウェールズなど）まで、すべての
レベルの公的機関に、7つの特定した幸福優先事項の達成に向けて協力
するよう求めている。

・将来世代コミッショナー、監査法人ウェールズなどWBの監視役

　2016年新設の将来世代コミッショナーは政府から独立して将来世代
の能力擁護行動、公的機関への助言、目標達成度の観察評価などWB施
策の監視・提言を行う役職。

　監査法人ウェールズは、公共機関の福祉目標や措置をとる際に、合意
された5つの「仕事の進め方」に従ってどの程度活動しているかを評価
する責任を負う。監査総監は、少なくとも各議会選挙の1年前に、
ウェールズ国民議会にその検査に関する報告書を提出。

（7）アイスランド

　アイスランドは北欧高福祉国家の一つであり、特に1970年代から
ジェンダー平等に力を入れているが、WB政策にも関心が高く、WEGo
の加盟国でもある。

・Indicators for Measuring Well-being

　2019年発表の独自の幸福度指標。社会（健康・教育・社会資本・安
全・ワークライフバランス）、環境（大気の質と気候・土地利用・エネ

ルギー・ごみとリサイクルの）、経済（経済状態・雇用・家計・所得）をカバーする9目標39指標の枠組みを提案。これらの指標は、GDPなどの従来の経済指標を補完し、人々の幸福の傾向を監視することを目的とする。国連のSDGsともリンク。

・ジェンダー平等のための新法
　2018年、性別による賃金格差を禁止する新法、セクシュアルコンセント（＝性的同意）に関する新法などが施行。

（8）フィンランド
　フィンランドも北欧高福祉国家の一つであり、WEGoの加盟国でもある。

・フィンランド未来委員会
　フィンランド議会の常任委員会で、将来の主要な問題や機会について政府との対話を行うことを使命とし、選挙期間ごとに政府のSDGs実施状況を提出し、国民に対する説明責任と監視の役割を果たす。

・政府戦略プログラム指標
　戦略的開発計画やビジョン設定にWBの枠組み導入するもので、そのサブセットは2週間ごとに政府のセッションで発表、政府の戦略的優先事項のWBへの影響を監視。

・WB経済運営グループ（steering group on the economy of well-being）
　2021年2月社会問題健康省（Ministry of Social Affairs and Health）に創設。

・Findicator
　フィンランド統計局およびその他のデータ作成者のデータから収集された、社会の発展を説明する約100の指標のデータサービス（2009年利用開始していたが、技術的課題のため2022年より停止中）。

（9）ニュージーランド

　ニュージーランドは欧州以外でWBに積極的な国の代表であり、WEGoの加盟国でもある。

・ダボス会議でのWB宣言

　2019年1月の世界経済フォーラム（ダボス会議）において、ニュージーランドのアーダーン（Jacinda Kate Laurell Ardern）首相は、「私たちは、経済的なウェルビーイングだけでなく、社会的なウェルビーイングにも取り組む必要がある（"We need to address the societal well-being of our nation, not just the economic well-being"）」と世界に向けて宣言。

・Life Standards Framework（LSF）

　今の幸福度を測る12のドメインと将来的な幸福を構成する4つの資源を定義し、政策や提言が各世代のWBに与えるインパクトをフレームワーク化。ニュージーランド財務省とOECDが研究を重ねて完成。3つの階層［およびその構成ドメイン］からなり、具体的には、

1）私たち個人および集団のウェルビーイング［①健康、②住居、③知識とスキル、④環境アメニティ、⑤文化的度量と帰属、⑥レジャーと遊び、⑦仕事・ケア・ボランティア活動、⑧家族と友人、⑨エンゲージメントと声、⑩安全、⑪収入・消費・資産、⑫主観的ウェルビーイング］

2）私たちの組織とガバナンス［①whānau, hapū and iwi（マオリ的同族家族／家族団の氏族／氏族団の部族）、②会社と市場、③家族と家計、④中央と地方政府、⑤市民社会、⑥国際関係］

3）NZ（マオリ語でAotearoa）の富［①自然環境、②金銭的物理的資本、③社会的結合、④人間的度量］である。

　また、分析のprompt［分析を促すポイント・視点］として4つの点（①分配、②回復力、③生産性、④持続可能性）を挙げている。

・幸福予算（Well-being Budget）

　2019年に初のウェルビーイング予算を発表。前述のLSFも活用して

予算編成。幸福予算の優先順位決定後は、政府各省が協力してポートフォリオ（横断的な協力を示す予算案）を提出することが求められ、その調整役大臣を任命。2019年予算では、家族・性暴力の問題に対応するために、10もの機関が集まって共同で予算入札を実施。このような予算プロセスの変更と共に、公共サービス法を改正し、新しいジョイントベンチャー形式で、政府機関がより容易に横断的な優先課題に協力できるようにした。この一時的ジョイントベンチャーは、関連する政府機関の最高責任者で構成され、一人の大臣が説明責任を持ち、直接予算計上、必要に応じて全機関から公務員を雇用できる。

・行政の費用効果分析ツール（cost benefit analysis tool, CBAx）

　WBの予算化の過程で、ニュージーランド財務省開発は実験的な費用便益ツールを開発。伝統的な財政的影響以外の幅広い影響を考慮し、価値の貨幣化と機関間のモデリングの標準化を図っている。CBAxは、市場評価、顕示選好、離散選択実験、条件付評価、生活満足度評価など、様々な方法論を活用。このツールは、主に各省庁に政策の考え方をより体系化し、介入ロジックを透明化することを強いることで、予算提出における費用便益分析の質の向上に貢献。

４．国境を越えたWB政策の連携

　最後に、WBに関する国際連携を目指す組織をいくつか紹介しよう。

（１）ウェルビーイング経済政府パートナーシップ（WEGo）[14]

　2010年代後半にはWBを国の政策に取り入れるための国境を越えた行政機関の連携が活発化し始めている。その中で注目すべきは、ウェルビーイング経済政府パートナーシップ（Wellbeing Economy Governments partnership, WEGo）である（本部はスコットランド政府内に設置）。

　WEGoの目的はGDPのような主流派経済評価手法の支配に挑戦し、メンタルヘルスや自然空間への等しい支払いやアクセスのような社会的環境的因子の重要性に光を当てることである（スコットランド第1首相

Nicola Sturgeon）。また、ウェルビーイング経済を打ち立てる上でカギとなるステップの一つはウェルビーイングに重きを置いた公的予算の優先順位付けである（アイスランド首相Katrín Jakobsdóttir）。

WEGoの対象は次の3つである。

・ウェルビーイング経済を創造するためのイノベーティブな政策展開の追求で協力し、何を作用させ、何を作用させないかについて変化のための政策決定者に情報を共有すること。

・国連の持続可能な開発ゴール（Goal 17）を発展させ、ウェルビーイングを展開するアプローチを明確にするためのパートナーシップと協力を盛んにすること。

・我々の時代の中で強く経済的・社会的・環境的挑戦を宣言すること。

また、ポリシーラボ（Policy Lab）と呼ばれるメンバー政府職員が経験と専門知識を共有するためのプラットフォームを共有し、現在および将来の世代の福祉の向上を追求するために、当局が共通の関心のある特定の政策分野（パフォーマンスフレームワーク、福祉予算、包括的成長、持続可能な観光と自然資本、子どもの貧困と予測分析、COVID-19パンデミックから生じる課題、気候変動など）について実際的な交流活動を推進している。

WEGo成立の経緯を見ると、Lorenzo Fioramonti教授とKatherine Trebeck博士によって提唱されたアイデアから生まれ、2017年スコットランドの包括的成長会議で複数の政府、OECD、およびNPO団体WEAllが初会合を開催。2018年韓国でのOECDウェルビーイングフォーラムで、スコットランド、ニュージーランド、アイスランドの3カ国がWEGoを立ち上げた。最初のWEGo政策研究会（2019年5月エディンバラ）、2020年4月にはヴァーチャル政策研究会がウェールズ、フィンランド、OECD間で、設立時WEGoメンバーと共に行われた。その政策研究会終了後、ウェールズはWEGoに公式参加を発表。2020年12月にはフィンランドも公式参加を表明した。また、2020年夏のWEGoポリシーラボからカナダ財務省も参加を開始した。

ちなみに、2022年7月現在の加盟国首相はスコットランドNicola Ferguson Sturgeon、ニュージーランドJacinda Kate Laurell Ardern、ア

イスランドKatrín Jakobsdóttir、ウェールズMark Drakeford、フィンランドSanna Mirella Marinで、ウェールズ以外は女性首相である。

（2）ウェルビーイングエコノミーアライアンス（WEAll）[15]

　ウェルビーイングエコノミーアライアンス（Wellbeing Economy Alliance：WEAll）とは、人類と生態系にウェルビーイングをもたらすウェルビーイング経済に向けて活動する組織、連携、運動、個人等の協力関係を進めるNPO団体で、2018年米国で設立、個人・企業・財団等からの支援を受け、10年以内にWB経済を数多くの国で普及させることを目的とし、WB経済の新しい行政機構の形や一貫した知見・政策事例の共有、WB経済の未来像の普及などを進めている。

　活動中心はWEAll Amp Teamと呼ばれるスタッフ（9人、2022年1月初時点の数で以下同じ）で、活動拠点は世界に分散、代表（Executive Chair）はStewart Wallisで、課題別リーダーとアドバイザーで役割分担。活動全般の監視・アドバイスを行うWEAllグローバルカウンシル（5人）と評議員（4人）、助言・プラットフォーム貸与を行うWEAllアンバサダー（21人）などと合わせて中心機関をなしている。活動拠点はWEAllハブと呼ばれ、開設済み8カ所（カリフォルニア、カナダ、Cymru-ウェールズ、デンマーク、アイルランド、オランダ、アオテアロア-ニュージーランド、スコットランド）と開設予定10カ所（オーストラリア、ブラジル、コスタリカ、東アフリカ、イベリア、アイスランド、メンドーサ、ノースカロライナ州、トリニダード・トバゴ、バーモント州）である。

　またWEAllメンバーはWB経済への変革に協力する世界中の個人・組織・政府・学者・コミュニティ・企業等、グローバル協力者（団体等）（200余）で、ブータンのGNH Centre Bhutanも加わっている。その他、WEAllの趣旨に賛同する個人（WEAll市民）、グローバルな若者ネットワーク（WEAll若者たち）などがある。

　前節で説明したように、WEAllはWEGoにその初期から深く関わっている。

（3）WISEセンター [16]

WISEセンター（Center on Well-being, Inclusion, Sustainability and Equal Opportunity: WISE）は2019年設立のOECD内の機関。人々の幸福を改善し、不平等を減らし、現在および将来の人々の生活に対する政策とビジネス行動の影響をよりよく理解するために、新しいデータとアプローチを生み出すことを使命とし、WB度測定やダッシュボード、人々と政府や企業の行動との間のギャップを埋めて、WBを主要な政策論争の中心であり続けることを確実にするなどの活動を行っている。それ以前のWBに関するOECDの活動もこのセンターに引き継がれている。

5．まとめ

以上、政策の中心にWBを取り上げた世界各国や国際機関等の状況について簡単に紹介した。スティグリッツ報告を契機として、世界各国でWBを政策中心に加える動きが活発化している。特に、国民のWB度を評価する手段、具体的な施策や効果の経験や情報の国際的な共有化なども進行し、今後の発展が期待される。

【参考】

[1]　経済協力開発機構（OECD）編著（桑原進 監訳, 高橋しのぶ 訳）『主観的幸福を測る OECDガイドライン』明石書店, 初版, 2015年

[2]　ジョセフ・E・スティグリッツ, ジャン=ポール・フィトゥシ, マルティーヌ・デュラン編著；経済協力開発機構（OECD）編（西村美由起 訳）『GDPを超える幸福の経済学』明石書店, 初版, 2020年

[3]　白石小百合, 白石賢：幸福の経済学－現状と課題から次のステップへ：専修大学紀要論文, ソーシャル・ウェルビーイング研究論集第2号（2016年3月）, p.35-53

https://senshu-u.repo.nii.ac.jp/?action=pages_view_main&active_action=repository_view_main_item_detail&item_id=8067&item_

no=1&page_id=13&block_id=21

[4]　ジョセフ・E・スティグリッツ，アマルティア・セン，ジャン＝ポール・フィトゥシ著（福島清彦 訳）『暮らしの質を測る―経済成長率を超える幸福度指標の提案』金融財政事情研究会, 初版, 2012年

[5]　フランス政府：豊かさの10新指標（10 nouveaux indicateurs de richesse）：2015年10月28日
https://www.gouvernement.fr/10-nouveaux-indicateurs-de-richesse-3137

[6]　イギリス政府：Collection - National wellbeing：2013年
https://www.gov.uk/government/collections/national-wellbeing

[7]　ドイツ政府：Government Report on Wellbeing in Germany：2017年
https://www.gut-leben-in-deutschland.de/downloads/Government-Report-on-Wellbeing-in-Germany.pdf

[8]　米国科学アカデミー：Subjective Well-Being　Measuring Happiness, Suffering, and Other Dimensions of Experience：2013年
https://nap.nationalacademies.org/catalog/18548/subjective-well-being-measuring-happiness-suffering-and-other-dimensions-of

[9]　欧州委員会（European Commission），欧州統計局（Eurostat）：Quality of life
https://ec.europa.eu/eurostat/web/quality-of-life

[10]　国連：世界幸福度報告（World Happiness Report）
https://worldhappiness.report/

[11]　経済協力開発機構（OECD）：暮らしはどう？　幸福度を測る（How's Life? Measuring Well-being）
https://www.oecd-ilibrary.org/economics/how-s-life_23089679

[12]　経済協力開発機構（OECD）：より良い暮らし指標（Better Life Index）
https://www.oecdbetterlifeindex.org/#/11111111111

[13]　Nicola Brandt, Carrie Exton, and Lara Fleischer：Well-being at the heart of policy: lessons from national initiatives around the OECD：Forum for a new economy, basic papers, No.01, 2022
https://newforum.org/wp-content/uploads/2022/02/FNE-BP01-2022.pdf

[14]　Wellbeing Economy Alliance（WEAll）：ウェルビーイング経済政府パートナーシップ（Wellbeing Economy Governments partnership, WEGo）

https://weall.org/wego

[15] Wellbeing Economy Alliance（WEAll）：ウェルビーイングエコノミーアラ
イアンス

https://weall.org/

[16] OECD：Centre on Well-being, Inclusion, Sustainability and Equal
Opportunity（WISE）

https://www.oecd.org/wise/

第2章　幸せのための政策の実例（国内）

細川甚孝

1．国レベルの幸福度指標について

　本論考では、まず国レベル、次に地方自治体レベルの幸福度指標に関する議論を整理する。国レベルでは、内閣府、デジタル庁などの議論を中心にその概要を示す。

　内閣府を中心として、日本国内における幸福の全体図を描き出そうとする試みが進められている。経済財政運営と改革の基本方針2017（「骨太方針」と称す）においては、統計改革の一環として「人々の幸福感・効用など、社会のゆたかさや生活の質（QOL）を表す指標群（ダッシュボード）の作成に向け検討を行い、政策立案への活用を目指す」（骨太方針2017）、「国民の満足度、生活の質が向上されるよう、満足度・生活の質を示す指標群を構築するとともに、各分野のKPI（重要業績評価指標）に関連する指標を盛り込む」（骨太方針2018）と示された。

　そして、骨太方針2022においては、効果的・効率的な支出の推進とEBPM（証拠に基づく政策立案）の徹底強化として、「政府向け及び一般向けの可視化等を含めた統計データのエコシステムの構築に向けて取り組むとともに、GDP統計等における無形資産の捕捉強化や、文化資源コンテンツの価値等のソフトパワーの把握・計測等、さらに各政策分野におけるKPIへのWell-being指標の導入を進める。また、公的統計の不適切な取り扱いを繰り返さぬよう、集中的な統計改革を行う」。経済社会の活力を支える教育・研究活動の推進において、多様な子どもたちの特性や少子化など地域の実情等を踏まえ、誰一人取り残さず、可能性を最大限に引き出す学びを通じ、個人と社会全体のWell-beingの向上を目指すと位置づけられている。

（1）内閣府調査における幸福度指標について

　この状況において、内閣府は、幸福度に関する調査として、2019年

から「満足度・生活の質に関する調査」を行っている。調査の趣旨は以下である。「主観的Well-beingに関する代表的な指標の一つである『生活満足度（Life Satisfaction）』を調査するとともに、併せて『家計・資

図表1　内閣府ダッシュボードの体系図

（第1層）　　　分野別主観満足度（第2層）　　　　客観指標群（第3層）

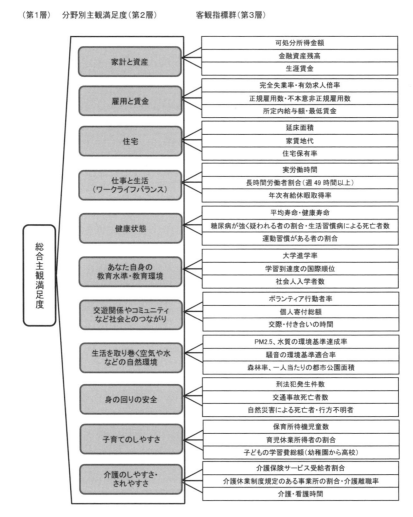

出典：内閣官房ホームページ（https://www5.cao.go.jp/keizai2/wellbeing/manzoku/pdf/report05.pdf）

産』『社会とのつながり』『健康状態』等の13分野の満足度を調査し、満足度・生活の質を多角的かつ体系的に調査していることが特徴」（内閣府 2021）としている。

　また、13のエリア（第4章参照）に関する、関連質問を行うなど、主観／客観を交えた総合的評価を行っている。

満足度・生活の質に関する調査について

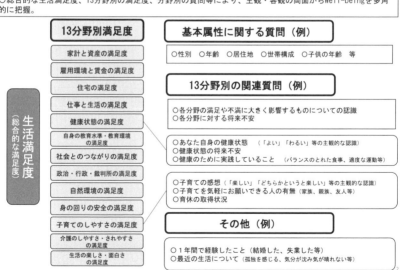

○約10,000人へのインターネット調査（うち約3,300人は前回調査からの継続サンプルであるパネル調査）。
○総合的な生活満足度、13分野別の満足度、分野別の質問等により、主観・客観の両面からWell-beingを多角的に把握。

13分野別満足度

生活満足度
《総合的な満足度》

- 家計と資産の満足度
- 雇用環境と賃金の満足度
- 住宅の満足度
- 仕事と生活の満足度
- 健康状態の満足度
- 自身の教育水準・教育環境の満足度
- 社会とのつながりの満足度
- 政治・行政・裁判所の満足度
- 自然環境の満足度
- 身の回りの安全の満足度
- 子育てのしやすさの満足度
- 介護のしやすさ・されやすさの満足度
- 生活の楽しさ・面白さの満足度

基本属性に関する質問（例）

○性別　○年齢　○居住地　○世帯構成　○子供の年齢　等

13分野別の関連質問（例）

○各分野の満足や不満に大きく影響するものについての認識
○各分野に対する将来不安

○あなた自身の健康状態　（「よい」「わるい」等の主観的な認識）
○健康状態の将来不安
○健康のために実践していること　（バランスのとれた食事、適度な運動等）

○子育ての感想（「楽しい」「どちらかというと楽しい」等の主観的な認識）
○子育てを気軽にお願いできる人の有無（家族、親族、友人等）
○育休の取得状況

その他（例）

○1年間で経験したこと（結婚した、失業した等）
○最近の生活について（孤独を感じる、気分が沈み気が晴れない等）

出典：内閣官房ホームページ（https://www5.cao.go.jp/keizai2/wellbeing/manzoku/pdf/summary22.pdf）

図表2　2022年度調査結果

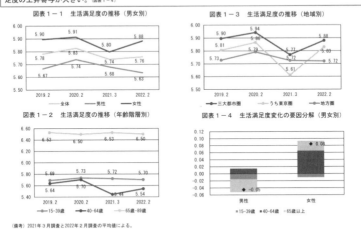

①生活満足度の動向（男女別・年齢別・地域別）

○生活満足度は、男性に比べて女性は高い水準で推移し、昨年度に比べて上昇。(図表1-1) 年齢階層別では、40-64歳の層で上昇。(図表1-2) 地域別では東京圏で上昇幅が大きい。(図表1-3)
○男女別をさらに年齢階層で分けて確認すると、男性では65歳以上の層の低下が、女性では40-64歳の層での満足度の上昇寄与が大きい。(図表1-4)

〔備考〕2021年3月調査と2022年2月調査の平均値による。

3

出典：内閣官房ホームページ（https://www5.cao.go.jp/keizai2/wellbeing/manzoku/pdf/summary22.pdf）

（2）2022年度調査結果

　2022年度調査結果によれば、全体の生活満足度は、性別では、2021年と比べると男性を除いて上昇傾向にある。地域間比較では、三大都市圏及び東京圏は持ち直しているが、地方圏は停滞基調である。年齢階層別では、40-64歳の停滞基調が目につく。

　そして、分野別満足度をみても、男性では、高年齢者での全般にわたる満足度低迷、女性では雇用関係での停滞が目につく。

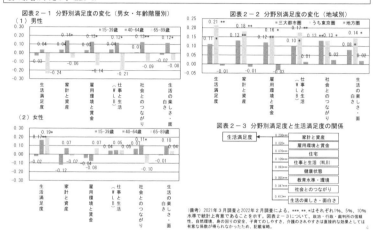

②分野別満足度の動向（男女・年齢別、地域別）、分野別満足度と生活満足度の関係

○男性の40-64歳で多くの分野別満足度が、女性の40-64歳で「社会とのつながり」満足度が上昇。（図表2-1）東京圏・三大都市圏で、多くの分野別満足度が上昇。（図表2-2）
○分野別満足度と生活満足度の関係をみると、「生活の楽しさ・面白さ」、「家計と資産」、「WLB」満足度の影響が大きい。（図表2-3）

出典：内閣官房ホームページ（https://www5.cao.go.jp/keizai2/wellbeing/manzoku/pdf/summary22.pdf）

（3）地域間比較

　同様に、地域間の比較を行っている。北東北3県、そして、九州沖縄各県を中心として、大学進学率など地域間格差は決して小さいものではない。

図表3　都道府県指標

満足度・生活の質を表す指標群（Well-beingダッシュボード）
都道府県別　指標一覧

分野	家計と資産		雇用と賃金			住宅			健康状態				
指標名 ※1	可処分所得金額（1世帯当たり、年額）※2	完全失業率 ※3	有効求人倍率	所定内給与額（1人当たり、月額）	最低賃金額	延床面積（1住宅当たり）	家賃地代（1世帯当たり、月額）	持ち家住宅率	平均寿命（男）	平均寿命（女）	健康寿命（男）	健康寿命（女）	生活習慣病による死亡者数（人口10万人当たり）
調査・統計	全国家計構造調査	労働力調査	職業安定業務統計	賃金構造基本統計調査	地域別最低賃金改定状況	住宅・土地統計調査	全国家計構造調査	住宅・土地統計調査	都道府県別生命表		厚生労働科学研究　健康寿命のページ		社会生活統計指標-都道府県の指標
調査機関	総務省	総務省	厚生労働省	厚生労働省	厚生労働省	総務省	総務省	総務省	厚生労働省		医師研究者グループ		総務省
調査年（直近）	2019年	2021年	2021年	2021年	2021年	2018年	2019年	2018年	2015年		2019年		2019年
都道府県名（単位）	（千円）	（%）	（倍）	（千円）	（円）	（㎡）	（円）	（%）	（年）		（年）		（人）
北海道	4,010	3.0	1.00	274.8	889	91.2	14,508	56.3	80.3	86.8	71.6	75.0	672.8
青森県	4,273	3.0	1.05	245.0	822	121.6	8,136	70.3	78.7	85.9	71.7	76.1	796.6
岩手県	4,517	2.4	1.19	249.6	821	119.9	8,978	69.9	79.9	86.4	71.4	74.7	790.4
宮城県	4,655	3.0	1.30	277.9	853	97.2	14,063	58.1	81.0	87.2	72.9	76.9	599.1
秋田県	4,618	2.6	1.44	247.5	822	131.9	6,464	77.3	79.5	86.4	72.6	76.0	840.3
山形県	4,818	2.2	1.27	259.6	822	135.2	7,900	74.9	80.5	87.0	72.7	75.7	752.1
福島県	4,407	2.3	1.26	269.5	828	112.7	7,900	67.7	80.1	86.4	72.3	75.4	706.9
茨城県	5,094	2.7	1.35	295.4	879	107.8	8,818	71.2	80.3	86.3	72.7	75.8	620.8
栃木県	4,710	2.6	1.06	289.4	882	106.5	8,927	69.1	80.1	86.2	72.6	76.4	615.8
群馬県	4,658	2.4	1.26	282.4	865	107.1	8,312	71.4	80.6	86.6	73.4	76.8	643.7
埼玉県	4,949	3.1	0.93	303.6	956	93.7	13,060	65.7	80.8	86.7	73.5	75.7	515.0
千葉県	5,025	2.8	0.85	300.9	953	89.7	13,272	65.4	81.0	86.9	72.6	75.7	543.7
東京都	5,044	3.0	1.19	364.2	1,041	65.9	28,408	45.0	81.1	87.3	72.9	74.6	471.1
神奈川県	5,137	3.0	0.79	336.2	1,040	78.2	22,182	59.1	81.3	87.2	73.2	75.0	482.8
新潟県	4,677	2.3	1.34	272.1	859	129.0	9,414	74.0	80.7	87.3	72.6	75.7	705.8
富山県	5,035	1.9	1.37	277.6	877	145.2	5,662	76.8	80.6	87.4	72.7	76.2	648.3
石川県	4,691	1.9	1.34	289.3	861	126.8	10,824	69.3	81.0	87.3	73.1	75.9	604.6
福井県	5,049	1.6	1.74	277.7	858	138.4	8,548	74.9	81.3	87.5	73.2	75.7	648.3
山梨県	4,518	2.2	1.19	281.5	866	111.9	8,351	70.2	80.9	87.5	73.6	76.7	624.7
長野県	4,803	2.4	1.33	284.4	877	121.6	9,552	71.2	81.8	87.7	72.6	75.0	650.6
岐阜県	4,928	2.4	1.87	287.6	880	121.8	8,510	74.3	81.0	86.8	73.1	76.2	648.3
静岡県	4,777	2.4	1.10	285.3	913	103.2	11,497	67.0	81.0	87.1	73.5	76.6	599.1
愛知県	4,949	2.5	1.17	317.3	955	95.0	15,303	59.5	81.1	86.9	72.9	76.1	464.8
三重県	4,959	2.0	1.20	298.2	902	110.4	8,521	72.0	80.9	86.9	72.9	77.6	599.2
滋賀県	5,040	2.5	0.94	290.7	896	115.5	14,390	71.6	81.8	87.6	73.5	74.4	490.0
京都府	4,547	2.8	1.06	312.2	937	86.9	14,078	61.3	81.4	87.4	72.7	73.7	572.1
大阪府	4,410	3.5	1.13	326.9	992	77.0	19,978	54.7	80.2	87.0	71.9	74.8	560.5
兵庫県	4,848	2.8	0.93	307.9	928	93.4	13,573	64.8	80.9	87.1	72.5	75.5	564.9
奈良県	4,651	2.5	1.17	289.7	866	110.9	10,073	74.1	81.4	87.3	72.7	75.0	589.7
和歌山県	4,220	2.5	1.09	287.3	859	105.7	7,074	73.0	79.9	86.5	72.4	75.3	712.5
鳥取県	4,547	2.0	1.35	251.6	821	121.5	9,044	68.8	80.2	87.3	71.6	74.7	625.7
島根県	4,670	1.7	1.49	259.0	824	123.1	9,405	70.2	80.8	87.6	72.6	76.4	724.1
岡山県	4,797	2.3	1.39	277.6	862	105.6	10,013	64.9	81.0	87.7	72.3	76.0	592.6
広島県	4,508	2.4	1.32	290.9	899	93.5	11,098	61.4	81.1	87.3	72.6	75.4	582.7
山口県	4,380	2.0	1.33	282.5	857	102.3	11,929	67.1	80.5	86.9	73.3	75.3	746.2
徳島県	4,541	2.5	1.19	269.7	824	111.1	9,951	69.2	80.3	86.7	72.1	75.0	675.5
香川県	4,737	2.4	1.36	283.2	848	106.6	10,388	69.3	80.7	86.9	72.3	75.3	650.8
愛媛県	4,195	2.2	1.28	267.7	821	100.0	9,698	66.5	80.2	86.8	71.5	74.6	723.6
高知県	4,076	2.5	1.08	268.5	820	95.3	9,294	64.5	80.3	87.0	71.6	76.3	746.6
福岡県	4,249	3.0	1.06	288.2	870	84.7	17,049	52.8	80.7	87.1	72.2	75.2	532.8
佐賀県	4,575	1.6	1.20	255.2	821	125.0	10,455	66.9	80.7	87.1	72.3	75.5	625.7
長崎県	4,250	2.4	1.06	263.8	821	97.2	9,945	63.7	80.4	87.0	72.3	75.4	680.8
熊本県	4,281	2.8	1.30	262.4	821	99.6	11,257	61.9	81.2	87.5	72.2	75.6	616.5
大分県	4,575	2.0	1.26	261.3	822	98.4	10,435	63.6	81.1	87.3	73.6	76.6	644.0
宮崎県	4,099	2.3	1.32	244.6	821	94.4	11,848	65.7	80.3	87.1	73.3	76.7	684.1
鹿児島県	3,894	2.7	1.25	261.1	821	88.7	10,787	64.6	80.0	86.8	73.4	76.2	671.1
沖縄県	3,646	3.2	0.73	250.8	820	75.8	20,566	44.4	80.3	87.4	72.1	75.5	438.8

※1　年額、月額とあるのはすべて平均値をいう。
※2　「世帯種類：総世帯」「雇用形態・就業区分：勤労者世帯」の年間可処分所得を示す。
※3　都道府県別に表章するように標本設計を行っておらず（北海道と沖縄県を除く）、標本規模も小さいことなどにより、全国結果に比べ結果精度が十分に確保できないとみられることから、結果の利用に当たっては注意を要する。
※4　状況別卒業者数を大学進学者数を用いて算定した。
※5　各都道府県の総土地面積に占める割合をいう。

あなた自身の教育水準・教育環境	交友関係やコミュニティなど社会とのつながり		生活を取り巻く空気や水などの自然環境			身の回りの安全		子育てのしやすさ		介護のしやすさ・されやすさ
大学進学率	ボランティア行動者率（10歳以上）	交際・付き合いの総平均時間（10歳以上）	PM2.5の環境基準達成率（一般局）	都市公園面積（1人当たり）	森林率	刑法犯発生（認知）件数	交通事故死亡者数	保育所待機児童数	合計特殊出生率	介護離職率
学校基本調査	社会生活基本調査	社会生活基本調査	大気汚染状況について	都市公園データベース	都道府県別森林率	犯罪統計	交通事故統計	人口動態調査		介護労働実態調査
文部科学省	総務省	総務省	環境省	国土交通省	林野庁	警察庁	警察庁	厚生労働省	厚生労働省	（公財）介護労働安定センター
2021年	2016年	2016年	2020年	2021年	2017年	2021年	2021年	2021年	2020年	2021年
https://www.e-stat.go.jp/stat-search/files?page	https://www.e-stat.go.jp/stat	https://www.e-stat.go.jp/stat	https://www.env.go.jp/air/osen/monit	https://www.mlit.go.jp/crd/park/joho/database/t_kouen/	https://www.rinya.maff.g o.jp	https://www.e-stat.go.jp/s	https://www.e-stat.go.jp/s	https://www.mhlw.go.jp/s	https://www.e-stat.go.jp/s	http://www.kaigo-center.or.jp/
（%）	（%）	（分）	（%）	（㎡）	（%）	（件）	（人）	（人）	（人）	（%）
48.2	22.6	16	100.0	40.7	70.6	18,429	120	68	1.21	11.9
49.4	22.4	14	100.0	18.6	65.6	3,067	29	0	1.33	15.1
45.4	30.2	14	100.0	14.7	76.7	2,507	35	12	1.32	11.2
51.8	26.7	17	100.0	25.2	57.3	9,398	42	178	1.2	13.7
48.1	27.2	15	100.0	21.2	72.1	1,984	28	10	1.24	11.1
46.4	32.1	18	100.0	20.5	71.8	3,053	24	0	1.37	9.5
47.7	28.1	16	100.0	14.3	70.7	6,627	49	58	1.39	13.1
52.7	26.2	16	100.0	10.0	30.6	14,277	80	5	1.34	13.7
54.1	26.2	14	100.0	15.0	54.5	9,027	56	0	1.32	11.6
54.1	28.3	16	100.0	14.3	66.5	9,079	50	4	1.39	11.8
60.7	24.2	16	100.0	7.6	31.5	40,166	118	339	1.27	14.9
58.2	25.2	16	100.0	6.5	30.5	32,638	121	416	1.27	14.3
69.0	21.6	21	100.0	7.4	36.0	75,288	133	950	1.12	14.1
63.1	25.5	19	100.0	7.5	39.2	33,252	142	265	1.26	14.8
48.9	24.5	17	100.0	17.7	68.0	7,746	47	0	1.33	11.9
54.8	32.4	17	100.0	15.8	67.1	4,546	29	0	1.44	12.7
57.9	31.6	16	100.0	14.6	68.3	3,409	26	0	1.47	9.3
59.5	32.2	16	100.0	17.3	74.5	2,714	26	0	1.56	12.4
58.7	29.7	18	100.0	11.2	77.9	2,748	32	0	1.48	15.9
50.8	32.3	15	100.0	14.9	78.8	5,959	45	12	1.46	14.0
57.3	33.4	18	100.0	11.1	81.2	9,479	61	0	1.42	11.5
53.9	29.4	15	100.0	9.7	63.9	14,440	89	61	1.39	14.0
59.8	24.6	18	100.0	8.3	42.2	37,832	117	102	1.44	16.7
52.6	29.0	14	100.0	10.4	54.5	7,410	62	50	1.42	13.3
57.4	33.9	14	100.0	9.2	50.5	5,814	37	183	1.5	14.7
69.8	24.6	21	100.0	12.1	74.2	10,483	51	6	1.26	15.8
64.3	20.6	19	97.4	6.4	30.0	62,690	140	136	1.31	16.1
64.3	26.0	17	100.0	11.7	66.7	30,003	114	211	1.39	14.3
61.8	26.8	16	100.0	13.8	76.9	5,148	39	110	1.28	14.1
54.0	24.2	17	100.0	9.4	76.5	3,310	31	4	1.43	14.8
46.3	32.2	14	75.0	14.1	73.8	1,923	19	0	1.52	11.2
47.4	33.1	17	100.0	19.5	78.2	1,849	10	1	1.6	13.2
54.2	30.8	16	70.8	17.4	67.9	7,535	57	34	1.48	13.6
61.8	25.6	15	100.0	19.6	72.1	11,181	70	0	1.37	12.7
44.2	27.8	16	100.0	16.2	71.5	3,871	34	15	1.48	16.0
56.5	26.2	16	100.0	9.8	75.9	2,362	32	23	1.48	18.8
55.2	28.2	15	100.0	18.6	46.6	3,801	37	0	1.47	13.9
53.9	27.5	17	93.8	12.3	70.7	5,804	50	8	1.47	14.0
51.2	22.6	17	100.0	13.1	83.8	2,859	25	1	1.43	8.6
54.5	28.1	17	97.0	9.1	44.6	26,337	101	588	1.41	16.5
45.7	32.6	15	100.0	12.3	46.3	2,821	23	24	1.59	12.7
47.6	27.7	15	100.0	13.0	58.7	3,155	27	0	1.61	13.8
47.2	32.7	17	88.0	10.4	62.5	5,187	39	8	1.60	15.1
49.7	29.8	18	100.0	12.0	71.4	2,887	36	0	1.61	11.4
46.2	29.1	17	100.0	20.3	75.7	3,535	30	0	1.65	16.3
45.1	32.6	16	100.0	13.8	64.0	4,641	47	32	1.61	18.0
40.8	25.1	19	100.0	11.0	46.8	5,833	26	527	1.83	22.8

出典：内閣官房ホームページ出典：内閣官房ホームページ（https://www5.cao.go.jp/keizai2/wellbeing/manzoku/pdf/p_satisfaction.pdf）

２．デジタル庁における幸福度指標について

　デジタル田園都市国家構想におけるwell-being指標（幸福度指標）の取り扱われ方、そして、デジタル庁が想定しているロジックモデルにおける幸福度のあり方を整理する。

（１）デジタル田園都市国家構想における幸福度について

　岸田内閣におけるいわゆる目玉施策として2021年にデジタル田園都市国家構想が示された。田園都市国家構想は1970年代後半に大平内閣で示された、都市地方間格差の是正を目標とした国家全体のあり方を示したものであった。岸田内閣においては、都市地方関係をはじめとして、それまで安倍内閣・菅内閣での積み残した各種社会課題の解決を志向している。この中で、well-being概念は、中核的な位置づけを担っている。

図表4　デジタル田園都市国家構想におけるWell-being

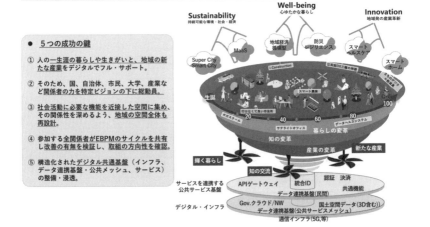

出典：デジタル庁資料（https://www.cas.go.jp/jp/seisaku/digital_denen/dai2/siryou2-1.pdf）

　P. 34で示した、デジタル田園都市国家構想実現会議（第2回）で示された資料においては、「Sustainability」「Well-being」「Innovation」が中核となる考え方と示されている。

（2）デジタル田園都市国家構想における幸福度の指標について

　以下に示す、デジタル田園都市国家構想実現会議（第7回）で示された資料においては、「Well-being」の詳細が示されてる。以下の資料はすべて、第7回で示されたものである。

　https://www.cas.go.jp/jp/seisaku/digital_denen/dai7/shiryou5-1.pdf

① Well-beingとKPIの関係

「Well-Being向上に向けた事業と市民参加の好循環（全体最適を目指したエコシステム）を構築していくことを目指す」としている。そのために、一つのまちづくりの共通のゴールに向けて、各種セクターが積極的に協力することを目標としている。そこで、Well-Being指標測定へ向けた、客観指標と主観指標の把握の必要性及び指標達成するためのKPI設定の必要性が示されている。

図表5　KPIとしてのWell-being

Well-Being指標の活用

- デジタルを活用した**複数のサービス**が、**データ連携基盤の上で、一つのまちづくりの共通のゴールに向けて積極的に協力**し、各地域で、産官学、市民含め、様々な関係者がともに、**Well-Being向上に向けた事業と市民参加の好循環（全体最適を目指したエコシステム）を構築**していくことを目指す。
- ただし、各エリアでの取組間の好循環と政策評価（EBPM）を進めることが目的であり、地域間比較等は行わない。なお、活用された指標や測定結果は極力オープン化。

現状
- 複数事業を包括する街全体の目指す価値観の明示が不十分。それぞれの事業が目指すまちづくりの目的や取組もバラバラ。
- KPIの設定も事業毎に独自に設定されており、相互の連関性は低い。

今後
- Well-Being指標測定のための客観指標に必要なデータ及び主観指標に必要なアンケート調査などはデジタル庁で準備（独自の手法によるも対応可）。
- デジタル田園都市交付金Type2/3採択自治体中心に計測地域を徐々に拡大（任意）。

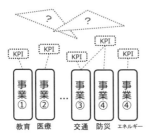
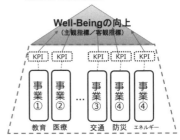

出典：デジタル庁資料（https://www.cas.go.jp/jp/seisaku/digital_denen/dai7/shiryou5-1.pdf）

Well-Being指標の概要

- 各種統計データを指標化し、分野間などの比較に用いる**客観指標**。市民等へのアンケート調査結果を指標化し、時系列での比較に強い**主観指標の二つの指標**を用意。
- 指標の計測結果はレーダーチャートの形で表示し、それぞれの街の多様な性格を視覚的に表示（エリア間の比較が目的ではないため、ランキング付けなどは行わない）。基本的なデータ及びアンケート調査票など、**基本的な計測ツールはデジタル庁から無償で提供**。また、**分析結果を表示するためのソフトも、オンラインで提供**。

○Well-Being指標の構成要素

○市民等へのアンケート例（主観指標）

○Well-Being指標の計測結果（レーダーチャート）

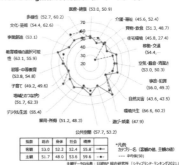

出典：デジタル庁資料（https://www.cas.go.jp/jp/seisaku/digital_denen/dai7/shiryou5-1.pdf）

②Well-beingに関するKPI指標の内容について

　デジタル田園都市国家構想実現会議（第7回）においては、一般社団法人スマートシティ・インスティテュート 専務理事・南雲岳彦氏から「市民の幸福感を高めるまちづくりの指標」が示されてる。以下、整理し示す。氏は、LWCI（Liveable Well-Being City Indicator）概念を中心として、指標のあり方を議論している。

※https://www.cas.go.jp/jp/seisaku/digital_denen/dai7/shiryou5-3.pdf

　特徴は、ロジックモデルを引用し、いわゆるスマートシティ的な手法を採用すれば、市民の幸福感と暮らしやすさの指標（LWCI）が向上するというモデルを示している。LWC指標の構成は1 主観的幸福感指標+2 活動満足度指標+3 活動実績指標+4 生活環境指標から形成されている。

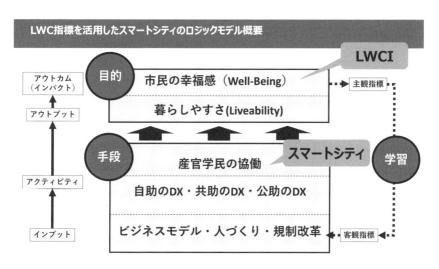

出典：一般社団法人スマートシティ・インスティテュート「市民の幸福感を高めるまちづくりの指標」資料

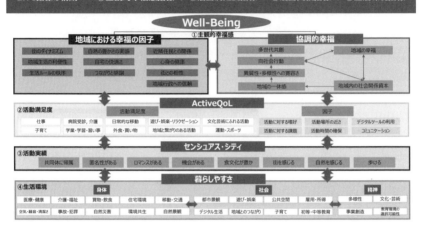

出典：一般社団法人スマートシティ・インスティテュート「市民の幸福感を高めるまちづくりの指標」資料

③主観指標と客観指標

その上で、主観指数として、身体、社会、精神の3領域で、約50指標、客観指標として約100程度の指標が示されている。それぞれの指標に何らかの社会的価値が含まれていることが想定できる。しかし、一覧として指標群を示したことは、今後のwell-beingを検討する上で、参考になる。

出典：一般社団法人スマートシティ・インスティテュート「市民の幸福感を高めるまちづくりの指標」資料

出典：一般社団法人スマートシティ・インスティテュート「市民の幸福感を高めるまちづくりの指標」資料

3．地方自治体レベルの幸福度指標について

　行政計画の目標としては、これまで多くの自治体では人口の社会増、もしくはGDPが示されていた。しかし、社会増が難しく、また経済成長が困難になってきた現在、新しい行政計画の目標として、幸福度指標が登場してきたのは当然といえる。ここ数年の動向を振り返りながら、今後の自治体の幸福度指標の動向を整理する。整理のステップとしては、①全体の流れ、②定量的アプローチ、③定性的アプローチ、④課題と乗り越えの方向性、を示す。

　内閣府が2021年に行った市区町村に対するアンケート調査によれば、162の団体において主観的満足度・幸福度指標を、297団体において個別施策に関する主観的満足度・幸福度の調査を行っている。294の団体では、総合計画等への策定へ活用しているということであった（内閣府，2022）。比率で言うと、約17%（1,718自治体）の自治体において、何らかの形で利活用されている、といえる。

　利活用している代表的な自治体としては、2010年代では、新潟市、荒川区、浜松市、富山県があげられる（幸せ経済社会研究所，2012）。2013年には、幸福度を志向する市区町村が連携した「幸せリーグ」を形成するなどの活発な活動を進めていった。そして、2020年代に入り、朝来市、仙北市、群馬県、茨城県などの何らかの形での行政経営に関する援用を行っている。2020年代に入り、第2次ブームと言える状況になってきている。このことは、SDGs（Sustainable Development Goals）に代表される社会的な要素を行政計画へ挿入することへの必要性が高まったことが想定される。

図表6　2010年代を中心とした幸福度関連自治体

自治体	名称	公表年	分野	指標数	特徴
福井県他10県	ふるさと希望指数(LHI:Local Hope Index)	2012	仕事、家族、健康、教育、地域・交流の5分野	20	客観的指標を中心に構成され、分野ごとに偏差値、変化率を示す。
富山県	とやま幸福度関連指標	2012	経済社会状況、健康、関係性、持続可能性の4分野	150	主観的幸福度及び様々な統計指標で構成。統合化はしない。
兵庫県	兵庫の豊かさ指標	2013	12の将来像	55	「21世紀兵庫長期ビジョン」の実現に向け、意識調査で主観的な「ゆたかさ感」を把握。
熊本県	県民総幸福量：AKH	2012	4分類「夢を持っている」「誇りがある」「経済的な安定」「将来に不安がない」	12	幸福の要因を4つに分類し、その要因ごとの「満足度」やどの程度それを重視するかという「ウエイト」を県民アンケートにより測定し、それぞれ掛け合わせて合計。
京都府	京都指標	2011	府民安心の再構築、地域共生の実現、京都力の発揮の3分野	43(客観)＋42(主観)	「明日の京都」に掲げた約300の施策指標の達成が「府民のしあわせの実感」という本質的な目標に適っているかどうかを点検するための手段として、府民の意識や満足感なども取り入れた指標を設定。
札幌市	さっぽろ"えがお"指標	2011	5つの政策課題	86	5つの政策目標に向けて、13の重点課題ごとに5〜9の指標を設定。指標は、市民に分かりやすい、集約的・代表的であるといった要素や、既存の部門別計画における設定の状況なども踏まえながら、選定。
新潟市	Net Personal Happiness：NPH	2010	5つの評価軸	30	評価軸は、「子どもたちが恵まれている」「安全・安心、温かい家庭生活」「やりがいのある話と、経済的なゆとり」「社会とのつながり、連帯、信頼」「高齢者も恵まれている」の5つ。社会関係資本(Social Capital)が市民のハッピネスを生み出すとしている。他の政令市と比較。
浜松市	GHH（浜松総幸福量）	2012	9分野	20	20項目を単純平均して統合指標を作成。
荒川区	荒川区民総幸福度：GAH	2012	6つの都市像（健康・福祉、子育て・教育、産業、環境、文化、安全・安心）	46	6つの都市像ごとに設定された幸福実感指標（主観指標）と関連指標（主観＋客観指標）からなり、最上位の指標として、「幸福実感度」がある。
氷見市	こころの指標	2012	「つながり」、「ほこり」、「やすらぎ」の3分野	10	10指標のそれぞれの進捗を見るもの。

（出典：「幸せ経済社会研究所レポートNo.5」（2012））

４．二つのアプローチ

　上記の自治体のトライには、大きな二つのアプローチがある。各種社会統計を軸とした定量的なアプローチと、アンケートなどの住民意識の変化を軸とした定性的アプローチがある。以下にそれぞれ示す。

①定量的アプローチ

　2010年代の岩手県、2020年代の群馬県のアプローチを示す。岩手県は県レベルで幸福度を取り入れた最初の県の一つである。その意味で、先駆的なトライと言える。両者に共通するのは施策領域に関連する社会的指標を収集し整理していることだ。分析手法としては、それぞれ指標の時系列、地域別に指標が存在する場合は整理している。

　岩手県では、県の総合計画である「いわて県民計画（2019～2028）」において、県民一人ひとりがお互いに支え合いながら、幸福を追求していくことができる地域社会を実現していくため、幸福に関連する客観的指標（「いわて幸福関連指標」）を定め、一人ひとりの幸福を守り育てる取り組みを展開してきた。この中で、社会統計などを中心とした定量的なものと、アンケートなどを軸として定性的なアプローチを形成した。

　定性的なアプローチとしては「主観的幸福感」と、関連する領域ごとに設定した「領域別実感」、すべての領域に関連する「つながり」で構成されている。また、客観的指標は、主観的指標ではとらえにくい点を補足する観点から、強みや弱みなど、現状を的確に把握するため、経年把握や全国比較が可能な指標を領域別に設定した。

　そこで、定量的なアプローチとしては、設定している12の施策領域の指標を示した。客観的指標としては70指標が取り上げられている（図表7　参照）。

図表7　岩手県

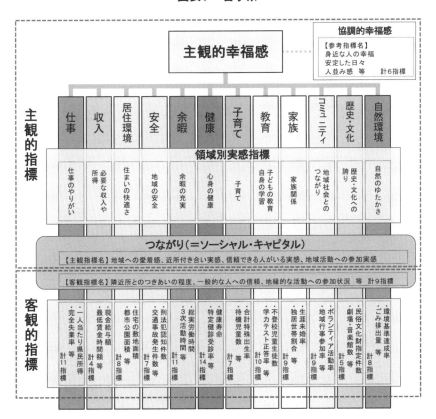

出典：「岩手の幸福に関する指標」研究会 報告書 平成29年9月　p16

群馬県においては、2020年に策定された「新・群馬県総合計画（ビジョン）」において、3つの幸福が掲げられた。「一人ひとりの幸福」「社会全体の幸福」「将来世代の幸福」の3つである。そこで定量的な指標として、19の政策分野ごとに統計データを示している（図表8参照）。この傾向は、2021年にも示された茨城県における幸福度指標でも同様な作業を行っている（図表9）。

図表8　群馬県

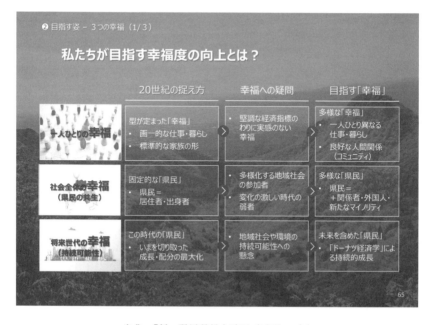

出典：「新・群馬県総合計画（ビジョン）」

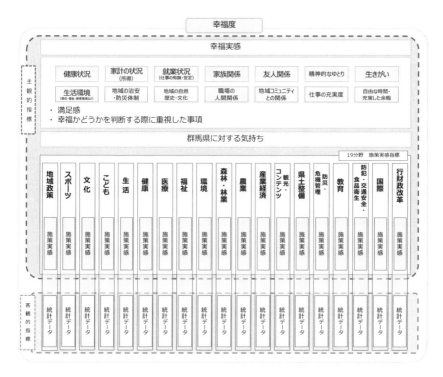

出典：「新・群馬県総合計画（ビジョン）」

出典：「新・群馬県総合計画（ビジョン）」

図表9　茨城県

いばらき幸福度指標一覧

出典：「いばらき幸福度指標一覧（2022.12時点）」

②定性的評価

　多くの自治体で主観的評価として、住民対象のアンケートを行い、幸福度そのものを定性的に把握しようとしている。幸福度全体そのものと施策及び分野別の項目を調査することが一般的である。2010年代に実施した熊本県、そして、2020年代の朝来市の事例を示す。共に傾向としては、統計学的な手法を使うことによって、指標そのものの説明力を上げることである。

　熊本県は、2012年度からAKH（Aggregate Kumamoto Happiness）を策定している。特徴としては、「夢を持っている」「誇りがある」「経済的安定」「将来に不安がない」を4つの要素として規定していることである。そして、その上で、それぞれに3つの指標を設定し、12の項目での充足感をとってきている。もちろん、この上で、地域間及び時系列の調査を行っている（図表10）。

図表10　熊本県

≪AKHの構成≫

県民総幸福量（AKH）

4つの分類

| 夢を持っている（夢、希望） | 誇りがある（自然・文化、生きがい） | 経済的な安定（稼げる、所得） | 将来に不安がない（健康、安全・安心） |

12の項目

| 家族関係 | 仕事関係 | 教育環境 | 自然資源 | 歴史・文化 | 地域社会とのつながり | 家計所得 | 消費活動 | 住まい | 心身の健康 | 食と生活環境の安全 | 防災・治安 |

○　AKHは、蒲島県政の基本理念である「県民総幸福量の最大化」の考え方を県民と共有し、効果的な施策につなげることを目的として熊本県が独自に作成する指標。
　　※「Aggregate Kumamoto Happiness」の略称。
○　幸福の要因を「夢を持っている」「誇りがある」「経済的な安定」「将来に不安がない」の4つに分類し、それらをどの程度重視するかという「ウエイト」や、各分類に属する項目の「満足度」を県民アンケートで測定し、それぞれ掛け合わせて合計する仕組み。
○　計算上、最高が150となるため、100を最高に換算して表示。

　出典：熊本県　平成30年度県民幸福量（AKH）に関する調査結果について　資料1

AKHの算出	《算出結果（H30）》							
《算出手順》	分類《4》	項目《12》	満足度			ウエイト②	①×②=③	AKH（③の合計）
			問	平均値	合計①①			
項目の満足度（6時間）の平均値を算出し、分類別に合算⇒①	夢を持っている	家族関係	あなたは、家族で叶えたいことや、家族に叶えてもらいたいことなど、家族のことで将来の夢を持っていますか？	3.8				
		仕事関係	あなたは、仕事のことで将来の夢を持っていますか？	3.0	9.8	2.72	26.7	
分類のウエイト（全体100とした場合にそれぞれに「つながるか」）の平均値算出⇒②		教育環境	あなたは、将来の夢の実現に向けて学べる環境にあると感じていますか？	3.0				
	誇りがある	自然環境	あなたは、地域の自然を素晴らしいと感じていますか？	4.1				
		歴史・文化	あなたは、地域の歴史や文化に誇りを感じていますか？	3.6	11.2	2.15	24.1	100.4
分類ごとに、満足度にウエイトを掛け合わせ⇒③		地域社会とのつながり	あなたは、地域社会とのつながりを感じていますか？	3.5				66.9
	経済的な安定	家計所得	あなたは、必要な所得や収入が得られていると感じていますか？	2.9				
③を合算⇒AKH（=100.4）※最高が160となるため、最高を100に換算すると「66.9」		消費活動	あなたは、必要なモノやサービスを購入できていると感じていますか？	3.2	9.6	2.69	25.8	
		住まい	あなたは、今の住まいに快適やゆとりを感じていますか？	3.5				
	将来に不安がない	心身の健康	あなたは、こころやからだが健康だと感じていますか？	3.1				
		食と生活環境の安全	あなたは、食べ物や地域の生活環境が安全だと感じていますか？	3.8	9.8	2.43	23.8	
		防災・治安	あなたは、災害や犯罪に対する備えができていると感じていますか？	2.9				

出典：熊本県　平成30年度県民幸福量（AKH）に関する調査結果について　資料1

　兵庫県朝来市では、2022年度からの総合計画において、自己実現と成長領域で、「幸福度を規定するやりたいことがある」「やりたいことに向けてチャレンジしている」「日々の暮らしで生きがいを感じている」。人と社会とのつながり領域では「自分のことを大切に思ってくれている人がいる」「頼れる人がいる」「自分の居場所や役割がある」という6つの要素での住民意識の調査を行っている。

図表11　兵庫県朝来市

朝来市民の幸福度：Asago Well-Being Indicator

指　標	目標値（令和11年度）
幸福度（どの程度幸せを感じているか）	令和3（2021）年度対比4％増

朝来市民の幸福度に影響を与える要素

指　標			目標値（令和11年度）
市民一人一人の姿	自己実現と成長	やりたいこと（趣味・学び・活動・仕事等）がある	令和3（2021）年度対比4％増
		やりたいことに向けてチャレンジ（準備・実行等）している	令和3（2021）年度対比4％増
		日々の暮らしで生きがいを感じている	令和3（2021）年度対比4％増
	人や社会とのつながり	自分のことを大切に思ってくれる人たちがいる	令和3（2021）年度対比4％増
		頼れる人（家族・友人・地域の人等）がいる	令和3（2021）年度対比4％増
		自分の居場所や役割がある（家庭・地域・職場等）	令和3（2021）年度対比4％増
まちの姿		ありたいまちの姿1（「やりたい」につながる多様な学びで、未来をつくる「人」を育む）満足度	令和3（2021）年度対比4％増
		ありたいまちの姿2（人と自然が共生しながら地域で循環する産業を確立する）満足度	令和3（2021）年度対比4％増
		ありたいまちの姿3（多様なつながり・交流を育み、地域力をより高める）満足度	令和3（2021）年度対比4％増
		ありたいまちの姿4（誰もが居場所や役割を持ち、健幸で心豊かな暮らしを実感できる）満足度	令和3（2021）年度対比4％増
		ありたいまちの姿5（市民の暮らしを支える安全・安心な都市基盤を維持する）満足度	令和3（2021）年度対比4％増
		ありたいまちの姿6（まちの動きや情報を戦略的につなぎ、効率的で健全な行財政運営を実現する）満足度	令和3（2021）年度対比4％増

出典：第3次朝来市総合計画「第2章　5 政策指標と人口指数」令和3年6月28日　朝来市総合計画審議会　https://www.city.asago.hyogo.jp/soshiki/3/2286.html

5．課題と乗り越えの方向性

　市区町村レベルでの幸福度に関する施策の確認で明確になってきたのは、定量・定性などのアプローチを組み合わせることで、幸福度のあり方を明確にすることである。ここで鍵になるのは、では「どうしたら幸せになるのか」、そして、「年齢等のクラスター別にどのような施策及び事業を展開するか」ということである。

　このアプローチに近いのは、岩手県の滝沢市のアプローチである。滝沢市は2015年度〜2022年度の第一次総合計画においてまちづくりの目標として、「幸福感を育む環境づくり」として市政を進めた。この中で、幸福度に関して着目すべきは、幸福実感一覧表である。場面とライフステージを組み合わせた表をつくることによって、展開の方向性を示している。これらの方向性を示すことで、具体的な施策／事業のイメージを広げることができる。

　今後、国レベルでの幸福度に関する動きも活発化する中で、自治体自らの幸福度に関する議論が活発化することが想定できる。EBPMなどの議論なども合わせ、より一層の今後の施策の展開が期待される。

図表12　滝沢市

年代(歳)／世代	喜び・楽しさ ワクワクする(W)滝沢市	成長・学び イキイキする(I)滝沢市	生活環境 サワヤカ(S)滝沢市	安全・安心 ホッとする(H)滝沢市	人とのふれあい きずなの滝沢市
0歳〜 すこやか世代	(子どもに)みんなが笑顔で接してくれること	(子どもに)良い習慣が身に付いていること	(子どもが)身近に体を動かして遊べる機会があること	親以外に(子どもの)世話をしてくれる人がいること	(子どもが)大切に見守られていること
象徴指標	子どもと一緒に過ごす時間(1週間)	家族一緒に食事する回数(1週間)	(子どもが)屋外で過ごす時間(1週間)	子どもを安心して預けられる相手がいる親の割合	子どもが大切に育てられていると感じている人の割合
目標値	(基準値)45時間09分 (平成30年度)46時間30分 (令和4年度)47時間30分	(基準値)10.12回 (平成30年度)12.00回 (令和4年度)14.00回	(基準値)13時間06分 (平成30年度)14時間00分 (令和4年度)15時間00分	(基準値)52.6% (平成30年度)58.0% (令和4年度)65.0%	(基準値)75.3% (平成30年度)78.0% (令和4年度)80.0%
やってみよう	◎絵本など、子どもに読み聞かせをする◎親などが、1日1回子どもを抱きしめる◎大人は、子どもの目の高さで、笑顔で話しかける	◎親と一緒に食事をとる◎家族一緒に季節の食材を取り入れした食事をとる◎家族で、家庭菜園やプランター菜園に挑戦し、子どもと一緒に収穫する	◎親などが、子どもと一緒に屋外で過ごす時間を作る◎子育て世代が気軽に集まれる機会を地域でつくる◎大人が公園など子どもが安全に遊べるかに気を配る	◎親などが、近所の人、近所の友人に挨拶をする◎親などが、家族みんなで、子どもとふれあう時間を持つ◎親など、子育ての機会を地域でつくる	
6歳〜 学び・成長世代	(子どもが)楽しい学校生活を過ごせること	(子どもが)夢中になって取り組めることがあること	地域の皆さんに(子どもが)見守られていること	(子どもが)悩みを相談できる相手や機会を持っていること	(子どもが)積極的に地域に関わっていること
象徴指標	仲の良い友だちの数	(子どもが)夢中になって取り組めることがあると感じる人の割合	子どもが安全に通学できると感じる人の割合	(子どもが)悩みを相談できる相手がいると感じる人の割合	(子どもが)地域の行事に参加した回数
目標値	(基準値)6.0人 (平成30年度)8.00人 (令和4年度)10.00人	(基準値)49.9% (平成30年度)58.0% (令和4年度)67.0%	(基準値)46.3% (平成30年度)50.0% (令和4年度)55.0%	(基準値)52.6% (平成30年度)62.0% (令和4年度)70.0%	(基準値)2.18回 (平成30年度)3.00回 (令和4年度)4.00回
やってみよう	◎(子どもが)その日の出来事を夕食の時に家族に話す◎親などは、子どもの友だちの名前を知る◎(子どもが)子ども会や育成会の行事に参加する	◎子どもが好きな勉強やスポーツを見つけ、勉強する◎親などが子どもの好きな勉強や所行動へ取り組みを支援する◎親などは、子どもの好きな発表会、文化祭などに参加する	◎子どもが毎朝、スクールガードの皆さんに挨拶をする◎地域のお祭りや行事に参加する◎大人が家庭訪問などで子どものための地域活動に協力する	◎子どもが近所の友だちと一緒に通学する◎子どもが友だちと一緒に地域を知る・学ぶ機会を地域で設ける	◎(子どもが)地域の行事に友達を誘って参加する◎(子どもが)地域に貢献される活動をしてみる
18歳〜 自立世代	多くの人とのふれあいの機会があり、人間関係が良好であること	身に付けた知識や技術を仕事や趣味の場で活かせる機会があること	地域の皆さんと交流の機会があること	子育てに関わる集まりに参加する機会が多いこと	地域に仲間がいること
象徴指標	多くの人とのふれあいの機会があり、人間関係が良好であると感じている人の割合	身に付けた知識や技術を仕事や趣味の場で活かせる機会があると感じる人の割合	地域のお祭りや行事に参加した人の割合	保育園、幼稚園、小学校などの行事・活動に参加している人の割合	地域の居心地が良いと思っている人の割合
目標値	(基準値)43.3% (平成30年度)50.0% (令和4年度)55.0%	(基準値)39.5% (平成30年度)45.0% (令和4年度)50.0%	(基準値)1.84回 (平成30年度)3.00回 (令和4年度)4.00回	(基準値)50.0% (平成30年度)60.0% (令和4年度)70.0%	(基準値)62.9% (平成30年度)68.0% (令和4年度)75.0%
やってみよう	◎相手を気遣う気持ちを持つ◎時間を上手に使い、自分が自由に使える時間を確保する◎近所に、いつでも気軽に集まれる場所を探す・つくる	◎学校や趣味などで得た知識や技術を披露する機会を持つ◎学校や職場などで、身に付けた知識や技術を生活に活かす◎学校や仕事などで、身に付けた知識や技術を地域に活かす	◎地域のお祭りや行事に必ず参加する◎地域の自治会に挨拶、名前と顔を覚える◎地域に、イベント、サークルなどに参加する	◎乳幼児に関する検診、予防接種を受ける◎地域の自治体や幼稚園の行事に積極的に参加する◎同級生親、子育て教室、親子で参加するイベントなどに積極的に参加する	◎地域活動の仕組みを知る◎地域活動の会に参加する◎仲間と地域活動に参加してみる
子育て世代	子どもたちの成長を確認できること	情報時代に適応したモラル、スキルや素が身に付いていること	子どもが地域で遊んだり、学んだりする機会に恵まれていること	安定した生活を送るための、家族の支えがあること	親と子どもの関係が良好であること
象徴指標	子どもとの会話の時間(1週間)	広報やインターネットなどで、地域の情報を収集・発信している人の割合	参加したいと考える地域行事の数	家族の支えがあるおかげで仕事に専念できていると感じる人の割合	子どもと一緒に地域活動をした回数
目標値	(基準値)26時間00分 (平成30年度)27時間00分 (令和4年度)28時間00分	(基準値)23.2% (平成30年度)30.0% (令和4年度)35.0%	(基準値)2.00回 (平成30年度)3.00回 (令和4年度)4.00回	(基準値)76.6% (平成30年度)78.0% (令和4年度)80.0%	(基準値)1.38回 (平成30年度)3.00回 (令和4年度)4.00回
やってみよう	◎毎日、子どもと会話をする◎子どもと一緒に買物にいく◎小中学校の行事に積極的に参加する	◎子どもにパソコンを教える◎地域のインターネットなど(パソコン、スマートフォンなど)で取組してみる◎インターネットなどで地域の情報を発信してみる	◎自然を通して子どもたちと過ごす(キャンプ、ハイキング・散歩など)を持つ◎近所の子どもと遊ぶ機会を持つ◎PTAや自治会などに積極的に関わる	◎家庭内で家事を分担する◎家族のために自分ができることを増やす◎子どもが安心して過ごせる場を持つ・つくる	◎近所の親子と農業地でのふれあいを持つ◎地域の方と家族、子ども連れで集まれるような機会を見つける◎学校行事や子ども会、PTAなどへ積極的に参加する
50歳〜 充実世代	世代を越えて交流する機会があること	自ら学び趣味や地域活動に積極的に取り組める機会があること	豊かな自然を活かして、リフレッシュできること	老後の生活設計が描けること	地域活動などに気兼ねなく参加できる機会があること
象徴指標	ここ一年で地域活動に参加した人の割合	趣味や特技を披露できる機会が地域にあるかの割合	定期的に自然と親しむ機会を持っている人の割合	老後の生活設計に不安がない人の割合	地域活動などに気兼ねなく参加できることができていると感じる人の割合
目標値	(基準値)48.3% (平成30年度)52.0% (令和4年度)60.0%	(基準値)15.7% (平成30年度)20.0% (令和4年度)25.0%	(基準値)47.9% (平成30年度)54.0% (令和4年度)60.0%	(基準値)17.8% (平成30年度)20.0% (令和4年度)25.0%	(基準値)34.6% (平成30年度)40.0% (令和4年度)45.0%
やってみよう	◎スクールガードに参加する◎地域自治会などの地域活動に参加する◎子どもなどを支援し、地域の子どもたちに顔を覚えてもらう	◎新しく自分のやりたいことを探す◎趣味や特技を一緒にできる仲間を持つ◎趣味や特技を活かして地域の活動に参加してみる	◎リフレッシュのため、家庭菜園などを持つ◎自分の散歩コースを持つ◎仲間と滝沢市の自然にふれあえる機会を持つ	◎退職後の社会保障制度を学び理解する◎定期的に運動し、近所の人の顔を覚え、挨拶する◎地域の健康づくり教室に参加し、健康づくりに気を配る	◎地域活動をカレンダーに記入する◎知人・友人を誘って地域活動に参加する◎地域活動の集まりなどで、発言してみる
65歳〜 円熟世代	心身ともに元気になれる趣味や活動を通して、地域に役立つ機会があること	地域の伝統・文化や芸能など、次世代に継承できる機会があること	豊かな自然とふれあいながら、健康増進が図られていること	いざという時にも、助け合える繋がりがあること	地域でお互い支え合い、助け合う仕組みが整っていること
象徴指標	地域に役に立つ機会を持っていると感じている人の割合	地域の伝統・文化や芸能などに親しむ機会があると感じる人の割合	自分の散歩コースを持っている人の割合	いざという時、頼れる相手がいる人の割合	地域でお互い支え合い、助け合えていると感じている人の割合
目標値	(基準値)28.8% (平成30年度)39.0% (令和4年度)	(基準値)27.7% (平成30年度)36.0% (令和4年度)54.0%	(基準値)47.0% (平成30年度)54.0% (令和4年度)62.0%	(基準値)68.8% (平成30年度)72.0% (令和4年度)75.0%	(基準値)44.7% (平成30年度)50.0% (令和4年度)50.0%
やってみよう	◎障大学に参加する◎老人クラブやいきいきサロンなどに参加する◎自治会活動などの地域活動に積極的に参加する	◎地域の伝統・文化を鑑賞する機会を持つ◎地域の伝統・文化の保存活動に参加する◎地域の子どもたちに伝統・文化を教える機会を持つ	◎身の回りの美化・清掃に取り組む◎自分の散歩コースを地域で決めてみる	◎緊急時の連絡先やきところに掲示しておく(救急医療情報キットの活用)◎地域の自主防災組織が行う防災訓練に参加する◎地域活動を通じて、ひとり暮らしの世帯を把握する	◎毎日、誰かと話す◎仲間づくりの茶話会を開く◎地域活動などで違って、様々な世代との交流を持つ
全世代	世界や全国で活躍する人材を育む滝沢市であること	チャグチャグ馬コが受け継がれていること	岩手山麓に広がる豊かな自然が守られていること	滝沢市の暮らしに安心感と愛着があること	市民が互いに支え合いながら、幸せを実感して暮らせること
象徴指標	芸術文化及びスポーツに関する全国大会などの件数(累計数)	チャグチャグ馬コの滝沢市からの参加数	地域清掃活動への参加者数	滝沢市に愛着がある市民の割合	滝沢市で幸せに暮らしている人の割合
目標値	(基準値)25件 (平成30年度)37件 (令和4年度)50件	(基準値)38頭 (平成30年度)39頭 (令和4年度)40頭	(基準値)19,971人 (平成30年度)22,000人 (令和4年度)24,000人	(基準値)74.2% (平成30年度)77.0% (令和4年度)80.0%	(基準値)61.0% (平成30年度)68.0% (令和4年度)75.0%
やってみよう	◎滝沢市で開催される各種大会などへ見物に行く◎滝沢市が出場する各種大会への応援に行く◎芸術、文化、スポーツなどに自ら取り組んでみる	◎チャグチャグ馬コを見る◎チャグチャグ馬コの由来を知る◎チャグチャグ馬コを県内外の知り合いに紹介する	◎ゴミを出す量を少なくする◎地域の清掃活動に取り組む◎自然を守る活動に参加する	◎ゴミ分別をし、資源を有効に使う◎災害時の避難場所を確認する◎滝沢市に住み続ける	◎隣近所と支え合う◎毎日、明るく、元気に学び、働く◎日ごろから家族に感謝して暮らす

出典：「幸福実感一覧表」

この一覧表は、幸福実現に向けた市民の行動指標としての意味合いを持って滝沢市が作成

【参考資料】

内閣府「経済財政運営と改革の基本方針」
　https://www5.cao.go.jp/keizai-shimon/kaigi/cabinet/honebuto/honebuto-index.
　html
内閣府「満足度・生活の質に関する調査」「満足度・生活の質を表す指標群（Well-
　beingダッシュボード）」
　https://www5.cao.go.jp/keizai2/wellbeing/manzoku/index.html

第3章　なぜ成熟国家で幸せのための政策が必要か

保井俊之

1．一人当たりGDPと幸福度の相関関係

　先行研究によると、一人当たりGDPと幸福度の関係について、一人当たりGDPが高くかつ、一人当たりGDPで表される所得水準の国民間の格差が小さいほど、幸福度は高い傾向にある。しかし最近の世界銀行のチームの研究（Burger et al. 2021）によると、文化的特性によって、一人当たりGDPおよび格差の相関を超えて、高い幸福度を示す国が複数あることが明らかになっている。例えば、コロンビア、アルゼンチンおよびブラジル等のラテンアメリカ諸国がそれに当てはまる。

　このことは1970年代に、経済学者リチャード・イースタリンらが、所得と幸福度はほとんど相関しないとし、それを「幸福のパラドックス」と呼んだことと整合的である。日本においても戦後を一貫して、一人当たりGDPの推移と生活満足度には相関がみられないことが知られている。

　World Happiness Report（WHR）2023の幸福度ランキングから筆者が作成した図を右に示す。

　幸福度ランキングの上位を、フィンランドを筆頭とする北欧諸国が占める。また、日本の幸福度は47位とその経済水準に比べて

World Happiness Report 2023 の幸福度ランキング（2020-2022）

順位	国名	幸福度スコア
1	Finland	7.804
2	Denmark	7.586
3	Iceland	7.530
4	Israel	7.473
5	Netherlands	7.403
6	Sweden	7.395
7	Norway	7.315
8	Switzerland	7.240
9	Luxembourg	7.228
10	New Zealand	7.123
15	United States	6.894
16	Germany	6.892
23	Costa Rica	6.609
27	Taiwan	6.535
47	Japan	6.129
64	China	5.818
65	Vietnam	5.763
137	Afghanistan	1.859

World Happiness Report（WHR）2023の幸福度ランキングより筆者作成

低いものとなっている。

　ただし、幸福度と強く相関するポジティブ感情およびネガティブ感情の水準については、文化的特性が強く表れることが知られている。例えば、WHRの幸福度では順位の振るわない日本は、ここ数年コロナ禍にあったにもかかわらず、ネガティブ感情は幸福度ランキング第1位のフィンランド並みに低かったことが明らかになっている。ポジティブ感情の高い国として有名なコロンビアは対比的にここ数年間、ネガティブ感情が大きく高まったこともわかっている。

　よって、成熟国家においても、幸せのための政策が必要とされる状況にある。

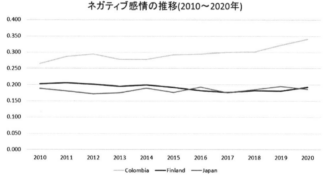

ネガティブ感情の推移(2010～2020年)

(データ出所) Helliwell, John F., Richard Layard, Jeffrey Sachs, and Jan-Emmanuel De Neve, eds. 2021. World Happiness Report 2021. New York: Sustainable Development Solutions Networkのパネルデータより、筆者が作図

World Happiness Report（WHR）2021の幸福度ランキングより筆者作成

　ただし、個人の幸福度は、所得水準だけではなく、政府への信認、民主主義の支持などの国家を取り巻く政治的要因とも相関することが知られている（Diener & Tov 2007）。例えば、民主主義の中で暮らすことと人生満足度は相関する（Loubser & Steenekamp 2017）。さらに戦争・紛争地帯での生存体験は、子どもの幸福度に悪影響をもたらす（Hamdan-Mansour et al. 2017）。子どもの頃の飢餓体験は、成長後の

　低い幸福度と相関する（Bertoni 2015）。また、地域レベルでは、「安全に一人でまちを歩ける」「強盗に遭わない」などの治安要因が人生満足度等に強く相関することが知られている（Boarini et al. 2013）。

２．年収、支出および福度の相関関係

　経済的豊かさの指標である一人当たりGDPを、個人の年収に近似の指標と観念すると、年収と幸福の相関関係に関する先行研究はさらに多様な研究結果を示すようになる。

　年収と幸福度の相関についての最も有名な研究は、ノーベル経済学賞を受賞したダニエル・カーネマン（プリンストン大学教授）らのチームによる、全米の42万人を対象としたもので、年収と幸福度は年収7万5千ドルまでは相関するが、それ以上の収入では無相関というものである（Kahneman and Deaton 2010）。また収入と幸福の相関は長期的には弱く、収入が増大しても主観的幸福感は長くは高まらない傾向にある（Diener and Oishi 2000）。そこで幸福度を高めていくためには、収入の増加を繰り返し味わう必要があり、これは快楽のランニングマシン（hedonic treadmill, Diener et al. 2006）と呼ばれる。

　年収が一定の閾値を超えると幸福度と相関しなくなるという、カーネマンらの研究結果はグローバルな調査研究でも裏付けられている。例えば世界の百を超える国を対象とする調査では、収入と幸福度の相関は人生への評価については9.5万ドル、感情的幸福については6〜7.5万ドルで飽和を迎えるという結果が出ている。ただし飽和を迎える収入額については国や文化によってばらつきがあり、高所得国ではより高い所得で飽和し、またある特定の地域ではより高い所得は人生への評価を減ずることもある（Jebb et al. 2018）。また、米経済雑誌『フォーブズ』に載るような大富豪と、マサイ族など質素な生活の集団では、さほど幸福感に差がないとの研究もある（Biswas-Diener 2007）。

　しかし近年になって、カーネマンらの研究結果に真っ向から挑む研究結果も出現している。米国の3.3万人を対象とした研究では、世帯年収7.5万ドルを超えても経験的ウェルビーイングは世帯年収と相関するとの結果が示されている（Killingworth 2021）。

また、経済要因の中でも、年収のみが幸福度と相関関係を示すわけではない。年収とともに、家や車等の資産、預金額および借金は人生満足度と有意な関係にある（Cacioppo et al. 2007）。そして失業は、所得損失以上に幸福度を低下させる（Frey and Stutzer 1999）。失業は、離婚や別居よりも幸福を抑制する（Clark and Oswald 1994）。死別は年間10万ドル分の幸福度を低め、失業は年間6万ドル分の幸福度を低めるとの研究結果もある（Blanchflower and Oswald 2000）。宝くじのような幸運による収入については、宝くじの当選者と勤労による平均的収入者の幸福感の差はさほどではないとの研究がある（Brickman et al. 1978）。そして家を所有することについては、賃貸住宅に住むよりも持ち家を持つほうが人生満足度は上がるが、自尊感情には変化がなかったとの研究がある（Rohe and Basolo 1997）。

　一人当たりGDPや年収などの富のインフローよりも、むしろアウトフロー、すなわちおカネの使い方と幸福度の相関に関心を寄せる研究は数多い。

　物欲に支配され、モノを買うことに大きな関心を持つ者を物質至上主義者（materialist）と呼ぶが、モノの購入等の物質至上主義者の行動と幸福はあまり関係がなく（Solberg et al. 2004）、買い物によるポジティブ感情の高まりは、社交、リラックスまたは食事の生活イベントより劣る（Kahneman et al. 2004）とされる。

　またモノ消費すなわち物品購入とコト消費すなわち体験への支出の違いについては、モノ消費よりコト消費が幸福感に強く影響する（Van Boven and Gilovich 2003）。

　幸福度と相関が認められるのが、利他のおカネ使いである。他人のために使うおカネや贈与は向社会性消費（prosocial spending）と呼ばれ、向社会性消費はより幸福感を高める傾向にある（Dunn et al. 2008, Dunn et al. 2014）。この傾向はグローバルに認められており、136カ国での調査でいずれも、向社会性消費は幸福感の増大と関係することが判明している（Aknin et al. 2013）。向社会性消費は前向きな社会変革の原動力となるが（Aknin et al. 2011）、おカネの使い方に目的・大義（cause）があるときに限り、幸福感と関係する（Aknin et al. 2013）。そして他者のためにおカネを使って得られる幸福感はおカネの出どころ、

すなわち自ら稼いだ収入なのか、たまたま得られた収入なのかは関係がない（Noreen et al. 2014）。

3．取り組みが進むグローバルな幸福度指標とその調査

　国際機関における幸福の定義としては、1946年に制定された世界保健機関（WHO）憲章の前文にあるウェルビーイングの定義「健康とは、病気でないとか、弱っていないということではなく、肉体的にも、精神的にも、そして社会的にも、すべてが満たされた状態（well-being）にあることをいいます」（日本WHO協会仮訳）がよく知られている。

　その後、国際機関における幸福度の調査としては、経済協力開発機構（OECD）などで調査・分析がされ、多くの政策提言が行われてきた。OECDは2013年および2018年の二度にわたり、多くの加盟国の国民を対象に人生満足度調査を行っている。

　OECDは2013年調査においてウェルビーイングを、「人々が自らの人生および経験に対する心理的反応について行う、肯定的または否定的な評価すべてを含む、良好な心の状態」（OECD Guidelines on Measuring Subjective Well-being）と定義している。また、OECDは2018年に公表した「OECD ラーニング・コンパス2030年（OECD learning compass 2030）」で、教育の価値をウェルビーイングに置き、この枠組みの達成のための教育制度改革を加盟各国に求めている。

　また国際連合の持続可能開発ソリューションネットワークは、米ギャラップ社の協力の下、2012年から毎年、世界幸福レポート（World Happiness Report）を公表している。このレポートは、世界150カ国以上を調査・分析し、幸福度のランキングを作成するもので、一人当たりGDP、社会支援、健康寿命期待値、社会的自由、寛容さ、汚職の認識、社会の住みにくさ（ディストピア）等を分析し、過去3年平均値で順位づけしている。

　国際機関ではないが、研究者のグループによって実施されているウェルビーイングの各国比較調査として、世界価値観調査（World Value Survey: WVS）が知られている。WVSは、1981年に開始された欧州価値観調査（European Values Study: EVS）から発展した、約5年ごとに

実施される道徳的、宗教的、政治的価値観等に関する国際比較調査である。1981年の22カ国調査から、最新のWVS7（2017-21年）では最大77カ国へ対象国が拡大した。EVSはオランダのティルブルフ大学が拠点であったが、現在は、ミシガン大学のロナルド・イングルハート教授らが実施するWVSとなり、調査対象もグローバルに拡張している。

4．世界各国で進められる幸福を目指す政策

　幸福すなわち主観的ウェルビーイングを政策目標に置く公共政策は現在、いわゆる成熟国家といわれる主要先進国で競って進められるようになっている。

　その筆頭は米国である。米国では1990年代からポジティブ心理学の台頭に伴い、主に心理学関係の研究者および実践家から主観的ウェルビーイングの概念は徐々に注目を集めつつあった。主観的ウェルビーイングとレジリエンスが職場での成功や人生の満足度を決めるカギとなるとの研究成果が2000年代に入り、続々と発表されるようになっていたことも一つの原因である。主観的ウェルビーイングの概念が、政府機関で広く注目を集めることになったのは、2001年から始まったアフガニスタンおよびイラクへの米国の派兵であった。紛争地域で強いストレスにさらされ、メンタルの不調をきたしたアフガニスタンおよびイラクからの帰還将兵とその家族のメンタル問題へ対応が喫緊の課題とされ、2008年11月に米国陸軍は、ポジティブ心理学会の創設者の一人である元・全米心理学会会長のマーティン・セリグマン（ペンシルベニア大学教授）とともに同大学のポジティブ心理学センター（PPC）において、帰還将兵とその家族等を対象とした「包括的兵士フィットネス（Comprehensive Soldier Fitness: CSF）」と呼ばれる110万人のウェルビーイングおよびレジリエンス確保のプログラムを開始することになった。このプログラムは米国政府において、幸福を政策目標とする施策が本格的に開始された初めての事例である。

　またオーストラリアでは21世紀初頭から、学校教育の分野で児童および学生の幸福追求の取り組みが行われている。オーストラリアでは学校での学生・児童のいじめ防止対策が喫緊の課題とされていた時期があ

り、オーストラリア政府はこの問題に対処するため、「国家学校安全枠組み（National Safe Schools Framework: NSSF）」を策定し、このプログラムの下で学生・児童のウェルビーイングおよびレジリエンス向上を推進している。具体的な施策としては、2000年から始まった「『心は大事』プログラム（"MindMatters" Program）」やその後継としての「『跳ね返る！』プログラム（"Bounce Back！" Program）」などが知られている。

　さらに、ニュージーランド政府は2019年に世界で初めて、国民のウェルビーイングを体系立てて勘案し予算を組む「ウェルビーイング予算」を編成している。ウェルビーイング予算については、カナダも2021年予算からウェルビーイング予算の仕組みを導入した。

　地域政府の取り組みとしては、スコットランド政府の施策がよく知られている。スコットランド政府は、2007年に開始した、KPIを含む政府計画である「国家パフォーマンス枠組み（National Performance Framework: NPF）」を2018年に大幅に拡充し、多くの主観的ウェルビーイング関連指標を同枠組みに盛り込んだ。アイスランドにおいても、首相がGDPに代わる幸福度指標の意義を訴え、ウェルビーイングに関する36の指標を国家計画に盛り込むこととしている。

　日本政府も2021年6月に閣議決定された「経済財政運営と改革の基本方針2021　日本の未来を拓く4つの原動力〜グリーン、デジタル、活力ある地方創り、少子化対策〜」いわゆる予算編成の主要方針である「骨太の方針」において、政府の各種の基本計画等についてウェルビーイングに関するKPIを設定することとした。この決定に応じ、2021年12月時点で各府省の32の基本計画等にウェルビーイングに関するKPIが設定された。ウェルビーイングの文言の「骨太の方針」への記載は、2022年度及び23年度も続いている。

5．世界で設置の進む幸福のための担当大臣・省庁

　アラブ首長国連邦（UAE）のムハンマド・ビン・ラーシド・アール・マクトゥーム首相（ドバイ首長）は2016年2月発足の内閣で、幸福担当大臣を任命し、各省庁に60人の首席幸福ポジティブ感情担当官

（chief happiness and positivity officer）を置いた。この事例は、ベネズエラが2013年に最高社会幸福省を新設し、同省担当大臣を置いたのに続く、幸福担当の大臣設置の世界二番目の事例である。

地域政府の取り組みとしては、スコットランド政府が、2014年から任命されていたメンタルヘルス担当閣外大臣のポストを改組し、2021年5月に初代の心的ウェルビーイングおよび社会ケア担当閣外大臣（Minister for Mental Wellbeing and Social Care）を任命している。

またウェールズ政府は2021年5月に、メンタルヘルスおよびウェルビーイング担当副大臣（Deputy Minister for Mental Health and Wellbeing）を任命した。

さらに、インド中部のマディヤ・プラデーシュ州が2017年1月に幸福省を設置して担当大臣を任命し、アーンドラ・プラデーシュ州もその動きに続いている。

6．日本における幸福度調査および幸福度指標への取り組み

近年の研究結果（高尾真紀子ら2018）によれば、雇用所得と環境安心の地域政策並びに地域活動と地域愛着が地域の幸福と強い相関を持つことが明らかになっている。

地方自治体が独自の幸福度指標を作成する例も2010年代に入り、増加している。幸福度指標を作成した主な自治体の事例を表として、以下に掲げる。また、個別の地方自治体の動きを超えて、地方自治体が共同で、幸福度指標の作成および運用に取り組む例も出てきている。例えば、東京都の荒川区役所のシンクタンクが事務局となり、「住民の幸福実感向上を目指す基礎自治体連合」が2013年に発足し、96の基礎自治体が現在加盟している。

幸福度指標を作成した主な自治体
（高尾ら 2018：57 表1及び東野ら 2023を筆者が修正）

自治体	名称	公表年
新潟市	Net Personal Happiness（NPH）	2010
京都府	京都指標	2011
札幌市	さっぽろ"えがお"指標	2011
富山県	とやま幸福度関連指数	2012
福井県など13県	ふるさと希望指数（LHI）	2012
熊本県	県民総幸福量：AKH	2012
浜松市	浜松総幸福量（GHH）	2012
荒川区	荒川区民総幸福度（GAH）	2012
氷見市	こころの指標	2012
兵庫県	兵庫の豊かさ指標	2013
堺市	堺・まちづくりGPS	2013
岩手県	いわて幸福関連指標	2020
群馬県	群馬県幸福度レポート	2020
茨城県	いばらき幸福度指標	2022
富山県	富山県ウェルビーイング指標	2022

出典：高尾真紀子・保井俊之・山崎清・前野隆司著（2018）「地域政策と幸福度の因果関係モデルの構築: 地域政策の評価への幸福度指標の活用可能性」『地域活性研究』Vol.9, pp.55-64 及び東野瑠華ら「都道府県におけるウェルビーイング政策の現状と今後の課題」(2023) 東京財団

　また民間のシンクタンク等が実施する幸福度調査としては、日本総合研究所が実施する『全47都道府県幸福度ランキング』、およびブランド総合研究所が実施する『地域の持続性調査』の中の項目として調査するものが比較的よく知られている。前者は2012年から隔年で、後者は2022年7月に第四回調査が、それぞれ発表されている。ただし、両調査の挙げる幸福度の高い都道府県は必ずしも一致するとは限らず、地域の幸福度をめぐる調査の難しさを象徴している。

7. 地域での幸福政策追求の動き

　公共政策として、地方自治体が幸福を直接追求する政策を打ち出す事例がここ最近みられるようになっている。

　例えば、富山県は2021年8月に同県の成長戦略のビジョン『幸せ人口1000万〜ウェルビーイング先進地域、富山〜』を公表し、経済的な豊かさに加えて、「地域社会とのつながりなども含めて、自分らしく、幸せに生きられること」を政策目標に掲げ、成長戦略の6つの柱の筆頭に、「真の幸せ（ウェルビーイング）戦略：人を集めて出入りを活性化し、もっと幸せな富山を目指す」としている。

　さらに福岡市は、「暮らしの満足度の向上」と「持続可能な環境・社会・経済」の実現を目指し全国で初めて、勤労者のウェルビーイング向上とSDGsの達成に向けて取り組む事業者を市役所に登録し、市が応援する「福岡市 Well-being & SDGs 登録制度」を2022年4月に開始した。同市は、ウェルビーイングを「身体的・精神的・社会的に良好な状態にあることを意味する概念で、人々の満足度や充実、幸せなどを表すもの」と定義し、この政策が同市で働く者の幸福度向上を直接目指すことを明らかにしている。

　横浜市は2022年12月に策定した新しい中期計画で、「暮らしやすく誰もがWell-beingを実現できるまち」を掲げた。そして国のスーパーシティ・デジタル田園都市構想に関する提案自治体の中で、2021年に「世界一Well-Beingが高いまちKamakuraの実現」を掲げた鎌倉市のような事例もある。

8. 小括：幸福度向上を目指す公共政策形成の台頭

　以上みてきたように、世界的な潮流として、経済的な繁栄に必ずしも寄らず、幸福度の向上を目指す公共政策を形成していく事例が多くなっている。日本の国内でも、地域において、幸福度向上を目指す政策が打ち出されるようになっており、これらの傾向は今後ますます強まるものと考えられる。

第4章　幸福の測り方―内閣府　幸福指標のおいたち
後藤義明　徳永由美子

　本項では、前半で「幸福感の指標化」について概説し、後半で内閣府の幸福指標について詳述する。背景を知ることで、我が国における幸福指標形成の過程をより多角的に理解しやすくすることが本項のねらいである。

1.「幸福を測る」とは

　幸福の測り方は主に3つに大別できる。
・総合的な主観的満足度
・分野別の主観的満足度
・分野別の客観的指標

　総合的な主観的満足度の測り方は、主なものとしてさらに以下の3つに大別できる。（詳細は後述）
1）人生全体の満足感を測るもの
2）今もしくは直近の感情を測るもの
3）エウダイモニア的な幸福感を測るもの

　分野別の主観的満足度は先行研究（Stiglitz et al., 2009 , Stiglitz et al., 2010）より、内閣府は13の分野の主観的満足度を測定している。（OECDの「より良い暮らし指標」では分野別主観的満足度を計測していない）

　内閣府が測定している分野を以下に示す。

表1　分野別主観的満足度質問（内閣府，2021）

（1）家計と資産
（2）雇用環境と賃金
（3）住宅
（4）仕事と生活（ワークライフバランス）
（5）健康状態
（6）あなたご自身の教育水準・教育環境
（7）交友関係やコミュニティなど社会とのつながり
（8）政治・行政・裁判所への信頼性
（9）生活を取り巻く空気や水などの自然環境
（10）身の周りの安全
（11）子育てのしやすさ
（12）介護のしやすさ・されやすさ
（13）生活の楽しさ・面白さ

　分野別の客観的指標についても上述の先行研究をベースにOECDが11分野24指標、内閣府が13分野33指標を設定している。この指標を用いて幸福度の比較や、より幸福な社会構築に向けた目標の設定に活用している。OECDの指標は一つの主観的幸福分野と10の客観的生活分野、合わせて11分野と主観的幸福と客観的幸福の指標を併置しているところに特色がある（図1）。一方で、内閣府の指標は「総合主観満足度」「分野別主観満足度」「客観指標群」の3階層に構造化していることが特徴である（図2）。これは客観指標群は分野別主観満足度と相関するものを選択するべきであるという見地によるもので、2019年調査では、「分野別満足度と関連する客観指標との対応関係を都道府県レベルで検証したが、明確な相関関係が見出せなかった」という課題を露呈した。そのため、この課題の原因調査を内閣府は実施し、2021年の第4次報告で調査結果をまとめている。

図1

「より良い暮らし指標」（OECD, 2017）を参考に筆者作成

図2　「満足度・生活の質に関する指標」（28ページ参照）

2．総合的な主観的満足度の測り方

　主観的満足度の測り方についてそれぞれ解説する。

2-1　人生全体の満足感を測るもの

　OECDは11分野24指標の1分野として"主観的幸福"を指定している。この主観的幸福を測る質問は「キャントリルのはしご」と呼ばれるアンケートでわずか1問である。

キャントリルのはしご

　階段を想像してください。それぞれの段には一番下が0、一番上が10までの番号が振られています。階段の一番上は、あなたにとって考えられる最高の人生を表し、一番下は考えられる最悪の人生を表しています。

　一番上の段が10で一番下が0だとすると、あなたは現在、ご自分がどの段に立っていると感じますか？

　一方で内閣府が実施している総合主観満足度の質問も1問であり、「あなたは全体として現在の生活にどの程度満足していますか」というものである。

　また、中坪ら（2021）によると、2010〜2020年の11年間における日本の主なWellbeing先行研究72本を調査した結果、以下3つの尺度を主に利用していることが明らかとなっている。

・主観的幸福感尺度（伊藤・相良・池田・川浦, 2003）：29本で利用
・人生に対する満足尺度（角野, 1994）（The Satisfaction With Life Scale, SWLS（Diener, Emmons, Larsen, & Griffin, 1985））：14本で利用
・日本版主観的幸福感尺度（島井・大竹・宇津木・池見・Lyubomirsky, 2004）：10本で利用

　主観的幸福感尺度はSubjective WellBeing Inventory（SUBI,（Nagpal & Sell, 1985; Sell & Nagpal, 1992））をもとに開発されている。SUBIとは、WHOによって開発された尺度で、11の下位尺度からなり、心の健康度（陽性感情、19項目）と心の疲労度（陰性感情、21項目）を測定する計40項目より構成され、認知的側面と感情的側面が含まれているとされる（伊藤他, 2003）。主観的幸福感尺度はSUBI 40項目の中から「人生に対する前向きの気持ち」「達成感」「自信」「至福感」「人生に対する失望感」を測る14の質問項目で構成されている。

主観的幸福感尺度

1．あなたは人生が面白いと思いますか
2．過去と比較して、現在の生活は（幸せ）
3．ここ数年やってきたことを全体的に見て、あなたはどの程度幸せを感じていますか
4．ものごとが思ったように進まない場合でも、あなたはその状況に適切に対処できると思いますか
5．危機的な状況（人生を狂わせるようなこと）に出会ったとき、自分が勇気をもってそれに立ち向かって解決していけるという自信がありますか
6．今の調子でやっていけば、これから起きる事にも対応できる自信がありますか
7．期待通りの生活水準や社会的地位を手に入れたと思いますか
8．これまでどの程度成功したり出世したと感じていますか
9．自分がやろうとしたことはやりとげていますか
10．自分の人生は退屈だとか面白くないと感じていますか
11．将来のことが心配ですか
12．自分が周りの環境と一体化していて、欠かせない一部であるという所属感を感じることがありますか
13．非常に強い幸福感を感じる瞬間がありますか
14．自分が人類という大きな家族の一員だということに喜びを感じることがありますか

　人生に対する満足尺度はDienerらによるSWLSの日本語訳である。5項目と非常に少ない項目数から構成されており、さまざまな国や地域での結果から尺度の信頼性や妥当性が報告されている。

人生に対する満足尺度

1．ほとんどの面で、私の人生は私の理想に近い
2．私の人生は、とてもすばらしい状態だ

3．私は自分の人生に満足している

4．私はこれまで、自分の人生に求める大切なものを得てきた

5．もう一度人生をやり直せるとしても、ほとんど何も変えないだろう

日本版主観的幸福感尺度は、Subjective Happiness Scale（SHS，（Lyubomirsky & Lepper, 1999））の日本版である。4項目で構成されており、ある人たちと自分自身との比較により幸福度を測るところに特徴がある。

日本版主観的幸福感尺度

1．全般的に見て、私は自分のことを（　　　　　　　）であると考えている。（非常に不幸―非常に幸福）

2．私は、自分の仲間と比べて自分を（　　　　　　　）と考えている。（より不幸な人間―より幸福な人間）

3．全般的にみて、非常に幸福な人たちがいます。この人たちはどんな状況の中でも、そこで最良のものを見つけて人生を楽しむ人たちです。あなたは、どの程度そのような特徴を持っていますか？（全くない―とてもある）

4．全般的にみて、非常に不幸な人たちがいます。この人たちはうつ状態がある訳でもないのに、はたから考えるよりも全く幸せでないようです。あなたは、どの程度そのような特徴を持っていますか？（全くない―とてもある）

2-2　今もしくは直近の感情を測るもの

即時的な幸福感を測る目的で感情を測る尺度としてOECDガイドラインでは肯定的・否定的経験尺度（Scale of Positive and Negative Experience, SPANE（Diener et al., 2009））を挙げている。SPANEは過去4週間の以下の感情経験強度を測定するものである。

SPANE

前向き	楽しい	恐れている
後ろ向き	楽しくない	うれしい
良い	幸せだ	怒っている
悪い	悲しい	満足している

　また、The Oxford Handbook of Happiness は、主な感情尺度として、ポジティブ・ネガティブ感情スケジュール（Positive and Negative Affect Schedule, PANAS（Walsoll, Clark & Tellegen, 1988））と影響評価指標（Affect Valuation Index（Tsai and Brian, 2001））を紹介している。いずれも20〜40項目程度でポジティブ・ネガティブ両方の感情を列挙し、今それぞれの気分とどの程度近いかを測る方式である。PANASの日本語版は以下のとおりである。

PANAS

ポジティブ：	8．機敏な	14．恥ずかしい
1．強気な	9．決心した	15．うしろめたい
2．やる気がわいた	10．注意深い	16．ぴりぴりした
3．活気のある		17．苦悩した
4．熱狂した	**ネガティブ：**	18．イライラした
5．興味のある	11．恐れた	19．神経質な
6．興奮した	12．怯えた	20．敵意を持った
7．誇らしい	13．うろたえた	

影響評価指標の日本語版は作成されていないが、類似した著名なものとして多面的感情状態尺度（寺崎・岸本・古賀，1992）がある。多面的感情状態尺度は80項目の感情群をそれぞれ現在どの程度近いかを選択するものだが、40項目の短縮版がよく使用される。

多面的感情状態尺度短縮版

1．不安な		21．ゆっくりした	
2．敵意のある		22．好きな	
3．だるい		23．丁寧な	
4．活気のある		24．びくりとした	
5．のんびりした		25．自信がない	
6．恋しい		26．攻撃的な	
7．丁寧な		27．退屈な	
8．びっくりした		28．はつらつとした	
9．悩んでいる		29．のどかな	
10．憎らしい		30．愛らしい	
11．疲れた		31．注意深い	
12．気力に満ちた		32．動揺した	
13．おっとりした		33．くよくよした	
14．愛おしい		34．むっとした	
15．慎重な		35．無気力な	
16．驚いた		36．陽気な	
17．気がかりな		37．のんきな	
18．恨んだ		38．素敵な	
19．つまらない		39．思慮深い	
20．元気いっぱいの		40．はっとした	

2-3　エウダイモニア的な幸福感を測るもの

　エウダイモニア的幸福とは、徳性によって得られる幸せ、善い幸福感をさす。Carol Ryff はエウダイモニア的幸福として、心理的ウェルビーイングを提唱し（Ryff, 1989; Ryff & Keyes, 1995; Ryff & Singger, 2005)、心理的ウェルビーイング尺度（PWBS（Ryff et al., 2007））を作成した。PWBSは、自己受容、肯定的な他者関係、自律性、環境制御力、人生の目的、人格的成長の6つの因子を42 〜 43の質問で測るもので、世界的に利用されている。

心理的ウェルビーイング尺度（後藤意訳）

1. たとえそれが多くの人の意見と対立するものであっても、自分の意見を言うことを恐れません。
2. 一般的に、私は自分が生きている状況をコントロールしていると感じています。
3. 視野を広げるような活動には興味がありません。
4. ほとんどの人は、私を愛情深いと見ています。
5. 私は一日一日を大切に生きており、将来のことはあまり考えていません。
6. 自分の人生を振り返ってみると、これまでの経緯に満足しています。
7. 私の決断は、他の人がやっていることに影響されることはあまりありません。
8. 日々の生活に追われていると、どうしても落ち込んでしまいます。
9. 自分自身や世界についての考え方に挑戦するような、新しい経験をすることが大切だと思います。
10. 親密な人間関係を維持することは、私にとって困難であり、フラストレーションのたまることでした。
11. 人生の方向性や目的が見えています。
12. 一般的には、自分に自信が持てて、前向きになれます。
13. 私は他人の評価を気にする傾向があります。

---

14. 周りの人や地域にあまり馴染めません。

15. 考えてみると、私はこの数年間、人間としてあまり成長していません。

16. 悩みを打ち明けることのできる親しい友人が少なく、孤独を感じることが多いです。

17. 私の日々の活動は、私にとっては些細なことであり、重要でないと思われることが多いです。

18. 私が知っている多くの人々は、私よりも人生から多くを得ているように感じます。

19. 私は意見の強い人に影響される傾向があります。

20. 私は毎日の生活の中で多くの責任を管理するのが得意です。

21. 私は、時間をかけて人間として大きく成長したという感覚を持っています。

22. 家族や友人との個人的な会話や相互の会話を楽しんでいます。

23. 自分が人生で何を成し遂げようとしているのか、よくわかっていません。

24. 私は自分の性格のほとんどの面が好きです。

25. たとえ総意に反する意見であっても、自分の意見に自信を持っています。

26. 自分の責任に圧倒されてしまうことが多いです。

27. 今まで慣れ親しんできたやり方を変えなければならないと感じるような新しい状況に身を置くことは好きではありません。

28. 人は私のことを、自分の時間を他人と共有することを望む、与える人だと言うでしょう。

29. 私は将来の計画を立て、それを実現するために働くことを楽しんでいます。

30. いろいろな意味で、自分の人生の成果に失望しています。

31. 物議を醸すようなことに自分の意見を言うのは難しいです。

32. 自分の人生を満足のいくようにアレンジするのが難しいです。

33. 私にとって人生とは、学び、変化し、成長していく連続したプロセスです。

34. 他人との温かい信頼関係をあまり経験したことがありません。

35. 人生をあてもなくさまよう人もいるが、私はそのような人ではありません。
36. 私の自分に対する考え方は、多くの人が感じるようなポジティブなものではないでしょう。
37. 私は、他人が大切だと思うことの価値観ではなく、自分が大切だと思うことで自分自身を判断します。
38. 私は、自分の好みに合った家庭とライフスタイルを築くことができました。
39. 私は、人生で大きな改善や変化を起こそうとすることをずっと前にやめました。
40. 私は友人を信頼することができ、彼らも私を信頼することができます。
41. 私は時々、人生でやるべきことをすべてやり尽くしたように感じることがあります。
42. 友人や知人と自分を比べてみると、自分のことがよくわかるような気がします。

3．OECD「より良い暮らし指標」から見た日本の幸福

　図1がOECD「より良い暮らし指標」調査における、世界標準と比較した日本の幸福度である。

図2　日本の幸福度

日本の幸福度（2018 年またはデータが利用可能な直近年）

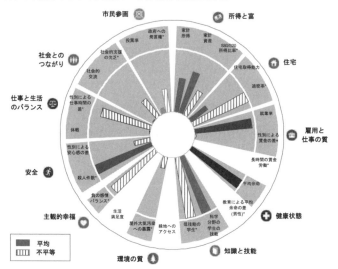

注：このグラフは、各幸福度指標について他の OECD メンバー国と比べた相対的な日本の強みと弱みを示している。線が長い項目ほど他国より優れている（幸福度が高い）ことを、線が短いほど劣っている（幸福度が低い）ことを示す（アスタリスク＊がつくネガティブな項目は反転スコア）。不平等（上位層と下位層のギャップや集団間の差異、「剥奪」閾値を下回る水準の人々など）はストライプで表示され、データがない場合は白く表示されている。

出典：HOW'S LIFE?　2020 © OECD 2020

　棒が長い項目が指標数値が良好であることを示し、ストライプで描かれている棒線は不平等性が高い（上位下位の差や集団間の差が激しいなど）ことを示している。健康、知識・技能の指標で非常に良好である反面、社会性（社会とのつながり、市民参画）に課題を抱えていることがみてとれる。

　図3、4が各指標のダイジェストである。右側であるほど良好であることを示している。

図3　日本の幸福度　ダイジェスト1

日本における 2010 年以降の幸福度の傾向 – I

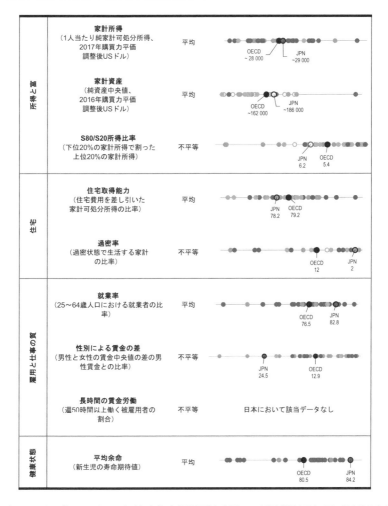

注：このスナップショットは 2018 年またはデータが利用可能な直近年での幸福度指標を示す。円の色は 2010 年またはデータが利用可能な直近年と比べた変化の方向を表す（●=改善傾向、●=悪化傾向、●=明確な傾向なし、白色は傾向を決定するために充分な時系列データがないことを意味する）。OECD 平均は黒色で示されている。方法論の詳細は『Reader's Guide of How's Life? 2020』を参照のこと。

出典：HOW'S LIFE?　2020 © OECD 2020

図4　日本の幸福度　ダイジェスト2

日本における 2010 年以降の幸福度の傾向 – II

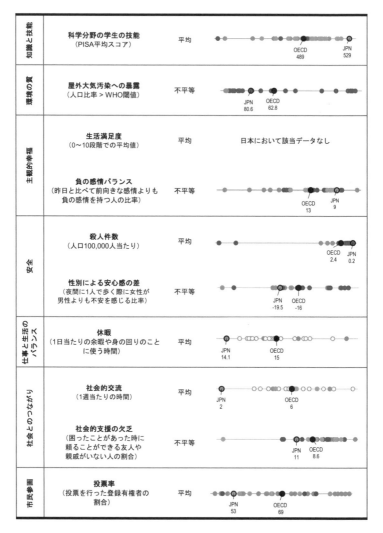

出典：HOW'S LIFE?　2020 © OECD 2020

４．内閣府「満足度・生活の質に関する指標」から見た日本の幸福

4-1　指標作成の目的
内閣府は、幸福度指標作成の目的を以下のように述べている。

……「幸せ」に光をあてることによって、これまで政策などにおいて焦点化されてこなかった「個々人がどういう気持ちで暮らしているのか」に着目すること……
1. 日本における幸福度の原因・要因を探り、国、社会、地域が人々の幸福度を支えるにあたり良い点、悪い点、改善した点、悪化した点は何かを明らかにすること
2. 自分の幸せだけでなく、社会全体の幸せを深めていくためには、国、社会、地域が何処を目指そうとしているか、実際に目指していくのかを議論し、考えを深めることが不可欠であり、その手がかりを提供すること……

4-2　幸福度の階層化
内閣府の幸福度指標策定の特徴として、階層化が挙げられる。2012年の内閣府経済社会総合研究所における「幸福度指標試案」では、幸福度を「主観的幸福感」を上位概念とし「経済社会状況」、「心身の健康」、「関係性」の3本柱を指標化した。各柱の指標案が以下である。

その後、間を置いて2019年に内閣府は幸福度指標を「満足度・生活の質に関する指標群」と変え、改めて指標づくりを再開したが、その際に策定されたのが78ページの図にある3段階の階層である。

【 幸福度 】

（個人・世帯・地域）   （一部抜粋）

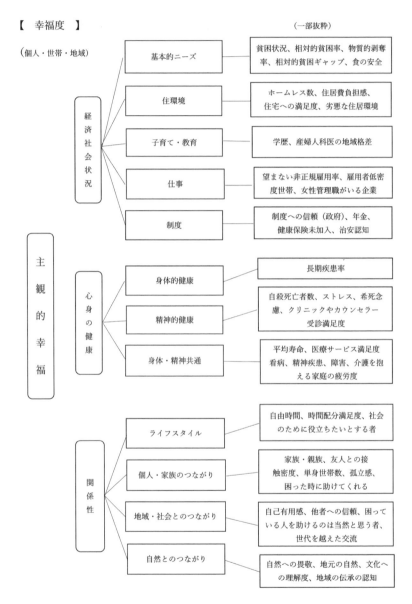

基本的ニーズ — 貧困状況、相対的貧困率、物質的剥奪率、相対的貧困ギャップ、食の安全

住環境 — ホームレス数、住居費負担感、住宅への満足度、劣悪な住居環境

子育て・教育 — 学歴、産婦人科医の地域格差

仕事 — 望まない非正規雇用率、雇用者低密度世帯、女性管理職がいる企業

制度 — 制度への信頼（政府）、年金、健康保険未加入、治安認知

経済社会状況

身体的健康 — 長期疾患率

精神的健康 — 自殺死亡者数、ストレス、希死念慮、クリニックやカウンセラー受診満足度

身体・精神共通 — 平均寿命、医療サービス満足度看病、精神疾患、障害、介護を抱える家庭の疲労度

心身の健康

ライフスタイル — 自由時間、時間配分満足度、社会のために役立ちたいとする者

個人・家族のつながり — 家族・親族、友人との接触密度、単身世帯数、孤立感、困った時に助けてくれる

地域・社会とのつながり — 自己有用感、他者への信頼、困っている人を助けるのは当然と思う者、世代を越えた交流

自然とのつながり — 自然への畏敬、地元の自然、文化への理解度、地域の伝承の認知

関係性

主観的幸福

「幸福度に関する研究会報告─幸福度指標試案─」
（https://www5.cao.go.jp/keizai2/koufukudo/pdf/koufukudosian_gaiyou.pdf）より作図

4-3　「満足度・生活の質に関する指標」から明らかになっている日本の状況

　以下、2021年に行われた満足度・生活の質に関する調査結果を内閣府・政策統括官レポートより抜粋する。

　今回の調査は全国的にコロナウイルス感染症という状況下での調査となりました。
　特徴的な点をいくつかここに取り上げておきたいと思います。

【満足度の全般的な動向】
　生活満足度はやや低下し、女性の低下幅がやや大きく、「社会とのつながり」「生活の楽しさ・面白さ」の満足度も低下しました。この2つの分野は感染症に伴うさまざまな活動の自粛の影響を受けやすいと考えられ、自粛生活が分野別満足度に影響した可能性が示唆される結果となりました。分野別満足度の変化幅を男女別で比較すると、「健康状態」「社会とのつながり」「生活の楽しさ・面白さ」の3分野で、女性の満足度低下幅が大きくなっています。

【社会とのつながり】
　感染防止のための外出が抑制される中で、「社会とのつながり」はどのように変化し、満足度とのどのような関係にあるのか。まず、社会とのつながりの満足度の動向についてサンプル全体で見ていくと2021年は女性の低下幅が大きく、男女の満足度差が縮小しています。年代別に見ると、従来満足度の低かった40-64歳のミドル層がさらに低下しており、同居する家族以外で困ったときに頼れる人の数と満足度の関係を年齢別に見ていくと、頼れる人の数が減少した者の割合は、増加した者の割合を若干上回っており、15-39歳の若年層ではその傾向がやや強い結果となっています。さらに頼れる人の数が減少した者の1年間の満足度の変化幅を見ると、社会とのつながりだけでなく、全体的な生活満足度も低下する傾向にあります。

　家族関係と満足度を見ても、同居家族との関係に困難を感じていると

回答した者の満足度の変化を見ると、生活満足度、社会とのつながりの満足度ともに約4割の者が低下しており、男性よりも女性のほうが、満足度が低下した割合が高くなりました。

「友人・知人との交流減少に困っている」と回答した者の割合は、どの年齢層でも半数近く、特に若年層では57.4%の者が困難を感じています。また、「新たな友人が作りにくくなった」ことに困っていると回答した者の割合は若年層で特に高く、他の年齢層と比較して10%以上も高くなっています。「この1年間で1番困ったこと（自由記述）」として、大学がオンライン授業となり、大学関係の友達作りに困っているといった趣旨の意見が反映されていると読み取ることができます。

【家計・雇用環境】
「家計と資産」「雇用環境と賃金」の満足度の動向について、サンプル全体で見ていくと、2019年2月以降、感染症の影響下でも満足度が上昇しており、この傾向は男女共通となっています。ただし年齢別に見ると、若年層、高齢者層では満足度が上昇する一方、40-64歳のミドル層の満足度は横這いとなっています。「家計と資産」「雇用環境と賃金」の満足度が上昇している背景として2020年末までのデータを見ると、感染症下でも定額給付金等の影響もあり可処分所得金額は増加し、自粛生活下の消費支出減・貯蓄増となった。その結果、金融資産残高は上昇、このような傾向の中、家計にゆとりを感じている可能性が考えられます。

継続サンプルで見ると、15-39歳の若年層および40-64歳のミドル層では、収入減少に関して「非常に困っている」が約1割、「困っている」全体（非常に、ある程度、少し、の合計）では約4割、また、困っていることとして「収入減少により、食事が十分にできなくなった」に該当する割合は15-39歳の若年層で高く、23.6%と2割を超えています。

【労働時間の変化】
就業者において、この1年間で労働時間に変化が起きた人も増えています。男女別で見ると女性よりも男性の労働時間の減少割合が高い一方、

男性よりも女性のほうが労働時間の増加割合が高い傾向です。男性は減少した人のほうが多く、女性は増加した人のほうが多いという逆の結果が見られました。労働時間が増加した人は、仕事と生活（WLB）満足度が減少しており、逆に労働時間が減少した人は、仕事と生活（WLB）満足度が上昇していると考えられます。

　就業者における雇用環境と賃金の満足度、仕事と生活（WLB）満足度は、全体的に上昇傾向にあります。その中でも通勤時間が減少した人は、就業者全体と比較して満足度が上昇しています。特に、通勤時間が0になったと回答した就業者は、就業者全体や通勤時間減少者と比較して満足度の上昇幅が大きくなっています。

【健康・その他】
　趣味・生きがいがある人とない人では満足度の水準に大きな乖離が生じており、趣味・生きがいがある人の満足度のほうが非常に高いことがわかります。また、生活満足度と生活の楽しさ・面白さ満足度は、趣味・生きがいの有無がある人とない人では近しい満足度となっています。

「満足度・生活の質に関する調査」は、我が国の経済社会の構造を人々の満足度（Well-being）の観点から多面的に把握し、政策運営に生かしていくことを目的とするものです。所感としては、女性の満足度が低下していることが気になります。特に「健康状態」「社会とのつながり」「生活の楽しさ・面白さ」の3分野で女性の満足度低下幅が大きくなっていることに関してはコロナが収束するのを待つしかないのか、また通勤形態に関してはリモートのほうが満足度は高くなるが、大学生はオンライン授業になったことで友達が作りにくい状況となり、そもそも大学時代の人間関係は社会生活におけるネットワークの第一歩ともなり得る貴重なものでもあるため、このことが将来的に何かしらの影響を及ぼすことも懸念されます。大学経営など国の施策が及ばない部分においては格差が生まれていることも気がかりです。

【参考文献・資料】

吉中, 畠中 「幸福度に関する予備的考察：幸福度指標について考えるために」, 2013

東北活性化研究センター 「幸福度の定量化に関する調査研究」, 2013

藤南, 園田, 大野「主観的健康感尺度（SUBI）日本語版の作成と、信頼性、妥当性
の検討」, 1995

伊藤, 相良, 池田, 川浦 「主観的幸福感尺度の作成と信頼性・妥当性の検討」, 2003

川人, 大塚, 甲斐, 中田 「日本語版 The Positive and Negative Affect Schedule
（PANAS）20項目の信頼性と妥当性の検討」, 2011

金子 「情動持続要因の検討―ポジティブ心理学的観点から―」, 2017

岡森 「比較による主観的幸福感尺度の作成」, 2019

中坪, 平野, 綾城, 小嶋 「幸福感尺度使用の現状と今後の課題」, 2021

経済協力開発機構 桑原進, 高橋しのぶ訳（明石書店）『主観的幸福を測る』, 2015

経済協力開発機構 「より良い暮らし指標」, 2020

内閣府「満足度・生活の質に関する調査」, 2019-2021

David, Boniwell, Ayers 「The Oxford Handbook of Happiness」Chapter 13 , 2014

第5章　世界の幸福度ランキング

浜森香織　梶川遥奈

１．世界幸福度ランキングについて

　豊かさの指標として作成された「国内総生産」（Gross Domestic Product、GDP）は一国の経済活動の成果を包括的に示す代表的な指標である。それは経済活動を国際比較する場合にも適しており、各国および国際機関において現在も世界中で広く用いられている。しかし、幸福の観点から、GDPによる経済活動の計算にはいくつかの問題点が指摘されている。GDPの母胎となる概念機構は、全体として「国民経済計算」と呼ばれており、国際的ガイドラインであるSNA（system of national accounts）に基づき計算されている。このSNAには「陰の市場活動（特に麻薬取引のような非合法の取引）」が含まれていない。また、価格が存在しない専業主婦の家事労働やボランティア活動も生産活動に含まれていない。一方で、公害を起こす生産活動やそれを処理するための費用は含まれている。

　さらに、GDPは人間の幸福に影響する項目の一部分しか含んでおらず、極めて狭い範囲しか評価できない指標である。具体的には、①余暇（leisure）、富（wealth）、非市場的活動（Non-market activities）、失業（unemployment）、不安定さ（insecurity）などの経済的福祉（Economic well-being）、②福祉水準（Living Conditions）を規定する客観的な条件を構成する環境（environment）、健康（health）、不平等（inequality）、教育（education）、③幸福（Happiness）に直接的な影響を与える遺伝的要因（genetics）、家族（family）、活動（activities）、友人（friends）、仕事の満足（work satisfaction）、共同体の紐帯（community ties）、がGDPの範囲外にある。

図　DP・経済的福祉・生活状況・幸福の概念図

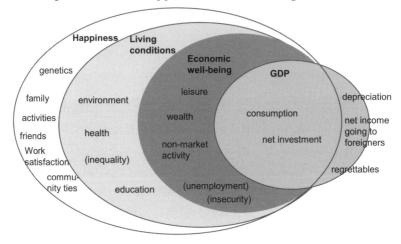

Brackets indicate negative impact. Source: Deutsche Bank Research **1**

出典：Deutsche Bank Research（2006）: Measures of well-being, September 8, Briefing Note. P3

　このようにさまざまな視点から人々の幸福度を計測するために、さまざまな国際指標が開発されてきている。本章ではそれぞれの幸福度ランキングの紹介として、ランキングの特徴をはじめ、ランキング作成の目的・対象・調査方法・調査項目とランキング結果（日本の順位・評価）を示し、それぞれの幸福度ランキングについての問題や課題についても取り上げる。

2．国連「世界幸福度報告書」について

　国連では世界各国の幸福度のランキングを示した報告書として「World Happiness Report」がある。3月20日は国連が定めた国際幸福Dayでハピネスデーや幸福の日として知られており、その日にランキングが発表される。2021年の結果として、日本は前年から4つ順位を上げ

たものの56位で、首位は4年連続でフィンランドとなっている。2021年の調査ではCOVID-19が人々の生活の構造と質に及ぼす影響に焦点を当てること、世界中の政府がパンデミックにどのように対処してきたかを説明、および評価することを目的に調査が実施された。結果としては新型コロナウイルスの影響下の2020年と、コロナ前の2017年から2019年の結果を比べても、ランキングトップの国々に大きな変化がないことから、新型コロナウイルスが人々の幸福度に対し、思ったほど大きな影響を与えなかったと結論づけられている。新型コロナウイルスが人々の幸福度に対し、思ったほど大きな影響を与えなかった理由として、「新型コロナウイルス感染症（COVID-19）は、全員に影響する共通の外的脅威だと大勢が見なし、それにより連帯感や仲間意識が高まったことが、理由の一つと考えられる」と指摘されている。

　世界幸福度ランキングは次の項目で上から示すとおり、一人当たりの国内総生産、社会的支援、健康寿命、社会的自由、寛容さ、汚職の少な

図　世界幸福度ランキング順位（国連「世界幸福度報告書」）

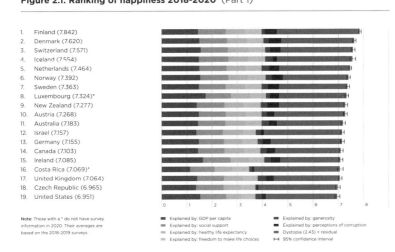

Figure 2.1: Ranking of happiness 2018-2020 (Part 1)

出典：World Happiness Report 2021より、一部抜粋

さ・頻度、ディストピア（人生評価／主観的満足度）＋残余値を分析して、過去3年の平均値で順位を決めている。

　153カ国・地域が対象となっており、調査方法としては対象国で実施した世論調査をもとに、自分の幸福度が0から10の11段階で自己評価した主観の平均となっている。日本で評価が低い項目は「寛容さ」と「主観満足度」となっている。寛容さは1カ月以内に寄付をしたかが設問になっており、寄付文化の薄い日本では加点しにくい設問となっている。一方で主観満足度も、日本は非常に低くなっており、こちらは、人生評価において楽しいか、辛いかという主観質問への回答となっていることから、日本は、主観満足度レベルが非常に低いことがわかる。

　上位10カ国のうち9カ国が欧州であることから、調査項目の特性、文化的背景や国家の性格など欧州の国が上位に入りやすい傾向があるとの指摘があることや、日本人はアンケート調査で自己評価を低めに申告しがちであることから、比較することが難しい側面もある。

3．OECD（経済協力開発機構）の幸福度白書「How's Life? 2020」について

　幸福度を構成するさまざまな指標の一つとして主観的幸福度（Subjective Well-being）のデータを掲載している。OECDは、幸福度を測定する枠組みはA物質面での世界水準、B生活の質、C持続可能性の3つで構成されると結論づけている。そして3つの枠組みにはそれぞれの要素として、A物質面での世界水準は①所得と富、②仕事の質、③住宅の3つがあり、B生活の質には④健康、⑤知識と技能、⑥環境の質、⑦主観的幸福、⑧安全、⑨仕事と生活のバランス、⑩社会的つながり、⑪市民参加の8つが含まれている。この枠組みでは、幸福の全側面における不平等と、将来の幸福を形成する資源とリスク要因についても考察している。指数対象国はOECD加盟34カ国にブラジルとロシアを加えた36カ国である。各国の11項目についてそれぞれ独立して評価することを重視しているが各種要素を合成して単一指標化した結果も「例示的に」提示している。

図　OECDの幸福の枠組み

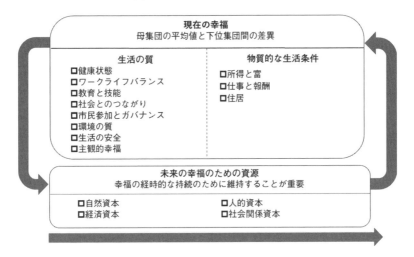

出典：OECD　How's life?　Mesuring Well-Being ／「GDP を超えて―幸福度を測るOECD
の取り組み」（村上由美子、高橋しのぶ）

　日本の傾向としては、他国よりも優れている項目は雇用と仕事の質の
項目で就職率、健康状態の項目の平均寿命、知識と技能の項目の科学分
野の学生の技能、安全の項目の殺人件数となっている。逆に他国よりも
劣っている項目としては住宅の項目の過密率、知識と技能の項目の低技
能の学生、主観的幸福の項目の負の感情・バランス、仕事と生活のバラ
ンスの項目の性別による仕事時間の差となっている（74ページ参照）。
　OECDの調査では各国の強みや弱みを個別で分かりやすく示し、各
要素を個別に判断する必要があることを強調していることが特徴である。
しかしながら、指数作成対象が先進国グループであることから世界水準
の指標としては課題が残っている。

【参考文献・資料】

「幸福度指標をめぐる最近の展開と課題」 慶應義塾大学名誉教授 岡部光明 2015年2月

「幸福度等の国別世界順位について 各種指標の特徴と問題点」 慶應義塾大学名誉教授 岡部光明 2012年2月

HOW'S LIFE? 2020©OECD2020 How's Life in Japan?

「幸福度研究に関する調査研究報告書―総合計画への幸福度指標導入について」 2012年10月 草津市草津未来研究所

第6章　個人の幸せと関連があるもの

米良克美

　ポジティブ心理学の創始者であるペンシルベニア大学教授のマーティン・セリグマン氏は、幸せの因子として有名な「PERMA」モデルを提唱しました。「PERMA」とは、「ポジティブ感情（Positive Emotion）」「何かへの没頭（Engagement）」「人との関係（Relationship）」「生きる意味（Meaning）」「達成（Accomplishment）」のそれぞれ5つの頭文字をとったもので、この5つを満たしている人が幸せである、というものです（Ref. マーティン・セリグマン『ポジティブ心理学の挑戦 "幸福"から"持続的幸福"へ』）。

　元ミシガン大学教授の故クリストファー・ピーターソン氏は2006年に、『ポジティブ心理学入門』で、何が幸せに影響するのかということを、弱い相関、中程度の相関、高い相関に分けて表にまとめています。

　これらの報告からも分かる通り、これまでに幸せと関連する因子について多くの研究が示されています。そこで本章では、個人の幸せと関連する因子についてまとめて紹介します。

１．年齢

　年齢と幸せの関係の研究も進んでいます。どの年代が一番不幸かというと、40代だといわれています。下記のように一例をグラフにすると、40〜50代が底になっています。20代は夢に向かって突き進むことができたり、仕事でもまださほどの責任を負わされていなかったりして、わりと無邪気で楽しい年代なのかもしれません。30代になると、結婚して家族への責任感が増したり、仕事もだんだん責任のあるポジションを任されたりするようになって忙しくなるためか、20代に比べると幸福度は徐々に下がっていきます。40〜50代は、U字カーブの一番底。もっとも不幸な時期です。仕事では中間管理職になって、上司と部下の

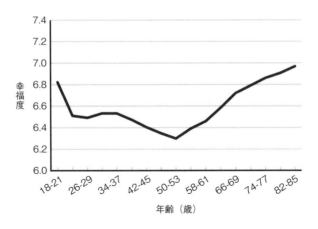

縦軸: 幸福度 (7.4, 7.2, 7.0, 6.8, 6.6, 6.4, 6.2, 6.0)

横軸: 年齢（歳）
18-21　26-29　34-37　42-45　50-53　58-61　66-69　74-77　82-85

出典：『実践ポジティブ心理学』前野隆司（PHP新書）

板挟みというつらい役割になっていたり、家庭生活では子どもも思春期になっていて一番面倒な時期だったりするからかもしれません（Ref.前野隆司『実践ポジティブ心理学』Kindle位置No.1473-1478）。

2．性別

　日本は、男女の幸福度の差が大きく、世界でもトップクラスだというデータがあります。生涯を通して、どの年代で比べても、男性よりも女性のほうが幸せです。男女の幸福度に大きな違いがある原因は、つながりが強いかどうかではないかと考えられます。男性のほうが「金、モノ、地位」などの長続きしない幸せである地位財にこだわり、それを得ようと日々ライバルたちと戦っているように思えます。それに対して、女性の多くは、長期的な幸せをもたらす非地位財（良い環境、健康、心の幸せ）に目を向けて生きており、周囲との良好なつながりを大切にして、周りと仲良く生きているから幸せなのだとも考えられます（Ref.前野隆司『実践ポジティブ心理学』Kindle位置No.1528-1533）。

３．性格（ビッグファイブ）

　まずは性格と幸せの関連について示します。ここでは、性格の分析で定評のある「性格の5因子モデル（ビッグファイブとも呼ばれる）」と、幸せの関連について述べます。このビッグファイブは、外向性、協調性、誠実性、神経症傾向（情緒不安定性）、開放性の5つからなりますが、これらの5つの性格因子と幸福度の関連についていくつかの報告がなされています。

　デネーブとクーパーの行ったメタ分析によると、幸福感は外向性・社交的な人において高く、一方で、神経症傾向（情緒不安定性）の高い人において幸福感が低いという報告がなされています（Ref.：大石繁宏著『幸せを科学する』P121）。

　その他の、協調性、誠実性、開放性についても幸福度との関連がいくつか報告されておりますが、外向性や神経症傾向（情緒不安定性）ほどの明確な関連は示されておりません。

４．年収

　経済と幸せの関係について研究したことで有名なのは、アメリカの認知心理学者のダニエル・カーネマンです。カーネマンは2002年に、不確実な状況下における意思決定理論である「プロスペクト理論」などの業績が評価されてノーベル経済学賞を受賞しています。

　カーネマンの研究の一つに、主観的幸福度は年収75,000ドルまでは収入に比例して増大するが、それ以上になると比例しなくなる、というものが知られています（Ref. Daniel Kanneman and Angus Deaton［2010］PNAS 107（38））。ちなみにこの額は、研究当時のアメリカの平均世帯年収71,500ドルをわずかに上回るものでした。

　日本とアメリカでは物価が異なりますし、また為替レートの変動もあることから、この年収75,000ドルが日本人においても幸福度のピークになるとは言えません。しかし、ある一定の年収を超えると幸福度との比例関係がなくなるということは、日本人においても当てはまるものと考えられています。

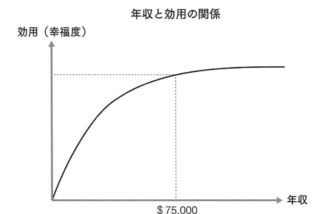

年収と効用の関係

効用（幸福度）

$75,000

年収

出典：『年収が増えれば増えるほど、幸せになれますか？』前野隆司（河出書房新社）

5．お金の使い方

　幸せとお金の関係に関して、お金の使い方が幸福度に影響を与えるということが報告されています。エリザベス・ダンらの研究によると、ハッピーマネー（幸福になるためのお金の使い方）が5つの原則としてまとめられています（Ref. エリザベス・ダン他『「幸せをお金で買う」5つの授業』）。それぞれの原則がどのように、どんな時に、そして、なぜうまく働くのかを解説します。

○原則1．経験を買う

　物質的なもの（持ち家から文房具にいたるまで）は、経験を買うこと（旅行、コンサート、特別な食事など）ほど幸福をもたらさないことが示されています。意外にも、少々苦痛を伴うような経験でさえ、長く続く喜びの源となります。使った金額の大小にかかわらず、形のあるものよりむしろ経験を買ったほうが、出費に対する後悔が減ることが分かっています。

○原則2.　ご褒美にする

　大好きなもの・素晴らしいものがいつも身近にあると、人間はそれを
あまり大切に思わなくなる、というのは読者の皆さんも経験があるので
はないでしょうか。しかし、その大好きなもの・素晴らしいものに手が
届かないように制限をかけると、新鮮な喜びを味わえるようになります。
すなわち、喜ぶ能力が再生されるので、大好きなもの・素晴らしいもの
をご褒美に変えることは非常に価値があると言えます。

○原則3.　時間を買う

　掃除や洗濯など、自分が嫌と感じる仕事を外注すれば、時間の過ごし
方は変わり、やりたいことをやる自由を得ることができます。お金を使
う時には、「これを買うことによって私自身の時間の使い方はどんなふ
うに変わるだろうか？」という質問を自分に対して問いかけてみても良
いでしょう。時間の余裕こそが、仕事や私生活に満足して幸せを感じて
いるかを予測する強力な要素になります。

○原則4.　先に支払って、あとで消費する

　現代では現金を持たずに代わりにクレジットカードを持ち歩くキャッ
シュレス支持者も多いのではないかと思います。クレジットカードによ
る支払いは、「いま手に入れて、あとで支払い」という買い物の仕方を
実現させてくれます。この順番を逆転させて「先に支払って、あとで消
費する」という形にすると、あまりお金を使わなくても、より幸福を手
に入れられるということが研究で示されています。お金を先に支払って
おいて、消費をあとに延ばすことで、期待に満ちたワクワクした気持ち
を持ち続けることができるからです。

○原則5.　他人に投資する

　比較的最近の研究で、他人のためにお金を使うことが、自分自身にお
金を使うよりも、もっと大きな幸福感をもたらしてくれることが証明さ
れています。この原則は、金額の大小に関わらず非常に広い範囲の状況
で成り立つと言われています。世界最高の大富豪の一人であるウォーレ
ン・バフェットは、自分の財産の99％をチャリティーに寄付すると決

めていて、「この決定以上に幸せを感じたことはない」と述べています。バフェットはこの「他人に投資する」という原則をよく理解して実践している一人と言えるでしょう。

6．人間関係・人とのつながり

○友達の数と幸せの関係

「人とのつながりが幸せにつながる」ということは多くの研究結果から示されていますが、このことは読者の皆さんも実感として納得できるのではないでしょうか。人が、人とのつながりを求めるのは世界共通ですが、日本人は世界一、不安遺伝子を持っている人が多いと考えられるため、人とのつながりがないと幸せになれない傾向が強い民族と言えるかもしれません。

　人とのつながりを調べた研究によると、つながりが少ない人よりも、つながりが多い人のほうが幸せだという結果が出ています。ただし、このつながりは多ければ多いほど幸せというわけではなく、上限があると言われています。イギリスの人類学者、ロビン・ダンバー教授は著書 *How Many Friends Does One Person Need?* の中で、一人の人間が人間関係を結べる限界の人数は150人程度であると述べており、その理由としては、人間の認知に限界があることや、人間関係の維持・発展に費やす時間に限界があること、などを指摘しています。

　ところが現代社会では、ソーシャルメディアによって簡単に150人以上の人とつながることが可能となっています。しかし、これは人間の限界を超えているために、人の幸せにするつながりではないと言えるでしょう。実際に、ヘルシンキ大学の心理学者レンクヴィストとベルリン自由大学の心理学者デタースによる研究では、フェイスブック上の友達の多さは幸せと関係ないことが報告されています。

○多様なつながりと幸せの関係

　人とのつながりの多い少ない、すなわち量的な観点で幸せとの関係を示してきましたが、つながりの質的な観点ではどうなっているのでしょ

うか。

　2014年に慶應義塾大学の前野隆司教授と広告代理店の博報堂によって実施されたアンケート調査「＜地域しあわせ風土＞に関する調査」（Ref.）では、20歳から64歳までの男女15,000人におけるつながりと幸福度の関係などが調べられています。この調査では、狭く深い関係を持つ人よりも、幅広い関係を持つ人のほうが高い幸福度を示すことが報告されています。たとえば、友達が5人いたとして、全員が同じ職場の人というよりも、それぞれ小学校時代の友達、中学校時代の友達、職場の友達、趣味のサークルの友達、ご近所の友達というように多様なほうが幸せなのです。このように、人とのつながりは幸福度に対して、量的に重要なだけでなく、多様なつながりといった質的にも重要だということが示されています。

○孤独の影響

　人とのつながりが極端に少ない状態が孤独でしょう。これまでの多くの研究からも孤独の有害性が示されています。孤独は我々の健康を損ないます。10代、20代前半の若者の孤独は心血管系疾患のリスク要因である肥満、高血圧、高コレステロールを招き、成人のうつ病の発症率を高めます。成人の孤独はアルツハイマー病を進行させ、自殺願望や自傷行為を誘発し、睡眠不足、アルコール依存症、収入の減少、免疫力の低下を招き、抑うつ傾向を強め、最終的には、老人の死亡率を高めます。孤独のような社会的な痛みも、体の痛みと同じで、幸福度にも大きな負の影響を与えることから、社会支援が必要となるでしょう。

7．社会的地位（職位）

　パーソル総合研究所と慶應義塾大学前野隆司研究室が行った「はたらく人の幸福学プロジェクト」では、はたらく幸せ・不幸せをもたらす普遍的な7つの要因を特定し、それらを測定する新たな診断ツール「はたらく人の幸せ／不幸せ診断」を開発しました。それぞれ7つの要因（以下、因子と呼ぶ）は下記の通りです。

「はたらく人の幸せの7因子」は、①自己成長、②リフレッシュ、③

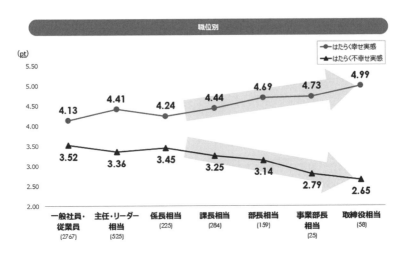

出典：パーソル総合研究所

チームワーク、④役割認識、⑤他者承認、⑥他者貢献、⑦自己裁量。
「はたらく人の不幸せの7因子」は、①自己抑圧、②理不尽、③不快空間（はたらく環境の不快さ）、④オーバーワーク（過重労働）、⑤協働不全、⑥疎外感、⑦評価不満。

この診断ツールを用いて、職位別の幸せ・不幸せ実感を調査した結果、「課長相当」以上で、職位が上がるにつれ、幸せ実感が高まり、不幸せ実感が低下する傾向がみられました。幸せ／不幸せの7因子も同様に上昇／低下する傾向があり、裁量の拡大や社会的地位の向上などにより、因子が改善されると考えられました。

8．仕事のやりがい

Indeed社が実施した職場の幸福度調査の2021年版では、職場の幸福度を高める要因について誤解している人が多いという結果が出ています。幸福度を左右する最大の要因は給与であると考える人が多いものの、実際は社会的要因の影響が大きいということが明らかになっています。たとえば、以下のグラフにもある通り、仕事へのやりがい（17％）、職場

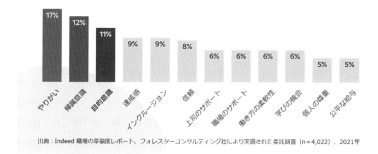

職場の幸福度を左右する要因

出典：Indeed 職場の幸福度レポート、フォレスターコンサルティング社により実施された 委託調査（n＝4,022）、2021年

出典：Indeed　職場の幸福度レポート、フォレスターコンサルティング社により実施された委託調査（n＝4,022）　2021年

https://jp.indeed.com/career-advice/career-development/work-happiness-survey

への帰属意識（12％）、目的意識（11％）はいずれも給与（5％）より高い順位を占めています。

9．自己決定・自律性

　自分の仕事に対してやりがいやこだわりを持ち、プロとしての責任を感じていることは幸せと関連します。仕事上の選択がすべて組織によって決定されていないこと、つまり、ある程度本人の決定に任されていること（自律性が高いこと）が幸せにつながると考えられています。メルボルン大学のスレンプたちが行った、仕事をしている人たち250人を対象とした研究では、自律性がサポートされている度合いが高いほど、ジョブクラフティングが多く生じており、そして、ジョブクラフティングは、仕事の満足度やウェルビーイングを高めるということが示されています。併せて、自律性自体にも直接的にウェルビーイングを促進する影響を持っていることが示されました。すなわち、自律性とジョブクラフティングは相互に影響し合い、そして、どちらもウェルビーイングを促進する効果を持っているということです（Ref.『科学的に幸福度を高める50の習慣』17/252ページ）。

主観的幸福感を決定する要因の重要度（標準化係数）

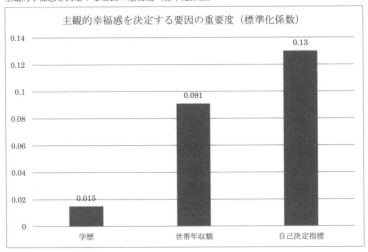

注：学歴は説明変数として統計的に有意ではない。

出典：「幸福感と自己決定―日本における実証研究」西村和雄, 八木匡（RIETI）

　神戸大学社会システムイノベーションセンターの西村和雄特命教授と
同志社大学経済学研究科の八木匡教授による、国内2万人に対するアン
ケート調査の結果（Ref.　https://www.kobe-u.ac.jp/research_at_kobe/
NEWS/news/2018_08_30_01.html）では、所得、学歴よりも「自己決
定」が幸福感に強い影響を与えていることを明らかにされています。こ
れは、自己決定によって進路を決定した者は、自らの判断で努力するこ
とで目的を達成する可能性が高くなり、また、成果に対しても責任と誇
りを持ちやすくなることから、達成感や自尊心により幸福感が高まるこ
とにつながっていると考えられています。

「コントロール感覚」、つまり仕事においても家庭においても、自分が
自身の運命の主人であるという感覚は、幸せと成功をもたらす大きな推
進力となります。大学生の場合も、高いコントロール感覚は、幸福度を
高めるだけでなく、成績も向上させ、自分が本当にやりたい仕事を追求
するモチベーションになります。同様に、仕事において高いコントロー

ル感覚を持っていると答えた社員は、業績も良く、仕事により多くの満足感を覚えていることが示されています（Ref.『幸福優位7つの法則』位置№.2323/3882）。

10. 自由時間

「自由な時間・充実した余暇」と聞くと、幸福度に直結すると思われるかもしれません。内閣府経済社会総合研究所が2010年から2011年にかけて、20歳から39歳での男女2万人以上を対象に行った「若年層の幸福度に関する調査」の結果の一部を下記に示します。

　この内閣府のレポートによると、「若年層調査を利用して、自由時間の長さと幸福度の関係をみると、自由時間が長いだけでは幸福に結びついておらず、質が重要なことが分かる」とあります。しかし、グラフを見ると、なんと、自由時間が幸福に結びついていないばかりか、自由時間が短い人のほうが幸福な傾向が見てとれます。充実した生活のためには余暇を持つゆとりが必要といわれますが、もしかしたら、余暇を持たないほうが幸せなのかもしれないのです。
　より最近のアメリカ国民のデータセットを用いた研究（Ref.https://doi.org/10.1037/pspp0000391）では、24時間の過ごし方と主観的ウェ

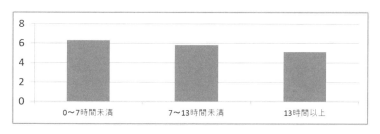

自由時間の長さと幸福感

（備考）内閣府経済社会総合研究所「若年層の幸福度に関する調査」より作成。

出典：内閣府ホームページ（https://www5.cao.go.jp/keizai2/koufukudo/pdf/koufukudosian_sono2.pdf）

ルビーイングに関するアンケートを実施し、分析した結果、主観的ウェ
ルビーイングは自由時間が増加するにつれて、有意に高まったが、自由
時間が2時間を超える変化が横ばいになり、5時間以上になると有意に
下降し始めたことが示された。このことから、1日のすべてを自分の裁
量で決められる自由時間にすると、不幸に似た状態になる可能性があり、
自由時間は適度な量にすることが良いと考えられる。また、退職後や休
職中に過度の自由時間がある場合、目的を持った時間の過ごし方が有益
であることも併せて示唆された。すなわち、これらの結果を考え合わせ
ると自由時間が少なすぎても、多すぎても幸福度は低くなると言えるで
しょう。

11.　結婚

　結婚と幸福度に関しても多くの報告があります。エド・ディーナーら
によると、未婚者よりも既婚者のほうが主観的幸福度が高い傾向があり
ますが、近年その差は小さくなりつつあるようです。前野らが行った日
本人1500人に対する調査では、離婚した人の幸福度は未婚の人よりも
低かったが、伴侶と死別した人の幸福度は結婚している人の幸福度と有
意な差がありませんでした（Ref.『幸福のメカニズム』　付録⑦）。また、
夫婦の幸福度は子どもの誕生後に低下し、子どもが独立して家を出るま
でそれが続く傾向があるようです（Ref.『幸福のメカニズム』　付録⑧）。

12.　宗教

　信仰心がある人は、そうでない人よりも、幸せだと言われています。
アルスター大学の心理学者ルイスとクルーズによると、オックスフォー
ド幸福目録を使ってポジティブな感情を測ると、一貫して宗教との間に
関係が認められます。先週を振り返って幸せと感じる程度が、神や聖典、
祈りに対する態度と関係があるということです。信仰心がある人が、幸
せに感じるのは、人とのつながりが広がるためだと考えられています。
ウィスコンシン大学の社会学者リムとハーバード大学の社会学者パット
ナムは、人とのつながり以外の要素は、幸せにあまり関係ないとしてい

ます。教義による恩恵より、人との交流による恩恵が幸せの源だと言うのです。宗教が私たちを幸せにするメカニズムを調べると、宗教的な集会に多くの親友がおり、その宗教が自己意識に重要である時だけ、宗教は幸せと関係していました。一方、集会にあまり親友がいない人では、宗教が自己意識に重要と感じていても、幸福感に影響がありません。つまり、宗教が心のよりどころであっても、独りぼっちでは、宗教によって幸せにならないことになります（『実践　幸福学　科学はいかに「幸せ」を証明するか』より引用）。

13.　社会活動への参加

　幸福度と社会活動への参加度合いの間にも関連が示されています。内閣府経済社会総合研究所「若年層の幸福度に関する調査」によると、幸福度が高い人が行動を行うのか、行動を行った結果、幸福度が高まるのかは判明しませんが、少なくとも社会的課題解決の活動に既に関わっている者や、関心のある者と幸福度の高さは相関していることが示されています。

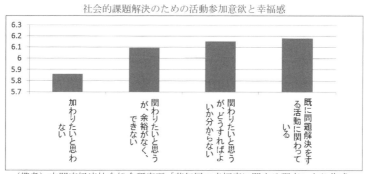

（備考）内閣府経済社会総合研究所「若年層の幸福度に関する調査」より作成。

出典：内閣府ホームページ（https://www5.cao.go.jp/keizai2/koufukudo/pdf/koufukudosian_sono2.pdf）

通勤時間

　カナダのブリティッシュコロンビア大学のエリザベス・ダンらの研究によれば、通勤に片道1時間以上かけることは仕事での幸福度にネガティブなインパクトを与えることを示しています。加えて、そのインパクトは失業した時と同じくらいであると言います。加えて、スイスのチューリッヒ大学の研究結果では、通勤時間が0分から22分に増えたことによる幸福度の低下を相殺するためには、通常の収入の3分の1が増えなければ効果がない、ということも示されています（『99.9％は幸せの素人』228ページより引用）。

14.　自然とのふれあい

　都市化によって自然とふれあう機会が減ったことで、精神疾患が増えたという見解があります。そこで、運動と環境を組み合わせた自然散策の効果を検証したところ、自然散策は精神衛生を健全に保ってくれることが分かりました。たった90分間ですが、自然の中を歩いた人は、同じ時間、都市部で散歩した人に比べて、精神疾患の危険と関連している

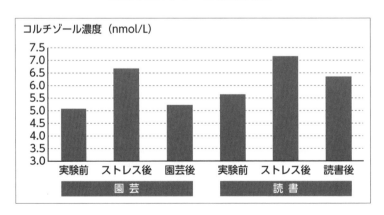

園芸でコルチゾール分泌が減少

出典：『実践 幸福学　科学はいかに「幸せ」を証明するか』友原章典（NHK出版）
Van Den Berg and Custers「2010」のデータより友原章典作成

書　名						
お買上 書　店	都道 府県	市区 郡	書店名			書店
			ご購入日	年	月	日

本書をどこでお知りになりましたか?
　1.書店店頭　2.知人にすすめられて　3.インターネット(サイト名　　　　　　　)
　4.DMハガキ　5.広告、記事を見て(新聞、雑誌名　　　　　　　　　　　　　　)

上の質問に関連して、ご購入の決め手となったのは?
　1.タイトル　2.著者　3.内容　4.カバーデザイン　5.帯
　その他ご自由にお書きください。
　(　　　　　　　　　　　　　　　　　　　　　　　　　　　　　　　　　　)

本書についてのご意見、ご感想をお聞かせください。
①内容について

②カバー、タイトル、帯について

弊社Webサイトからもご意見、ご感想をお寄せいただけます。

ご協力ありがとうございました。
※お寄せいただいたご意見、ご感想は新聞広告等で匿名にて使わせていただくことがあります。
※お客様の個人情報は、小社からの連絡のみに使用します。社外に提供することは一切ありません。

郵 便 は が き

料金受取人払郵便

新宿局承認
2524

差出有効期間
2025年3月
31日まで
（切手不要）

１６０-８７９１

１４１

東京都新宿区新宿1－10－1

(株)文芸社

愛読者カード係 行

|||ll|ll|・|l|lll|ll|l|ll|・l|l||l・l|l|ll|・l|l|ll|ll|l|lll|l|l|

ふりがな お名前		明治　大正 昭和　平成　　年生　歳	
ふりがな ご住所	□□□-□□□□	性別 男・女	
お電話 番　号	（書籍ご注文の際に必要です）	ご職業	
E-mail			
ご購読雑誌（複数可）		ご購読新聞	新聞

最近読んでおもしろかった本や今後、とりあげてほしいテーマをお教えください。

ご自分の研究成果や経験、お考え等を出版してみたいというお気持ちはありますか。

ある　　　　ない　　　内容・テーマ（　　　　　　　　　　　　　　　　　）

現在完成した作品をお持ちですか。

ある　　　　ない　　　ジャンル・原稿量（　　　　　　　　　　　　　　　）

「反芻思考」や脳の部位の神経活動が抑えられていたのです。反芻思考とは、自分のネガティブな部分を繰り返し考えてしまうことで、精神疾患になる危険因子とされています。精神疾患の経験がない人を対象にしたこの研究結果は、都市での生活よりも、自然に囲まれた生活のほうが、精神的には好ましいことを示しています。自然との関連でいうと、園芸もストレス解消に役立ちます。ストレスがある時に、園芸を行うと、気分が回復しコルチゾールの値が下がるのです。農業分野で有名なオランダのワーゲニンゲン大学のバーグらは、健康な人を2つのグループに分け、屋外で園芸を行うか、室内で読書を行ってもらって、その効果を比較し、園芸のストレス解消効果を示しています（『実践 幸福学　科学はいかに「幸せ」を証明するか』より引用）。

人材育成・教育

　日本人を対象とした前野らの研究から、創造と成長は幸せの四つの因子に関わっていることが示されています。特に、創造と成長はそのまま「自己実現と成長（やってみよう因子）」に関わっており、教育は創造と成長を加速すると考えられると思います。しかしながら、「教育は幸福と相関がない」という衝撃的な結果も報告されています（『幸せのメカニズム』付録㉙）。教育の価値が否定されるかのようで衝撃的な研究結果ですが、これはもしかしたら、従来の教育のやり方に問題があるだけなのかもしれません。今後、人の幸せに資する教育の方法論の確立が望まれます。

第7章　社会全体の幸せに関する調査・研究
——ポジティブ心理学と公共的ウェルビーイング計測

小林正弥

1．経済成長至上主義と幸福経済学——客観的幸福研究の社会経済的展開

　幸福研究やポジティブ心理学の発展に伴って、社会全体の幸せに関する調査・研究が世界的に発展しており、国家規模でこれらを行い公共政策に活用する国も増加している。それを受けて日本でも、2021年6月に公表された「経済財政 運営と改革の基本方針2021（骨太の方針）」では、政府の各種の基本計画等に、Well-beingに関するKPI（重要業績評価指標）を定めるとされた。しかし実際には日本ではこの調査・研究は遅れており、実際には省庁でも施策そのものにはさほどの進展はないように見える。

　そもそも、戦後日本では高度成長期以来、経済が成長すれば幸福が増大すると素朴に想定されていた。実際、経済学と関連が深い功利主義（utilitarianism）では、創始者のJ・ベンサムの「最大多数の最大幸福」という文句がよく知られているように、全員の幸福の合計量が最大になる方策を善として、その実現をはかるべきであるとしている。経済学にはこの発想が強く、効用（utility）は主流派経済学の基礎的概念となっている。ごく簡単にいえば、国内総生産（GDP）が重視されるのは、その成長によって購買力が高まると、経済的行為によって幸福が増大すると考えられるからである。

　ところが、経済学者のイースタリンは、一国内でも、国際的にも、ある程度までは収入の増大は幸福の増大に関連するが、あるレベルを超えると、その関係は弱まり、収入の増大に伴う幸福の増大の比率は低下する（逓減する）ということを実証的に発見した。これは「イースタリンの逆説」と呼ばれるようになり、経済学や社会科学一般に大きな衝撃を与えた。なぜなら、先進国では経済的な発展が必ずしも幸福の増加につ

ながらないことになるからである。これが正しければ、GDPの増加を
最大目的としてきた公共政策も、見直されなければならないことになる
わけである。

　これは、ブルーノ・フライやキャロル・グラハムらの「幸福経済学」
の展開へとつながっていった 。経済至上主義に代わって、生活の質を
はじめとする他の概念や指標を探究したのである。このような刺激を受
けて、日本でも実証的調査が進められるとともに、たとえば都道府県別
の幸福度調査が行われてランキングが公表されるようになった。それは
メディアでも報道されて、論議を呼ぶこともある。

　たとえば、日本総合研究所編『2014年版　全47都道府県幸福度ラン
キング』（東洋経済新報社、2014年）では、基本指標（人口増加率、一
人当たり県民所得、選挙投票率、食料自給率、財政健全度）と50の分
野別指標（健康分野、文化分野、仕事分野、生活分野、教育分野）につ
いての省庁などの統計から集計し、それに基づいてランキングを調べて
いる。項目や集計の方式が調査ごとに異なるので、ランキングも調査に
よって変わることになる。この種の調査では、主として客観的な統計指
標を用いている。

　経済学では、GDPをはじめとする統計は、客観的な数値を基礎にし
ているので、文化的・社会的指標を活用する際にも、その発想が影響を
与えていると言えよう。つまり、この幸福研究は、「客観的指標」によ
る「客観的幸福研究」である。

　それまでの経済学はいわば「客観的経済指標」のみから客観的幸福を
量的に把握し、それによって主観的幸福が推定できると考えていた。こ
れに対し、この新しい研究においては、経済指標だけではなく、文化
的・社会的指標も含めて客観的幸福を指標化できると想定した。そうし
て得られるのは「客観的（文化・）社会経済指標」である。それによっ
て、「客観的（文化・）社会経済幸福研究」が実現できると考えていた
と言えよう。その指標の作り方によって、ランキングや評価の違いが生
じているわけである。

2．ポジティブ心理学の3本柱：幸福の図と公式

　これに関して、現在、幸福についての研究として台頭しているのは、むしろ主観的な幸福感を計測して、それを基礎にして理論やモデルを形成する方法である。幸福感が基礎になるので、経済学よりも心理学が重要な役割を果たすことになる。

　そもそも幸福については哲学的にはギリシャ哲学以来、多くの議論が積み重ねられており、思想的には最大の主題だった。にも関わらず、その科学的な研究が進んでいなかったのは、幸福があまりにも価値観・世界観に関係していて、科学的な実証研究は不可能だと考えられていたからである。

　この固定的観念を打破して、幸福感の科学的研究を可能にしたのは、エド・ディーナーらの主観的ウェルビーイングの研究である。彼は、主観的ウェルビーイングを人生満足度とポジティブ・ネガティブな感情によって計測できると考えた。そして前者のための「人生満足尺度（SWLS）」などの指標を開発して、その指標による計測結果が一定の期間をおいて測ると、もちろん変動はあるものの、当初の想像以上に安定していることを明らかにした。これによって、信頼性や妥当性があることを統計的に実証したのである。これによって、幸福についての科学的研究が一気に展開し始めた（拙著『ポジティブ心理学——科学的メンタル・ウェルネス入門』講談社選書メチエ、2021年、105頁：以下、同著の場合は頁数だけで示す）。

　幸福研究やポジティブ心理学は、この基礎の上に成り立っている。幸福感は各個人の主観的なものだから、これは、「主観的指標」による「主観的幸福」についての研究、つまり「主観的幸福研究」である。

　ポジティブ心理学では当初は幸福（happiness）という概念を用いることが多かったが、この概念は多義的なので、学問的にはウェルビーイング（良好状態）という概念を用いることが増えている。そこで以下では「ウェルビーイングの調査」に関して述べていこう。

　ポジティブ心理学では、その開始の段階から、創始者のセリグマンらは、もともと「①主観的経験、②人格的特性、③公共的な制度」という3つの柱を挙げていた（44頁）。社会全体の幸せに関する研究は、③の

中に入る。

　しかし、実際には主として、個人の幸せに関するウェルビーイングについての研究が進んでいった。これは上記の2つに相当し、「①ウェルビーイング、②美徳と人格的強み」の研究として発展した。研究者にとっても、一般の人々にとっても、まずは個人の幸せに対する関心が起点になる場合が多いから、これは当然のことだろう。

　もともとは一卵性双生児の研究によって、離れて育って環境が全く異なる一卵性双生児でも、主観的な幸福の度合いが近似していることが明らかになり、遺伝子によって幸福度がほぼ完全に規定されるという考え方が有力になった。もしこれが正しければ、人の幸不幸は生まれながらにして決まってしまっていることになる。ポジティブ心理学によって主観的な幸福度によって健康や学力、仕事の成功なども影響を受けることが明らかになったから、これらも生まれつきかなり決まってしまっていることになる。これでは、人間の努力によって幸福や健康・成功などを実現することが難しくなってしまう。

　これに対し、エド・ディーナーらは人間の性格などの特性によって幸不幸は影響を受けることを明らかにした。さらにポジティブ心理学者は、認知行動療法やポジティブ心理学などによる働きかけ（ポジティブ介入）によって、幸福度は変化することを実証した。そこで遺伝子決定論は後退し、ソニア・リュボミアスキーが「持続的な幸福」に関して提起した幸福図（チャート）では、「①遺伝、②状況・環境、③意図的活動」によって、「①50％、②10％、③40％」の幸福度が決定されるというモデルを提起した（90頁）。セリグマンも『真の幸せ』においてそれを紹介して、幸福方程式として、「H（幸福の水準）=S（遺伝による設定範囲）＋C（環境）＋V（意図的コントロール）」を定式化した。これらは、わかりやすく、かつ印象的なので、勃興するポジティブ心理学が注目される過程でしばしば紹介された。聞いたことのある読者もいるだろう。

　この考え方は、遺伝子決定論に対して個々人の思いや考え方が幸福に影響することを明確にしており、その点で意味が大きい。だからこそ、ポジティブ心理学の理論を踏まえて日常生活で「善き生」（善い生き方）をすることが促され、エクササイズや善い生き方を行うことにより、

多くの人々が幸せになる可能性が高まるからである。

　しかしここでは「環境」の影響はわずか10％とされている。通常の社会科学が扱う領域は「環境」に相当するから、これでは、より良い社会に変えていくという必要性が少なくなってしまう。個人が努力して幸福になる可能性のほうが大きければ、それを個々人が追求することに比重が置かれるのは当然だろう。

３．社会経済的要因の重要性

　ところが、幸福の図や公式に対しては、学問的批判が生じた（図1）。遺伝子研究の観点から、リュボミアスキーのモデルには誤解があり、50％という数字は幸福を決定する大きさではなく、人間の多様性を遺伝子が説明する割合であり、しかも最新の研究ではさらにその比率は少ないという指摘がなされた。

　さらに、「環境」に関しても、その影響度はもっと大きいことが明らかになった。たとえば身体的な健康に関しては、以前は個々人の健康に関する習慣（運動・食事・睡眠など）が大きな影響を与えると考えられて、その改善が公衆衛生の主たる目的と考えられていた。ところが、実はこのような努力による効果は想定されていたほど大きいものではなく、社会的・経済的格差が健康にも大きな影響を与えていることが明らかになった。これが「健康格差」の議論であり、これによれば社会経済的状況を改善することによって健康格差が縮小され、より健康になる人が増えることになる。経済的状況は、社会的・心理的な状況とも大きく関係している。社会経済的な弱者や貧しい人、孤立している人などでは心身とも健康ではない割合が多いのである。ここからもわかるように、身体的な健康と心理的な幸福度（ウェルビーイング）は大きく関係している。

　そうすると、身体的な健康や心理的な幸福度には社会経済的要因が関係していることになる。実際に、私たちの調査で、この点が確認された。また、国々の社会的な正義を数量化して、幸福度との関係を調べると、その間には大きな関係があることも明らかになった。

図1　個人的・集合的幸福図（ハッピーチャート）

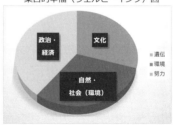

左図は、『幸せがずっと続く12の行動習慣』リュボミアスキー著、渡辺誠監修、金井真弓翻訳（日本実業出版社）、「幸福を決定するものは何か」（33頁）をもとにして筆者作成

　社会科学の観点からすると、このような関係があると想定されるからこそ、経済や社会が重要な研究主題であって、その改善が目標になるのだから、ある意味ではこれは当然の結果である。

　こうして、幸福の図や公式が当初想定していた影響力の数字にはミスリーディングな部分があることが明らかになった。リュボミアスキーは、2019年の国際ポジティブ心理学会でその多大な貢献を称えられて表彰されたが、その記念講演でこの数字自体は撤回した。とはいえ、幸福に上記の3要因が影響していることは確かであり、この点を明らかにした点で幸福の図や公式の意義は今でも大きい。今後は、数字にとらわれずにこれらを活用することが大事であり、特に「環境」要因は「意図的活動（コントロール）」と同じように注目する必要がある。

4．国民総幸福と「金を超えて」の提案──ウェルビーイング計測と公共政策

　これに呼応して、ポジティブ心理学内部からも、社会的問題に対する関心や提案が生じてきた。

　この問題は、「経済的豊かさと、心の豊かさのどちらを優先するか」という論点や、これに関わる価値観の問題とも関連している。国際的には、ブータンが国家理念として宣言して開発した「国民総幸福量

（Gross National Happiness）」の概念や指標が影響を与えた。その4本
柱は、「①持続可能な開発の推進、②文化的価値の保存の促進、③自然
環境の保護、④良き統治の確立」であり、9の領域（教育、生活水準、
健康、心理的ウェルビーイング、コミュニティの活力、文化の多様性・
回復力、時間の用い方、良い統治、環境の多様性・回復力）が挙げられ
ていて、33の尺度が用いられている。

　このような背景のもとで、幸福研究の発展に決定的な影響を与えたエ
ド・ディーナーと、セリグマンが共著で「お金を超えて——ウェルビー
イングの経済に向けて」という論文を2004年に書いて、大きな反響を
呼んだ。これらの研究の観点からすれば、幸福は経済的な収入やGDP
という量からのみ捉えるべきではなく、ウェルビーイングという観点か
ら計測し、公共政策に用いるべきである。ディーナーは主観的ウェル
ビーイングという概念を提起して、人生満足尺度（Satisfaction With
Life Scale）などの質問票を開発し、世界の標準的な指標となっている。
セリグマンは、ウェルビーイング理論を提起し、PERMA（ポジティブ
感情、没頭、人間関係、意味、達成）という5次元によってウェルビー
イングを計測するモデルを提起している（49頁）。これらを踏まえて彼
らは、国民ウェルビーイング指標（national well-being index）を創っ
て、国民のサンプルについてポジティブ・ネガティブな感情や没入、目
的・意味、楽観主義、信頼、人生満足度などを定期的・体系的に計測す
べきだ、と提案した。これまでは経済指標一つから立案していたのに対
し、今後はそれに加えて国民ウェルビーイング指標にも基づいて公共政
策の立案・実施を行うべきだ、と主張したのである。

　これを契機にして、特に主観的ウェルビーイングを生かして、公共政
策研究を発展させるべきだという著作も相次いで刊行された。

5．公共的ウェルビーイング指標・計測の展開——世界の動向 と日本

　こういった議論によって、世界的にウェルビーイングを定期的に計測
して公共政策に活用するという潮流が生まれた。これを公共的ウェル
ビーイング指標と呼んで、その展開を簡単に紹介しよう。

　先駆的な試みとして、1990年にノーベル経済学賞を受賞したインド人経済学者アマルティア・センとパキスタンの経済学者マブーブル・ハックが人間開発指数（HDI:Human Development Index）を開発して、国連開発計画では『人間開発報告書』でそれ以降、毎年公表されている。これは、平均余命、教育指数、GDO指数を単純平均したものであり、2010年からは、所得格差などの国内の不平等が加味されて、不平等調査済み人間開発指数（IHDI：inequality-adjusted HDI）も導入された。

　そしてフランスではサルコジ大統領の諮問で委員会が設立され、2009年に「経済的パフォーマンスと社会的進歩の測定についての委員会」の報告書が刊行された。これは、ノーベル経済学賞受賞のジョセフ・スティグリッツが委員長を、アマルティア・センが首席アドバイザーを努めたので、国際的に注目された。

　国連ではブータンの首相だったジグミ・Y・ティンレーが国連の組織目標に幸福も加えるべきだと主張し、2011年に国連総会で「幸福の追求」が「人類の根本的目標」だという趣旨の決議が採択された。そして2012年に国際幸福デー（3月20日）が定められて、同年から毎年、世界幸福報告（World Happiness Report）が発表されている。この報告書は、J・F・ヘリウェルなどによって執筆され、ギャラップ社の世界調査の人生評価（life evaluation：0から10までの11段階）をもとにし、毎年、過去3年間の幸福度平均に基づいて、世界ランキングを示している。なお、このランキングは人生評価の結果のみに依拠しているが、同社の主観的幸福度調査ポジティブ感情とネガティブ感情も示して、それぞれに対して、人口あたりGDP、社会的サポート、健康な寿命、人生選択の自由、寛容さ、腐敗の知覚の6項目などがどのくらい影響しているかという比率を統計的に分析している。

　日本は初回の2012年（44位）から2020年（62位）まで順位が持続的に低下した（263頁）。ここには、この期間における政治的・政策的要因の影響があると推測できる。ただし、コロナ禍のもとでは、2021年（56位）、2022年（54位）と若干上昇し、2018年の順位（54位）まで回復した。日本より順位が上位だった国々の中で、コロナ禍のダメージが日本より大きかった国々があったために、このような結果が現れたのではないだろうかと思われる。

同様にOECD（経済協力開発機構）では2011年から、アマルティア・センの潜在能力アプローチを参考にして、「より良い生活」指標（Better Life Index）を独自に開発し、毎年、その計測結果を「より良い生活（暮らし）イニシアチブ ─ウェルビーイングと進歩を計測する」を公表するようになった。これは、健康、ワークライフバランス、生活満足度などの11項目による指標である。

　イギリスでは、2012年から国民ウェルビーイング報告が定期的に刊行されるようになった。ヨーロッパでは、他にオランダ、ドイツ、フランスで幸福指標が創られた。

　アジアでもタイで国内総幸福指数（gross domestic happiness index）が創られた。セリグマンは、オーストラリア連邦の南オーストラリア州に「滞在する思想家（Thinker in Residence）」として2012-2013年に招聘されて滞在し、その州首相に「ウェルビーイングの州」を建設することを提案し、その州都であるアデレード市ではウェルビーイングの調査と政策的活用が行われた。さらにアラブ首長国連邦では、2016年に幸福大臣を任命し、「幸福とポジティブ性のための国家プログラム」を開始した。

　よって日本でも、世界の学問的・政治的動向を正確に把握しつつ、ウェルビーイング調査を全国的・継続的に行い、公共政策の評価と立案に生かすことが求められている。これらの動向は紹介されており、自治体においては、東京都の荒川区による幸福度の指標化（荒川区民総幸福度：グロス・アラカワ・ハピネス＝GAH）などの先進的な試みが行われて、住民の幸福実感向上を目指す基礎自治体連合、通称「幸せリーグ」が平成25年に結成された。

　しかし、国家レベルでの取り組みは鈍かった。もっとも民主党政権の時代には、これらの動向を念頭において、菅直人内閣発足直後の「新成長戦略」（平成22年6月18日閣議決定）に盛り込まれた新しい成長及び幸福度に関する調査研究を推進するため、「幸福度に関する研究会」が平成22年度12月から7回開催され、幸福度調査についての議論が行われた。その結果、内閣府経済社会総合研究所から「幸福度に関する研究会報告──幸福度指標試案」（平成23年12月）が公表された。しかし、民主党政権の終焉に伴って、この検討は終了し、継続的なウェルビーイ

ング調査は実現しなかった。

　それどころか、従来もともと行われた関連調査も中止になったものが多い。類似する調査としては、1972年に経済企画庁（現内閣府）国民生活局で開始された国民生活選好度調査があった。ところが、2011年（平成23年度）を最後に中止され、その後は継続的な調査が存在しなくなり、政府の調査によって幸福度の時系列的変化を推定することができなくなってしまった。

　その後、自公政権においてはこのような展開が中断していたが、幸福研究の潮流に関心を持った自民党議員の働きかけがあり、安倍政権下で検討が再開された。「経済財政運営と改革の基本方針2017」（2017年6月閣議決定）において、「従来の経済統計を補完し、人々の幸福感・効用など、社会の豊かさや生活の質（QOL）を表す指標群（ダッシュボード）の作成に向け検討を行い、政策立案への活用を目指す」こととされた。また「経済財政運営と改革の基本方針2018」（2018年6月閣議決定）では、「国民の満足度、生活の質が向上されるよう、満足度・生活の質を示す指標群を構築するとともに、各分野のKPIに関連する指標を盛り込む」こととされた（内閣府　政策統括官（経済社会システム担当「満足度・生活の質に関する調査」に関する第一次報告書、令和元年5月）。そこで内閣府では、「満足度・生活の質に関する調査」を2019年5月から開始して、2022年7月までに6回の調査報告書を公表している。

　各省庁でもこれに関連する指標や項目をリストアップしているが、今のところ統一的な理論やモデルが存在せず、各省庁の観点から関連のありそうなものを挙げただけのように見える。そこで、このような流れを信頼性のあるものとして定着・発展させていくことが今後の課題であろう。

６．ポジティブ社会科学とポジティブ組織学

　さて、上記のようにポジティブ心理学が個人に比重を置く傾向に対しては、外部から批判も浴びせられた。ポジティブ心理学は個人主義的、エリート的、科学主義的、価値中立的で、ポジティブ性のみを見ており、アメリカをはじめとする西洋文化の影響が強く、文化的バイアスがあるというのである。

このような批判に応えて、ポジティブ心理学の中からも個々人のウェルビーイングだけではなく、社会的なウェルビーイングについても研究しなければならないという問題意識が強まってきた。上述のように、もともと公共的な「制度」が「第3の柱」とされていたから、当初からもこのような試みはないわけではなかった。

　特にビジネスや仕事の成功や業績の向上は、ポジティブ心理学に対する関心の中でも、もっとも多いものの一つである。人々がこれに関心を持つのは想像に難くないだろう。これに対応する研究は、「ポジティブ組織学（positive organizational scholarship）」と呼ばれており、ミシガン大学のキム・キャメロンらが主導している。彼らは、当初組織に関する研究などを「ポジティブ社会科学」と呼んだが、実際に進展したのは主として組織研究だった。

　この原因は、企業研究が多くの人の関心事だったことにもあるが、同時に、科学的研究を行う単位として個人についで各種の組織の実施が容易だったためでもあろう。たとえば、観察や調査は、個人についで組織に対して行いやすいのに対し、社会全体について行うのは容易ではない。さらに介入実験をしてその結果を計測するのは、個人に対しては行いやすいが、実際に社会的活動を行っている集団については困難である。たとえば企業の従業員に対して、実験をした結果、業績が下降してしまうと企業にとって深刻な結果を招いてしまうから、企業側はそのような危険のある研究を許可しにくいのである。まして、社会全体については、本格的な介入実験はさらに困難である。人々の生活に大きな影響を与えかねないから、政治的にこのような実験を許可することは、ほぼ不可能なのである。

　とはいえ、社会全体における貧困や不平等などの問題は個々人のウェルビーイングにも大きな影響を与えるから、社会全体についての研究の必要性は大きい。筆者が初めて参加した第4回国際ポジティブ心理学会（2015年）では、キム・キャメロンが大会会長だったためもあってか、このようなマクロの研究を行う必要性が語られており、キャメロンの他、セリグマンやチクセントミハイなどの代表者もこのような発言を行っていた。社会科学を研究している筆者は、もともとポジティブ心理学を政治経済や社会の研究に生かすことを目指していたから、このような気運

に勇気づけられ、キャメロン自身にも個人的に励まされて、ポジティブ心理学の研究により深く没頭したのである。

７．第3波ポジティブ心理学とポジティブ政治心理学

　ペンシルベニア大学のポジティブ心理学センターを再三訪れて、その責任者のジェームス・ポウェルスキーに対して質問し親切に様々な教示をいただくとともに、セリグマンとも知遇を得て、ポジティブ心理学と政治とを架橋するという問題意識に賛成していただいた。アリストテレスの政治哲学では政治学は尊い学問であり、「このような研究を牽引するリーダーが必要だ」と言われて、激励された。確かに「ポジティブ社会科学」という問題提起がなされていたのにもかかわらず、ポジティブ組織学以外には発展していなかったから、このような発言には確かな背景があったと思われる。

　2009年にポール・ウォンが「ポジティブ心理学2.0」を提起した頃から、ポジティブ心理学では方法論的な自己省察が進んでいた。特に従来の心理学が、精神的な病気などのネガティブな対象を主として研究して治癒を目的としていたのに対し、ポジティブ心理学は、幸福などのポジティブな精神状態を研究対象として開始された。ところが、研究が進展するにつれ、ネガティブな領域との関係が大きな論点として浮上した。レジリエンス（回復力）やトラウマ後的成長などの概念が表しているように、不幸やネガティブな経験を通じてポジティブな心理や成長に至ることがある。そこで、ポジティブとネガティブの心理の関係が新たなフロンティアとなったのである。このような問題意識のもとで、当初のポジティブ心理学を超えて、この双方の結びつきを研究することを目的として掲げたのが「第2波ポジティブ心理学」（イタイ・イヴザンら）と言われる。

　さらに、次の大きな課題として、マクロな領域におけるポジティブ心理学の展開の必要性が自覚されるようになった。そして、集合的な領域や文化的相違・文脈への注目、質的研究方法の導入などの新しい研究方法や研究枠組みを提起したのが「第3波ポジティブ心理学」（ティム・ロマスら）である。

筆者はこのような潮流に共感しつつ、特に政治に関する研究を推進すべく「ポジティブ政治心理学」という概念を提起した。2019年4月に来日したセリグマンはそれに賛成して、第6回国際ポジティブ心理学会（2019年）で特別にプレゼンテーションの機会を作ってくださり、筆者は1時間ほどのスピーチを行って、参加者から熱い反応をいただいた。セリグマンやエド・ディーナー、タル・ベン・シャハー、ライル・アンガーの来日時にも、第8回日本ポジティブサイコロジー医学会学術集会（2020年）に彼らからビデオ・メッセージをいただき、学術大会長だった私と対談形式でセリグマンはポジティブ政治心理学への期待を語った。

　そして2021年と2022年には、国際的学術誌『心理学のフロンティア』で拙論が2つ掲載され、「ポジティブ政治心理学」という名称を初めて活字で提起し、政治哲学とポジティブ心理学の協力による学際的研究枠組みを提案した。この雑誌は、引用回数に基づくインパクト・ファクターが4.232（2022年）と高く、h5-指標（134：2017 〜 2021年）では心理学部門で1位であり、これらの点ではトップ雑誌の一つである。このためもあって、この問題提起には大きな国際的反響が現れている。

8．ポジティブ集合的心理学による「個人と全体の幸せ」

　この論文では、「ポジティブ／ネガティブ」という軸に「個人（私的）／集合的（公共的）」という軸を加えて、第2図を提起した。ここで「ポジティブ」かつ「集合的」な領域（右上の第1象限）に相当するのが「ポジティブ集合的心理学（positive collective psychology）」であり、この中に「ポジティブ政治心理学」や「ポジティブ経済心理学」「ポジティブ社会心理学」などが存在する。

図2　ポジティブ個人的／集合的心理学

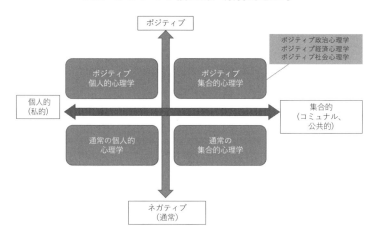

Masaya Kobayashi（2021）,"Political Philosophies and Positive Political Psychology: Inter-Disciplinary Framework for the Common Good,"（*Frontiers in Psychology*, 12, 727818.https://doi.org/10.3389/fpsyg.2021.727818）の図1を翻訳したもの

　これらの領域は、まさに「社会全体のウェルビーイングに関する調査・研究」を課題とする。「ポジティブ」かつ「個人」の領域（左上の第2象限）に相当するのが、「ポジティブ個人心理学」であり、従来のポジティブ心理学の力点はここにあった。これに対して、ポジティブ集合的心理学がフロンティアとして発展することによって、この双方があわさって、個人と社会の双方についてポジティブ心理学が包括的に発展することが可能になる。

　かつて詩人の宮沢賢治は、「世界全体が幸福にならないうちは個人の幸福はあり得ない」（『農民芸術概論綱要』）という名文句を述べて、個人の幸せ以前に、社会全体の幸せを実現する必要があると指摘し、人々の心を打った。社会全体の改革を強調する点で、マルクス主義などの社会改革思想とも通底する。ただ、このような発想は、個人の努力によって幸福度を上げることができるという上述の点を軽視して、社会的改革の必要性を強調するあまり、個人的な幸福を実現する可能性をなおざりにしやすい。

　他方で、前述のように、個人的幸福のみを追求していると、社会的問

題に基づく個人的不幸を改善することは難しくなりやすい。簡単にいえば、いくら個人が努力していても、戦争が生じてしまうと、戦死や爆死をはじめ悲惨な出来事が大量に生じてしまうし、飢餓や感染症が広汎に拡大してしまうと多くの死者が出ることは免れないのである。

　よって、個人の幸福の追求と、社会的な幸福の追求とが同時並行的に行われることが望ましい。学問的には、「ポジティブ個人的心理学」と「ポジティブ集合的心理学」がともに発展し、両者が協力して個人と社会の双方においてウェルビーイングを高める方策を明らかにすることが必要なのである。

9．包括的ウェルビーイング：主観的・客観的な個人的・集合的ウェルビーイング

　これに伴い、幸福の概念もマクロな方向にも発展する必要がある。ウェルビーイングは、従来の個人的ウェルビーイングに加えて、社会的なマクロな領域におけるウェルビーイングの概念が有益である。そこで第3波ポジティブ心理学では、「集合的ウェルビーイング（collective well-being）」という概念が用いられている。

　前述の「ポジティブ政治的／経済的／社会的ウェルビーイング」という概念に即して言えば、集合的ウェルビーイングにおいて「政治的／経済的／社会的ウェルビーイング」の概念を考えることができるだろう。

　個人的ウェルビーイングを調べる際には、たとえば「すべてを考え合わせてあなたは自分が幸せだと思いますか」（PERMA プロフィール票における幸福についての質問）や「あなたの最良の人生を考えてみると、現在、あなたはどの数字に当てはまりますか」（プリレルテンスキーらの I COPPE における総合的な質問）というような質問が使われる。それと同じように集合的ウェルビーイングを調べるためにもっとも簡単な方法は、日本についてならば、たとえば「あなたは日本（の人々、あるいは社会・政治・経済・コミュニティなど）は幸せだと思いますか」や「日本の最良の状態を考えてみると、現在、日本はどの数字に当てはまると思いますか」というような質問によってウェルビーイングを調べるという方法だろう。前者が個人についての主観的ウェルビーイングを調

べているのと同様に、後者は集合的な主観的ウェルビーイングを調べることになる。

　しかし、このような主観的方法には限界がある。たとえば、個人的ウェルビーイングについては、本人は身体的ないし心理的に健全だと思っていても、実際には医学的には身体的な病気や精神病を患っていることがありうる。この場合、質問紙を用いて主観的ウェルビーイングを尋ねると、ウェルビーイングの高い回答がくるかもしれないが、実際には客観的ウェルビーイングは医学的には低いことになる。

　同様に、集合的ウェルビーイングを尋ねる際にも、社会／政治／経済／コミュニティについて高いウェルビーイングの回答がきても、実際にはそれらが不健全な状態である場合がありうる。たとえば、全体主義国家のような強権政治において、政治がメディアを管理下において、一切の問題を報道させず政治を賛美させれば、人々はその政治を素晴らしいものと思い込み、高い政治的ウェルビーイングの回答が多くなるかもしれない。バブル経済が進行していて表面的には株価が上がり好況のように見えていれば、経済的ウェルビーイングについても高い回答が多いかもしれないが、やがてバブルははじけて経済的破綻が生じるかもしれない。

　つまり、このような場合には、現実の深刻な状況に気づかずに、集合的には良い状態だと思い込んでいる人が多いかもしれないのである。これは、「愚者の楽園」のような状態かもしれないが、真実とはほど遠い。

　だからこそ、社会科学では客観的データを重視し、それによって政治／経済／社会を把握しようと努めてきた。政治では自由や民主主義などの客観的な有無、経済では経済成長や賃金、収入など、社会では人口動態や都市化などが調査され分析されてきたのである。

　よって、個人的ウェルビーイングにしても、集合的ウェルビーイングにしても、主観的ウェルビーイングとともに、客観的ウェルビーイングも調査し、この双方からウェルビーイングを把握する必要がある。このようにして把握されるウェルビーイングを「包括的ウェルビーイング」と呼ぶことができよう。これによって、「主観的社会科学」とともに「客観的社会科学」が進展し、双方によって「包括的社会科学」が進展しうるのである。

10. ポジティブ社会システム論の展開：共通善の実証的研究

図3　ポジティブ社会システム論における多次元的ウェルビーイング

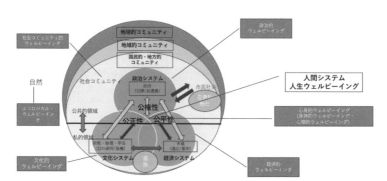

拙稿『公共研究』2020年3月、第16巻第Ⅰ号。その図11を少し改変した

　筆者はポジティブ心理学と社会システム論を統合して、第3図のようなモデルを提起している。自然の中にグローバル・ナショナル・ローカルという複層的な社会コミュニティが存在し、さらにその中で、人間システムを中軸にして、政治システム・経済システム・文化システムが下位のシステムとしてあって相互作用を行っている。このそれぞれに多次元的なウェルビーイングが存在する。

　当初のポジティブ心理学は、人間システムにおける個人の心理を扱っていた。それをまとめて測定する時には、たとえば「人生（生活）ウェルビーイング」というような概念が使われている。

　より詳しく考えれば、人間には心と身体が存在して、それぞれについて心理的ウェルビーイングと身体的ウェルビーイングを調べることができるし、それらは相互に密接な関係を持っているので、心身的ウェルビーイングとして捉えることが有意義である。

　他方で、上記のように集合的なウェルビーイングを考えることが必要になり、そこには、社会コミュニティのウェルビーイングや、その中における政治的・経済的・文化的ウェルビーイングが存在して、心身的

ウェルビーイングと相互に影響を与え合っている。さらに外部には、自然におけるエコロジカル（生態的）・ウェルビーイングも存在する。

　この社会的ウェルビーイングのモデルを、上述の幸福図や幸福方程式と対応させて考えることができる。後者は、人間システムにおいて、遺伝・環境・意図的活動が個人的ウェルビーイングに影響していることを示していた。社会システムにおいては、世代を超えて継承されるという点で遺伝は文化に相当し、人為的な変化を引き起こすものという点で、意図的活動は政治経済に相当する。そして環境に相当するものとして、自然や社会コミュニティが存在する。そこで、集合的な幸福図を図1のように示し、集合的な幸福（CH：Collective Happiness）の公式を以下のように表すことができよう。

　CH＝C（文化：culture）＋NS（自然・社会〔環境〕：natural and societal environment）＋PE（政治・経済：political economy）

　コミュニタリアニズムという政治哲学（第11章参照）では、共通善の実現を政治の目的と考えている。共通善とは、多様な人々に共通の善ということだから、福祉や平和、公共的健康（公衆衛生）などを指し、要するに人々の共通の幸せそのものに他ならない。

　この共通善は、集合的なウェルビーイングの全体であり、この公式では「共通善（集合的ウェルビーイング）＝文化的ウェルビーイング＋自然・社会コミュニティ的ウェルビーイング＋政治経済的ウェルビーイング」と表すことが可能である。

　この実証的研究は、今後の課題である。とはいえ、このような理論モデルによって、ポジティブ心理学の基礎の上に共通善の実現を計測し、公共政策によってその実現の方策を考えることが可能になろう。これによって、従来は思想的・哲学的に議論されていた内容を経験的・実証的に展開することが可能になると思われる。

　このような大きなビジョンを想定すればわかるように、個人的ウェルビーイングに加えて、様々な集合的・公共的ウェルビーイングを調査することが大事である。前述したように、日本ではウェルビーイングの計測が国際的に立ち遅れており、まずはこの調査を全国的・定期的に行うことが必須だろう。この章がそのために貢献し、さらには社会全体の幸せの上昇に貢献することを願いたい。

第8章　幸せな人が増えることによる効果

米良克美

1．幸せは伝染する

　カリフォルニア大学サンディエゴ校の政治学者フォウラーとハーバード大学医学大学院の社会学者兼医師のクリスタキスによると、「幸せ」は、社会的なつながり（付き合いの輪）を通じて、伝播すると言われています。個人の幸せが、時間の経過とともにどのように波及するかを、20年にわたる追跡調査に基づいて研究した結果です。第一に、幸せな人は、幸せな人と付き合っている傾向があります。もし、直接の知り合いが幸せであれば、自分が幸せな確率が15.3％上がります。知り合いの知り合いが幸せであれば、自分が幸せな確率が9.8％上がります。さらに、知り合いの知り合いの知り合いが幸せであれば、その確率が5.6％上がります。（『実践　幸福学　科学はいかに「幸せ」を証明するか』より引用）

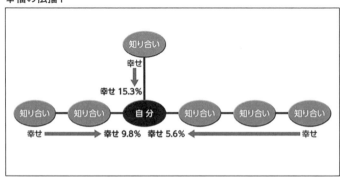

幸福の伝播1

出典：『実践　幸福学　科学はいかに「幸せ」を証明するか』友原章典（NHK出版）

２．寿命が長くなる

　ディーナーの研究の中で有名なものの一つに、幸せだと平均10年も寿命が長いというものがあります。ディーナーは、幸福感が高い人は寿命も長いという仮説を、多くの調査に基づいて検証しました。その調査の一つに、次のようなものがあります。生活環境が同じカトリックの修道院で、180人の修道女を生涯にわたり追跡調査し生存率を比較した結果、幸福度がもっとも高かったグループともっとも低かったグループでは、85歳時で79％と54％、93歳時で52％と17％というように生存率にはっきりと差が出ています。(『実践 ポジティブ心理学 幸せのサイエンス』より引用)

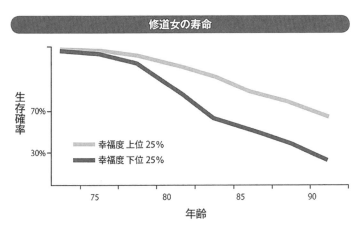

調査：Danner, Snowden & Friesen（2001）

出典：『「幸せ」について知っておきたい5つのこと　NHK「幸福学」白熱教室』2014/12/20、NHK「幸福学」白熱教室制作班（著）、エリザベス・ダン（著）、ロバート・ビスワス=ディーナー（著）

３．仕事のパフォーマンスが向上

　米イリノイ大学心理学部名誉教授であるエド・ディーナー氏らの論文によると、主観的幸福度の高い従業員の生産性は平均で31％、売上は37％、創造性は3倍高いという傾向が出ています。それだけでなく、OECD諸国の幸福度と1時間当たりの労働生産性の間には、一定の相関関係（相関関係0.64）があることも分かっています。「全国消費者実態・幸福度調査2020から見えてきた『幸福度が高い人のビジネス的な意味合い』」で論じたように、幸福度の高い人には、イノベーター理論で言うところのイノベーターやアーリーアダプターといった感度の高い層が多いことも見えており、もはや従業員の幸福度の高さが業績に結びつくと言っても過言ではないのかもしれません（引用元：https://www.pwc.com/jp/ja/knowledge/column/well-being-marketing/well-being-insights10.html）。

第9章　働く人のウェルビーイングが組織にもたらす効果

島田由香

1．はじめに

　私は「幸せに働く」ということをライフテーマとして追求しています。さまざまな相談を受ける中で「働く人一人ひとりが個人のウェルビーイングを追求すると、組織としての一体感や統制力が損なわれ、生産性や利益と相反するのではないか」と聞かれることがいまだに非常に多くあります。もちろんそうではないことは、すでにさまざまな学術研究で立証されています。それどころか「個人のウェルビーイング」は「生産性や利益」にプラスに作用することもわかっています。働き方は今や多くの日本人の関心事にもかかわらず、このような誤解が日本に根強いのはなぜでしょうか。

　私は大きく3つの領域のプロフェッショナルとして、ウェルビーイングに取り組んでいます。1つは人材・組織開発、2つ目は地域活性、そして3つ目はポジティブ心理学や神経言語プログラミング（NLP）など、学術的に体系化された教育プログラムを活用・応用してサービスを提供するコーチです。

　ここでは、働く人のウェルビーイングについての学術研究の要点をお伝えしていきます。私は2017年に株式会社YeeYをビジネスパートナーと共同設立しました。その目的は、より良く・より幸せに生きるヒントを日本にわかりやすく広めて日本のウェルビーイングを高めるためです。その一環として、2018年と2019年にマーティン・セリグマン博士、エド・ディーナー博士、タル・ベン・シャハー博士といったポジティブ心理学の世界的権威を招聘し、ビジネスリーダーと交流するカンファレンスを行いました。これは日本初の取り組みとなります。

　ポジティブ心理学とは、病気や悩みなどによりマイナスの状態になった人間の心に介入してゼロに戻すという従来の心理学とは異なり、一人

ひとりの人間には本来いきいきと生きる力が備わっているという前提に基づいて、ゼロからプラスも含めて、すべての人がより良く生きる（ウェルビーイング）ための持続的な幸福を研究する新しい分野です。その第一人者であるセリグマン博士によれば、ウェルビーイング向上のためには5つの要素があり、その頭文字をとってPERMAと呼ばれています。

P（Positive Emotions/ ポジティブな感情）

E（Engagement/ 主体的に関わる）

R（Relationships/ よい人間関係）

M（Meaning/ 意義・意味）

A（Accomplishment/ 達成・熟練）

Well-being（継続的幸福）を高める**5**つの要素

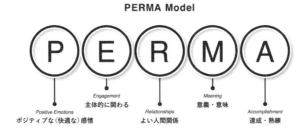

©島田由香（マーティン・セリグマン博士の理論を元に作成）

　端的にいえば、ポジティブな感情を持ち（P）、何かの活動に没頭し（E）、他者とつながり（R）、自分の人生に意義や意味を見出し（M）、達成感や自分の成長につながっているという感覚を得る（A）ことで、継続的な幸福、つまりウェルビーイングが高まるという考え方です。

　PERMAが高い人をもっと日本でも増やすために、企業でウェルビー

イングを推進するリーダーへのコーチングを行っています。取り組みの一つとして、世界一幸せな会社として知られるアメリカの大手EC靴メーカー・ザッポス社の人材育成のメソッドを体系化したDelivering Happiness社と事業提携し、日本でのCHO（Chief Happiness Officer）養成プログラムを提供しています（2023年現在はCWO SCHOOLに名称変更して展開）。プログラムの中で、EH（Employee Happiness/従業員の幸福）に関して下記の研究結果を紹介しています。

主観的幸福度が高い従業員は、そうでない従業員に比べて
・イノベーションが300%増加（Shawn Achor）
・営業成績が37%向上（Martin Seligman）
・生産性が21%向上（Gallup）
・欠勤が41%減少（Gallup）
・離職率が59%低下（Gallup）

　冒頭の「個人のウェルビーイングと組織の生産性・利益の関係」については、このDelivering Happiness社のプログラムにあるスライド1枚で、すぐにおわかりいただけるのではないかと思います。

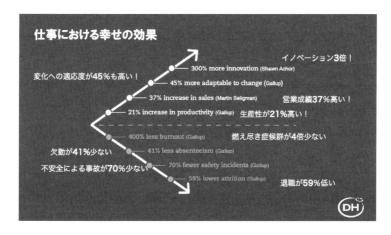

©Delivering Happiness

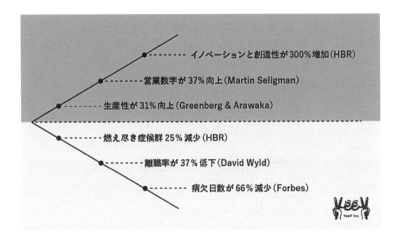

©Delivering Happiness

　日本でも働き方改革が盛んに議論されるようになりましたが、長時間労働や残業を減らそうとするあまり、生産性向上の圧力に社員は疲弊し、幸福度は下がり、結果として生産性どころか従業員エンゲージメントまでもが低下してしまう例も少なくありません。社員のウェルビーイングと業績に関する研究が進んだ今、知識を正しく伝えて働き方改革を良い方向に導き、働く人の幸福度を向上させることが結果的に生産性を高めることにつながります。この順番を逆にしないことが大切です。

　また、本当の学びは机上の知識だけでなく、体を動かし実践しないと得られません。私自身もおよそ1年の半分を地域でワーケーションして過ごし、地方自治体の働き方の改善やワーケーションの促進、地域住民のウェルビーイングを高める仕組みづくりを支援してきました。また、内閣官房の行政改革推進会議委員や一般社団法人日本ウェルビーイング推進協議会代表理事を拝任し、企業だけでなく、地域・日本全体など視点を変えてウェルビーイング伝達に取り組んでいます。「すべての人が笑顔で自分らしく生き、豊かな人生を送る社会を創る」これが、私のパーパス（大いなる目的）です。

　自信を持って言えることは、企業でも自治体でも省庁でも、ウェルビーイングに向けた組織変革が成功する構造は同じで、そして極めてシ

ンプルだということです。この白書が、一人ひとりが「これがやりたい、できる」を見つけて行動する一助になることを願っています。

2．エンゲージメントが高まる働き方改革へのシフト

　職場におけるウェルビーイングについて、日本の現状に着目してみましょう。

　2017年にGallup社が実施したエンゲージメントに関する国際調査「State of the Global Workplace」で、日本は「Engaged（意欲的な社員）」の割合が6％と、139カ国中132位でした。またそれだけでなく、「Actively Disengaged（意欲が低く、他の人の足を引っ張る社員）」が23％と、実に4人に1人に近い割合になっています。

日本は熱意あふれる社員の割合が調査対象139カ国中132位

©島田由香（Gallup社「State of the Global Workplace 2017」の結果を元に作成）

　また、2021年に行われた同社の最新の調査からはエンゲージメントの高い社員の割合は5％とさらに低下していることがわかります。世界

平均が20%、米国／カナダが34%、中国が17%、韓国が12%です。突出している日本の低さに、私たちはどう具体的に行動を起こしていけばいいのでしょうか。

さて、エンゲージメントとモチベーションの違いをご存じでしょうか。モチベーションは上がったり下がったり自己完結しますが、エンゲージメントには必ず第三者がいます。この人のため、このチームのため、この組織のために、前向きなコミットメントをしたいと思う気持ちがエンゲージメントです。これがあるかないかが組織に非常に大きく影響を与えます。ポジティブ心理学のセリグマン博士が名付けた「学習性無力感 Learned Helplessness」という考え方があります。例えば、自分がやりたいことを周囲に表現した時に周りの反応が冷たかったり、無視されたり、批判され続けたりしたら、その人はだんだんやりたいことを言わなくなり、やがて、やりたいと思う気持ちがなくなっていきます。この学習性無力感が組織をダメにすることがわかっており、組織へのエンゲージメントが弱いだけでなく、他の人の意欲を削ぐことに積極的になるなど、マイナスの影響を与える存在になっていきます。

30年近く組織人事に携わってきている者として明確に言い切れることは、いい人材とはスキルではなくマインドセット（ものの見方、ものの考え方）で決まるもので、究極的には「前向きかどうか」が最も大事な資質だということです。組織はその場で紡がれている関係性次第です。どんなにできる人がいようが、頭がよかろうが、魅力的なスキルや経験があろうが、そこでの関係性が前向きでポジティブ感情を紡げるかどうか、これにかかっています。

前向きさ、の別の表現でもある楽観主義は、ポジティブ心理学でも重要視されています。そして「学習性無力感」の反対にあるのが、「学習性楽観主義Learned Optimism」です。どちらも学習性とついているように、先天的ではなく、後から獲得することのできる資質です。そしてこの2つの違いは、無力感は「感」とついているので感覚的な反応であり、楽観主義は「主義」なので姿勢・マインドセットだということです。もし組織の中で学習性無力感を発見したら、マインドセットを変えていくことで、学習性楽観主義に変えていくことができるのです。

なお、先述のGallup社のエンゲージメント調査は12の質問で測定さ

れており（Q12：キュー・トゥエルブ、と呼ばれています）、その一つ
ひとつを注意深く捉えることで、非常に大きなヒントを得られる質問群
となっています。

Q12

Q1   **I know what is expected of me at work.**
職場で自分が何を期待されているかを知っている

Q2   **I have the materials and equipment I need to do my work right.**
仕事をうまく行うために必要な材料や道具を与えられている

Q3   **At work, I have the opportunity to do what I do best every day.**
職場でもっとも得意なことをする機会を毎日与えられている

Q4   **In the last seven days, I have received recognition or praise for doing good work.**
この7日間のうちに、よい仕事をしたと認められたり、褒められたりした

Q5   **My supervisor, or someone at work, seems to care about me as a person.**
上司またはや職場の誰かが、自分をひとりの人間として気にかけてくれているようだ

Q6   **There is someone at work who encourages my development.**
職場の誰かが自分の成長を促してくれる

Q7   **At work, my opinions seem to count.**
職場で自分の意見が尊重されているようだ

Q8   **The mission or purpose of my company makes me feel my job is important.**
会社の使命や目的が、自分の仕事は重要だと感じさせてくれる

Q9   **My associates or fellow employees are committed to doing quality work.**
職場の同僚が真剣に質の高い仕事をしようとしている

Q10   **I have a best friend at work.**
職場に親友がいる

Q11   **In the last six months, someone at work has talked to me about my progress.**
この6か月のうちに、職場の誰かが自分の進歩について話してくれた

Q12   **This last year, I have had opportunities at work to learn and grow.**
この1年のうちに、仕事について学び、成長する機会があった

出典：Gallupより作成
https://www.gallup.com/workplace/356063/gallup-q12-employee-engagement-survey.aspx

「今あなたが所属しているこの場所を、より良くしたいと思っていますか」

　もし、この問いに心の底からYESだと思えないなら、エンゲージメントが下がっているのかもしれません。そして、なぜそう感じてしまっているのか、その手がかりをこの12の質問から具体的に見つけていきます。実は、ここにある問いの一つひとつが、私たちのエンゲージメントを高めるヒントになっているのです。例えば、Q3を見てください。「毎日」「得意なことをする機会」があればエンゲージメントが高まるわけです。

　私はこの12の質問を人事のチームメンバー全員がYESと答えられるようにしようと誓いを立てることから始めました。チームや組織のエンゲージメントの向上に向けて何をしていいかわからない時は、この12の質問をヒントにしてみてください。

　日本では働き方改革というと、労働環境を整える施策がほとんどです。それも大事なことですが、外側の環境だけでなく、人々の内側にある「働き甲斐・働く意欲」に注目し、ウェルビーイングが向上するアプローチにより一人ひとりの生産性を高めていくことが、人口減少期にある日本で求められているものでしょう。日本の時間あたり労働生産性は、OECD38カ国の中で23位と、高い状況ではありません。時間外労働の長さや有休消化率の低さなどの改善も大事ですが、先に見た「意欲的な社員6％」と「他の人の足を引っ張る社員23％」の割合も逆転させていくことも、働き方改革のもう一つのカギになるのではないでしょうか。人を内側から変えていくウェルビーイングのアプローチは、その起爆剤になると信じています。

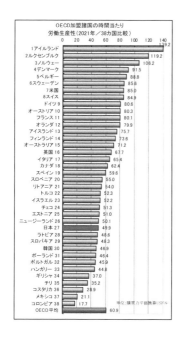

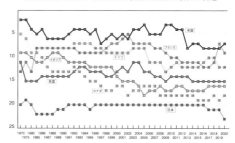

	1970年	1980年	1990年	2000年	2010年	2020年
1	スイス	スイス	ルクセンブルク	ルクセンブルク	ルクセンブルク	アイルランド
2	米国	ルクセンブルク	ドイツ	ノルウェー	ノルウェー	ルクセンブルク
3	ルクセンブルク	オランダ	オランダ	ベルギー	米国	ノルウェー
4	スウェーデン	米国	ベルギー	オランダ	ベルギー	デンマーク
5	カナダ	スウェーデン	スイス	スウェーデン	アイルランド	ベルギー
6	オーストラリア	ベルギー	米国	米国	デンマーク	スイス
7	オランダ	ドイツ	スウェーデン	フランス	オランダ	米国
8	ベルギー	アイスランド	フランス	スイス	スイス	オーストリア
9	イタリア	カナダ	ノルウェー	ドイツ	スウェーデン	フランス
10	デンマーク	イタリア	イタリア	デンマーク	フランス	スウェーデン
-	日本（20位）	日本（20位）	日本（21位）	日本（20位）	日本（20位）	日本（23位）

出典：公益財団法人日本生産性本部

3．WAAがもたらした働く人のウェルビーイング

　ここでは、私が人事担当としてウェルビーイングを高める施策を推進した結果、生産性の向上が測定可能な効果として現れた例として、ユニリーバ・ジャパンの取り組みをご紹介します。

　ユニリーバ・ジャパンで、2016年7月にスタートした「WAA（Work from Anywhere and Anytime／読み方：ワー）」は、働く時間や場所を社員自身が決めることができる人事制度です。WAAは同年に人事分野に革新をもたらした取り組みを表彰する「HRアワード」も受賞しました。当時の社長に「皆を我慢と無駄から解放して、最大限の力を発揮できるようにしたい」と訴え、共感と賛同を得て導入しました。働く場所・時間を社員が自由に選べる新しい働き方で、上司に申請すれば、理由を問わず、会社以外の場所（自宅、カフェ、図書館など）でも勤務が

できる、というものです。全社員（工場のラインで働くオペレーターを除く）がこの制度を利用でき、期間や日数の制限もありません。

WAA の効果

92%
WAA 制度を活用した

75%
生産性が上がったと感じる

68%
毎日の生活にポジティブな
変化があると感じる

30%
WAA 実施前と比較して
生産性が上がったと感じる

33%
WAA 実施前と比較して
幸福度が上がったと感じる

33%
WAA 実施前と比較して
労働時間が減ったと感じる

©島田由香（ユニリーバWAA経験者アンケート2017を元に制作）

　制度導入から10カ月後（2017年4月）の社員アンケートでは、回答者の92％がWAAを実施しており、75％が「生産性が上がった」、33％が「幸福度が上がった」と回答しました。働く場所や時間の選択肢を広げることで、仕事へのモチベーション向上にもつながっています。WAAによって働き方を自由に選択できるからこそ、自分で決めて行動し、成果を出すという意識が醸成されました。今ではWAAは、ユニリーバで仕事をする上では欠かせない制度として浸透しています。
「なぜWAAが生まれたのか？」と聞かれれば、まず私自身が自由な働き方を望んでいたというのが理由になります。ちょうど制度を導入したタイミングで働き方改革の必要性が叫ばれていたというのも追い風になり、残業時間を月45時間以下にするという目標も定めています（2022年現在は30時間）。しかし、長時間労働の削減とは、働き方改革によって目指したい世界に近づくための手段の一つに過ぎません。何のために働き方を変えるのか、本当にどんな世界を創りたいのか、というビジョンがなにより重要です。ビジョンが手段に成り下がってしまうと袋小路

に陥ります。常にビジョンありきです。「働き方改革とは、生き方を決めること」なのです。

ユニリーバ・ジャパンでは、新しい働き方のビジョンとして、「よりいきいきと働き、健康で、それぞれのライフスタイルを継続して楽しみ、豊かな人生を送る」ことを掲げました。そして、そのビジョンに近づくための一つの手段として、WAAを導入しました。「WAAはビジョン達成の手段であって目的ではない」というのが私たちの合言葉です。私は、働き方改革を進めるためには、以下の2つの問いができる人を組織の中に増やしていくことが欠かせないと考えています。

一つは「これは何のためにやるの？」という問いです。「そもそも何のために長時間労働を減らそうとしているのか？」というところに立ち返ると、「一人ひとりが健康でいきいきと働く」「すべての人がどんなライフステージでも楽しく仕事をして、豊かな人生を生きる」ためというビジョンに立ち返ることができ、長時間労働の削減以外にもWAAのようにさまざまな手段が出てきます。

もう一つは「それってホント？」という問いです。常識を疑うところからもWAAは生まれています。私自身が満員電車に乗るのがイヤで、朝から膨大なエネルギーを使った後に「さあ、生産性を上げて仕事しよう！」となるわけがないと思っていました。「仕方がない」と思っている方もいるかもしれませんが、世の中に「仕方がない」ことなど一つもない、と私は考えています。

WAAが定着した大きな要因は、ビジョンを明確にし、社員から共感を得られたことにあります。そして、WAAの導入はユニリーバ・ジャパンの社内だけでなく、各方面から大変大きな反響をいただきました。一切予想していなかった状況に驚きましたが、同時に「やっぱりみんな今の働き方をおかしいと思っているんだ」と気づかされました。そこで、ユニリーバ・ジャパンだけでなく、日本中に働き方と生き方を自ら選べるようにしていけるよう、働き方や人材育成などに関心のある人が会社を超えて集まり、2017年に結成されたのが『Team WAA!』というコミュニティです。オンラインセッションの広がりもあり、今では全国に2500人以上のメンバーが存在し、それぞれの地域で素晴らしいリーダーシップを発揮しています。そして2019年からは、ユニリーバ・

ジャパンでスタートした「地域deWAA」といういわばユニリーバ流ワーケーションの取り組みも始まり、今では山形県酒田市、福井県高浜町、和歌山県白浜町、宮崎県新富町など、8つの地域の自治体との関わりもできました。地域創生においても、Team WAA!のメンバーと自治体の方、地域のリーダーが創発的にプログラムを進めています。

1）働くこと・生きることの価値観をアップデートするコミュニティ「Team WAA!」

　あなたは「Are you Happy?」「Live your Life?」と聞かれた時、即座に「YES」と答えられますか？

　2017年1月に結成したコミュニティが「Team WAA!（チームワー）」です。このコミュニティは、上記のビジョンに共感した個人の集まりで、すべてボランティアによって運営されています。結成時から継続しているマンスリーセッションはすでに60回を超え、コロナ禍を経てオンライン開催により参加者の地域も広がり、メンバーそれぞれのパーパスを実現するための分科会も多く立ち上がりました。開始当初のセッション参加者は企業の人事部の管理職の方が多く、主な関心事は、社員の幸せというより、いかに残業を減らせるか、生産性を上げるにどうしたらよいのか、など"働かせ方"にあった様子でした。しかし、現在は参加メンバーの所属は人事部以外にもビジョンに共感するあらゆる部門の方、自治体職員の方、個人事業主の方など大きく広がり、エリアは東京集中から全国、海外まで広がって多様化が進みました。現在のTeamWAA!参加メンバーの3大関心事は「ウェルビーイング」「幸せ」「生き方」へと変化しています。

　新しい働き方の価値観を共有するために生まれたコミュニティ、TeamWAA!のこの変遷こそが、今「働き方」を考える上で最も重要な視点を示唆しているのではないでしょうか。

TeamWAA セッション参加者の変化
〜より多様に〜

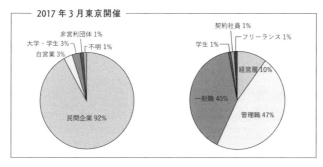

2017 年 3 月東京開催

（左）
非営利団体 1%
大学・学生 3%
不明 1%
自営業 3%
民間企業 92%

（右）
契約社員 1%
フリーランス 1%
学生 1%
経営層 10%
一般職 40%
管理職 47%

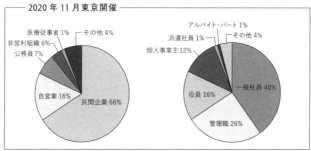

2020 年 11 月東京開催

（左）
医療従事者 1%
その他 4%
非営利組織 6%
公務員 7%
自営業 16%
民間企業 66%

（右）
アルバイト・パート 1%
派遣社員 1%
その他 4%
個人事業主 12%
役員 16%
一般社員 40%
管理職 26%

2021 年の申込者エリア分布

Team WAA! マンスリーセッション
2021 年 1 月〜8 月までの延べ申込者数

1 位	東京都	475	43.1%
2 位	神奈川県	183	16.6%
3 位	大阪府	59	5.4%
4 位	千葉県	52	4.7%
5 位	埼玉県	34	3.1%
6 位	兵庫県	29	2.6%
7 位	愛知県	24	2.2%
8 位	静岡県	23	2.1%
9 位	福岡県	20	1.8%
10 位	福井県	19	1.70%
11 位	京都府	18	1.6%
12 位	海外	14	1.3%

©Team WAA!

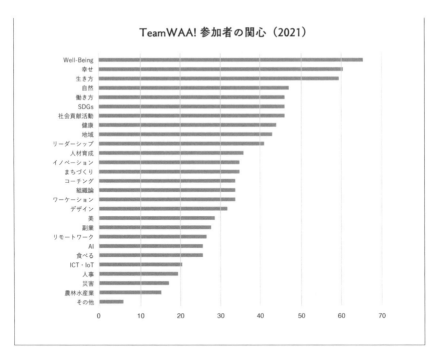

TeamWAA! 参加者の関心（2021）

©Team WAA!

4．ウェルビーイング実践のアプローチ　〜管理する「心配」から、自律する「信頼」へ〜

　ここからは、所属する組織の中でウェルビーイングを推進していく側に焦点を絞ってお伝えしていきます。

　私は企業や自治体など、多くの組織のウェルビーイングのコンサルティングやアドバイスにも関わってきました。ウェルビーイングの推進役となる方から受ける相談は「重要性や効果はわかったけれど、何から始めていいかわからない」「周りを説得できるよう、ウェルビーイングに取り組む効果をどう定量データで取るか」の2つです。どちらも、まるで正解が外側にあるような考え方だと感じています。頭ではウェルビーイングを理解していても、進め方は「内側から湧き出る、したいこと」から始めるのではなく、「ちゃんとやらなきゃならないこと」と捉えていて、そうしないと組織の合意形成が取れない、あるいは、情熱の

138

ままに動くことは客観性に欠けて評価されないと思い込んでいる方が多いように思います。

「個人ではなく、組織で使えるウェルビーイングの指標やKPIはないですか？」と聞かれることもよくあります。先にお伝えした通り、主観的ウェルビーイングが高くなることで、組織へのプラスの効果があることは定量的に実証されています。しかし、主観的ウェルビーイングを測る指標は一人ひとりの潜在能力を引き出すための問いであり、組織が目標スコアを設定して進捗を管理するための指標ではありません。むしろ管理とは逆で、ウェルビーイングは、働く一人ひとりが自分の心で感じ、自分の頭で考え、「本人が気づくこと」が大事で、本人の内省が深まって初めて効果が得られるものです。

　先に見たPERMAやQ12も主観的な指標で、どんなにウェルビーイングを心がけて生活していても、人間なのだから不調な時があって当たり前なのです。ただ、上がっている要因に感謝しながらそれを意識するようにし、下がっている要因に気づいて前向きにアクションするようになれば、波はあっても、長期的にベースラインが上がり始め、一時的に下がることがあってもすぐに回復できるようになります。主観的な指標に基づいて考え方や行動を変えていくのは一人ひとりであって、組織がデータを集めて、改善に向けた原因探しをし、行動変化を外側から促すものではないのです。

　組織的な客観指標を作って管理しようとするのは「心配」という性悪説が元になっているように感じています。心配だから、不安になってルールを作り、管理してやっているかチェックするという悪循環に陥ってはいないでしょうか。ウェルビーイングはそうではなくて、すべての人に良い意図があるから、任せて委ねようという「信頼」を基本とするアプローチであるべきです。心配によって部下を縛ると、それこそ、やる気を削いでしまいますから、私は心配から信頼に変え、本人の裁量を増やすよう呼びかけています。しんぱいの「ぱ」をしんらいの「ら」に変える「ぱらダイムシフト」だと口癖のように言っています。それぞれの強みを出して、自分らしく働ける職場にするためには、チームの信頼感が欠かせません。一人ひとりの「その人の良いところ」を引き出すファシリテーションをし、チームを信頼して任せ、チームで最大のパ

フォーマンスを発揮できるよう環境を整える、これがリーダーの仕事です。先にご紹介したユニリーバ・ジャパンのWAAも、マネジャーがメンバーを信頼して任せたチームのほうが、新たなルールや制限を設けたチームよりも明らかに生産性・エンゲージメントが高まる結果となりました。

　信頼して任せる効果は、学術的にも立証されています。Delivering HappinessのCHO養成プログラム（現在はCWO SCHOOLにてCWO養成プログラムを展開）では、ポジティブ心理学を引用し、人のモチベーションが維持される内発的動機の3つのレバーは、自分が成長しているという感覚（Sense of Progress）、自分でコントロールできているという感覚（Sense of Control）、そして、他の人や社会とつながっているという感覚（Sense of Connectedness）と定義しています。この3つがあると人は自らアクションを起こしていきます。そして自らやる人たちがつながって、みんなで、チームをつくってやっていくようになります。特にSense of Controlを、私は日本語では自立・自律と表現しています。決められたことを自分でやれるようになった先にある「自律」とは、自分なりの色を出しながら自らが判断することを周りから信じてもらえている状態です。

　日本では自律というと「自分を律する」という印象を持つ人が多いですが、私は「自分の旋律を奏でるのが自律」と定義しています。自律的に、自らの意志で自分の色を出す、つまり強みと個性の発揮をしながら楽しくパフォーマンスを高く出し続けられる個人は、そのエネルギーが涸れることはありません。自律した個人が集まり、いい影響を与え合い、それぞれの得意分野を生かして助け合う組織は、生産性も高く、イノベーションも起こりやすくなります。「ウェルビーイングのカギは、一人ひとりの内側にある」のです。そして「組織全体の生産性を上げるために、ウェルビーイングに取り組む」のではなく順番が逆で、「一人ひとりのウェルビーイングが高い状態だと（意図せずとも）勝手に生産性が上がっていく」のです。

　組織ができることは、一人ひとりに自分の"スキトク"を認識してもらい、それを最大限発揮してもらうことです。"スキトク"とは、その人の"好きで得意"なことで、なおかつ自分の存在意義につながること

を指します。人の役に立っているという実感は、エンゲージメントを生み、パフォーマンスが出やすいためです。自らの意志で創造性（クリエイティビティ）が発揮できている状態は、働き甲斐が高まります。そのため、ウェルビーイングを推進する人自らが、組織を主語にした「やらなければ」ではなく自分の内側から生まれる“スキトク”で「やりたい」となっている状態、つまり「自律」で周りに働きかけていくことが、ウェルビーイングが組織に根付くための最も大事なポイントになります。

　常に、内側にあるものが外側を変えていきます。本気の人は、何度も伝え、諦めずそのことを続けていくので、結果として理解者を増やしていきます。本気なら、諦められません。レジリエンスとは、挫折しない強さのみならず、挫折することがあっても回復し、さらには挫折する前よりも強くなれる力のことです。挫折しても、より強くなっているから大丈夫だと状況を楽観的に肯定して前を向く力が高まります。組織の中で「学習性楽観主義」を高め、エンゲージメントを高めたいなら、まずウェルビーイングの推進役がやらされている状態ではなく、自律して、困難があっても、どのような状況でも前向きに捉えて、楽しんでパフォーマンスを上げている状態が結果として組織に浸透していくことにつながります。

　ですから私は企業・個人・官公庁・自治体・経営者、どの立場の方がウェルビーイングの推進役の場合でも同じことを伝えます。「まず、あなた自身の幸せな状態に意識を向けてください。自分をリードできる人だけが、周りもリードできるのです」と。

　2）ウェルビーイングな自治体組織：新富町（宮崎県）

　企業だけでなく、自治体組織でも、私が「ここはウェルビーイングな組織だ」と感じている一つの例として、宮崎県児湯郡新富町という人口1万7千人のまちで起きている奇跡についてご紹介します。

　人口減少や地方衰退が徐々に進む中、どのように地域を活性化・存続させるかに頭を悩ます自治体は少なくありません。そんな地域の一つだった新富町は、2018年に内閣官房・内閣府より地方創生の優良事例に選出され、今注目が集まっています。その幸せなまちづくりをリードしているのが小嶋町長（2018年3月初当選 現在2期

目）です。

　小嶋町長は、役場の職員が自律し、選択権を持つことがパフォーマンスを最大化し、彼らがチャレンジできる場を提供することが、地域の活性につながると考え、「日本一幸せな職場にする」と掲げています。変革の一例をあげると、就任直後に公務員の副業を解禁、不要な会議をなくす、デジタル化を進め書類作業を削減、町長が持つ多くの権限を課長に委譲、課長が自分の頭で考えて動けて完結できるような仕組み、短時間勤務制を矢継ぎ早に導入し、役場内外でワークシェアを推進するなど、異例づくしの職場作りを通して、公務員それぞれが自分の"スキトク"に集中してワクワク働けるような環境を整えています。

　その結果、ふるさと納税の額は2,000万から20億円と10倍になり、町の歳入も毎年増加を続け、産業育成の財団もでき、そこから新しい企業や雇用も生まれ、若い人たちがチャレンジする場が育ってきています。

　トップダウンでつくった制度は形骸化し失敗に終わることが多くありますが、新富町はなぜ成功しているのでしょうか。その大きな要因の一つは、町長のウェルビーイングなリーダーシップだと思います。ここでいう「ウェルビーイングなリーダー」の要素とは、
1つ目は「本気で変えたい思いを持っていて、自分の言葉で語っていること」
2つ目は「相手をジャッジせずにオープンに聴く姿勢を持っていること」
3つ目は「失敗しても良い心理的安全な土壌を作っていること」
　そして最も大事な4つ目は「小嶋町長ご自身が自分を大事にしてウェルビーイングな状態を意識していること」です。

　小嶋町長は新富町生まれ新富町育ちで、この地域に誰よりも愛情と違和感を持っています。幼少期から感じてきた生きづらさから、多様な人がいきいきと働ける場所をつくり、まちを変えたいという思いをブレることなく伝え続け、多くの方を巻き込んでいます。そして町長室をオープンな場にして、役場職員一人ひとりに向き合い、失敗しても大丈夫な土壌作りをした上で、彼らのやりたいことを応

援しています。地域商社で稼ぎそれをまちに還元するビジネスモデルや、企業版ふるさと納税への企業誘致・協業など、戦略的な自治体経営により、増やした歳入で福祉サービスを充実させ、住民のウェルビーイングを高めながら、さらなる産業育成も行う正のループが起きています。そして、なによりも、小嶋町長自らがご自身のいい状態を知っているからこそ、利他でバーンアウトしない持続的な変革を進めることが可能なのです。

　ウェルビーイングな組織には地域や組織に根付いた変革者が必要です。小嶋町長のようにその場所に強い愛情を持つ権限のある変革者が自分の旋律を奏でていると、周りもその影響を受けて自律的になり、組織は大きく動くのです。

5．おわりに

　ウェルビーイングについての講演をする際は、問いかけることを大事にしています。その中で「あなたの幸せな状態を自由にイメージしてください。どんなことが思い浮かびましたか」と言うと、「遠くに行って」「好きなことを好きなだけして」「家族でのんびり過ごして」などの言葉が返ってきます。そこに違和感がある人はあまりいないのではないかと思います。

　逆の見方をすれば、多くの人は「働くことから離れた状態」を幸せとイメージしています。働くイメージは「不自由で、人間らしくない、自分らしくない状態」になっているかのようです。しかし、オフィスを出たら自分らしさや人間らしさを取り戻すのが当たり前だという感覚は、むしろおかしいと思ったほうがよいのではないでしょうか。

　よく「Work-Life-Balance（ワークライフバランス）」と語られますが、WorkとLifeを対立的なもののように捉えて、そのバランスをとろうというのではなく、どんな人生を選ぶのか、その人生の大切な一部である仕事として何を選び、どう働くのかを考えていくこと、つまり「Work in Life（ワークインライフ）」が大切だと考えています。「どっちが大事か」ではなく「どっちも大事」。あなたは、どんな人生を送りたいです

か？　自分の存在意義や成し遂げたいことは？　そのことと今、目の前
にある仕事のつながりを自分の内側に問いかけ、人生を満たす働き方に
意識を向けてみてください。言語化して意識を向けることから変化が始
まっていきます。

　日本の「正解を求める教育」の弊害から、自分の意志と離れた合意形
成を「仕方がない」と感じ、「仕事で感情を出すな、つまらない意見で
みんなの時間を無駄にするな」と言われることを恐れて、自分の感じた
ままを言えなくなっている人も多くいます。日本の「我慢は美徳」「継
続は美徳」という働き方への認識を変えて、自分にとって"スキトク"
だから楽で楽しく、しかも生産性が高いという状態で、幸せに働く姿を
子どもたちにも伝えられるようになったら、日本全体のウェルビーイン
グは一人ひとりの内側にとどまらず、その波及効果は次世代にもつな
がっていくと信じています。そんな日本を私たち一人ひとりが紡いでい
く社会を、私は皆さんと一緒に創っていきたいと心の底から思っていま
す。

第10章　幸福の文化的差異と日本の幸福の特徴

瀬川裕美

1．幸福と文化

　誰もが「幸せ」でありたいと願い、国民の幸せを目指す政策を掲げるというコンセプトに異議を唱える人は少ない。しかしながら「幸福」とは何なのか、どうすれば幸せになれるのかという問いに対する答えを、多分野の研究者が多分野の専門性をもって検討し続けている。

　そんな中において、幸せについて多くの礎となる研究を築いたDienerは、晩年の幸福研究のまとめの中で、今後の幸福研究の課題は「文化差」であると述べている（Diener, 2022）。

　文化の定義は、研究者の数だけあるが、「人間の生活様式の全体。人類が自らの手で築き上げてきた有形・無形の成果の総体。それぞれの民族・地域・社会に固有の文化があり、学習によって伝習されると共に、相互の交流によって発展してきた」と国語辞書には記載されている。

　文化（価値観）と心（認知・感情）は相互に影響していることが指摘されており（Bruner, 1990）、幸福観や幸福感はまさに文化の影響を受けるものである。

　例えば、主観的幸福感と相関が強いと指摘されている生活水準は、ある一定程度までは相関するが、ある程度まで満たされるとそれ以上には主観的幸福感が上がらないと知られている（Inglehart et al, 2008）（図1）。

　しかしながら、同時にこの分布は文化圏の主観的幸福感についての表現の仕方が異なるとも捉えられる。

　例えば、（図2）のように図の右上部分に注目すると、西洋の国々はGDPも高いが、GDPに関わらず主観的幸福感が高いとも解釈することができる。

　同様に、（図3）中段部分に注目すると、東洋の国々が多いことが分かる。東南アジアの国々はGDPに関わらず、中程度の主観的幸福感を

図1 (Inglehart et al, 2008)

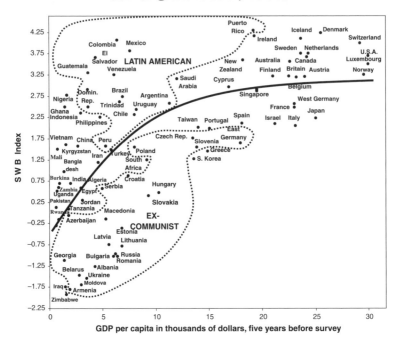

出典：「Inglehart R, Foa R, Peterson C, et al.. Development, Freedom, and Rising Happiness: A Global Perspective (1981-2007). Perspectives on Psychological Science 2008; 3: 264-285.」

示すとも解釈される。Inglehartらの図は、2008年に公開されているが、10年以上が経過した現在、東南アジアの国々の主観的幸福感はどのように変化を示しているのかも注目したい。同様に、ラテンアメリカの国々は所得が低いにもかかわらず、主観的幸福感が高いと解釈ができるかもしれない。

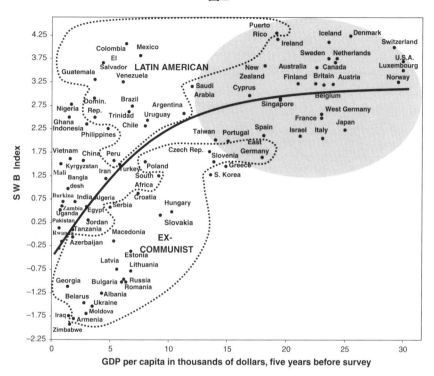

出典：「Inglehart R, Foa R, Peterson C, et al.. Development, Freedom, and Rising Happine
ss: A Global Perspective（1981-2007）. Perspectives on Psychological Science 2008; 3: 264-
285.」の図より筆者加筆

図3

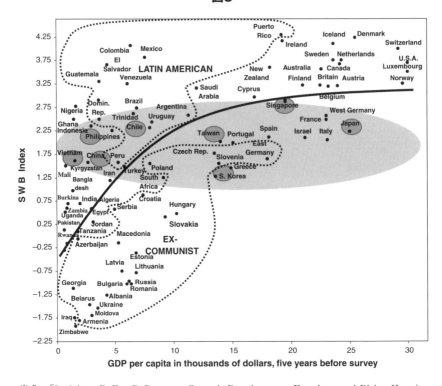

出典：「Inglehart R, Foa R, Peterson C, et al.. Development, Freedom, and Rising Happine
ss: A Global Perspective（1981–2007）. Perspectives on Psychological Science 2008; 3: 264–
285.」の図より筆者加筆

　幸福を人々がどのように認識し、社会の中で価値づけを行い、それに
対する感情を持つのかということは、属する文化に影響を受ける
（Kitayama, 2013）。つまり、（先の章で示されているように）幸福と多
くの要素は関連しており、幸福を構成しているだろうものは様々な要因
を受けた様々な要素があり、一定の研究成果は得られているが、何を幸
福とするのか、何に重きを置いているのかについては文化によって異な
る。これは、幸福をどのように捉えるのか、個人と集団の関係性も異な
る。個人の幸福か集団の幸福なのか、また個人にとって自己の帰属して
いる集団はどの程度の規模であるのか、同居家族なのか、親族なのか、

はたまた集落や村、国家、地球規模なのか。個と集団の関係性やそのバランスのとり方こそがまた文化である。集団の幸せと個の幸せの関係性もまた分析する必要がある。

　また、注意するべきことは、文化圏を元に集団を捉えることは集団をラベリングすることでもある。世界をみわたせば、西洋や東洋といった文化圏もあるが、生態系を元にした文化圏や経済活動の文化圏、言語圏などがあり、国家があり、国家の中にも地域差があり、地域の中にも集落があり、職場や学校などといった居住地以外の生活文化圏もある。集団の中にも個々の個性があり、集団と個の相互作用と、個人が実際に多くの時間を過ごす環境における相互作用「間」での幸せが非常に重要である。

　クライド・クラックホーンは『人間のための鏡』の中で、ジョン・エムプリーの言葉を借りて文化を分析することの意義（応用文化人類学の意義）は、「人間を理解し社会の中の軋轢と暴力を防ぎ、非管理集団の権利と尊厳を守り、生命を救い‥‥諸民族、諸文化間に平和と自尊心に支えられた関係を樹立することに役立つべきである」と述べている。真の幸福を追求するためには、文化差について理解し、平和や自尊心に支えられた幸福を考える必要があるということだろう。

　例えば、日本において、中年男性のほうが中年女性よりも主観的幸福感が低いという調査報告（選好度調査）もある一方で、女性の社会的地位が低く、家事の負荷がかかり育児等による精神的健康状態については女性のほうが悪いという報告もある（segawa, 2021）。では、これらの研究結果を統合した時に幸福であることが大切であるため中年男性へのサポートを重点的に行い、育児中の女性については幸福感が高いためサポートは必要がないとはいいがたい。なぜそのような結果になるか、各々の結果はどのような要因に影響を受けているのかを検討することが必要だろう。何を幸福とするのかの定義づけが必要である。特に多くの幸福の尺度の中で、主観的幸福感は人々の認知や感情、文化に大きく影響を受ける尺度である。

　ある文化圏においては「幸せですか」と尋ねると「幸せです」と答えることで「幸せ」になれると信じており、それが美学と認識されている（segawa, 2020）。一方、幸せであることが人生の意味であり、かつ他者

に不幸であると思われると負けであると認識する文化圏においては、ポジティブに自己を捉え発信することが必要となる。双方の文化圏においては、幸福の意味内容は大きく異なるが、「幸せ」と答えることが美学となり主観的幸福感が高値に出る傾向にあるだろう。さらに、全体主義的な価値観の文化圏においては、自分だけが幸せであることに罪悪感を覚えるかもしれない。良いことも悪いことも含めてバランスの中の幸せを重視する文化圏においては「ほどほどの幸せ」を良しとし、幸せであるとアピールすることは周囲からの妬みを買うなど、後からの不幸が待ち受けると考える傾向にあれば、どれだけ他の要因が充足されても、生活水準が維持され戦争などがない平穏な社会環境や恵まれた家庭環境等においても、主観的幸福感はそれほど高値になりえないだろう。そうすると、一つの尺度や指標のみで幸福のランキングを比べるようなことは、幸福を目指すための啓発や検討材料の一つとしては有意義だが、画一的な比較がいかに無意味で、時には弊害を生んでしまうのかという課題が見えてくる。

　WORLD Happiness report2021においても各国の文化の違いが描かれている。COVID-19の流行により、感染予防に対する国家間の違いや医療に対する捉え方の違いなどの言及も多く、地域の文化差についての言及が目立つ。個人主義が強い国々ではマスクの着用を拒否し、集団主義が強い国々ではマスクの着用がスムーズであり、規律や国家としての方針に従うことへの抵抗が少ない。日本においては、国家権力の発動を躊躇う政治家と、それを求める国民の同調圧力が表層されるような自粛警察が出現する奇妙な現象が発生した。感染予防という政策と人々の行動一つとっても、何に幸せの重きを置くかで文化の違いが見えてくる。人々が幸せになるための政策を検討する時、人々の幸せに影響を与える文化を、無視することはできない。

2．西洋中心に進められた幸福研究

　多くの研究者が幸福について研究をしているが、人々の認知や感情の傾向を分析する心理学の分野で、主観的幸福感について取り上げられることが多い。その心理学の分野で分析される対象は、主にWEIREDと

呼ばれる人に偏っている傾向にある。WEIREDとはWestern, Educat-ed, Industrialized, Rich, Democraticの略であり、西洋の教育を受けた、産業化や近代化された、裕福な、民主主義的な人々を指す（Henrich, 2019）。これらは、論文を発信している研究にアメリカ人が多く（Ar-nett, 2008）、研究者が比較的データを収集しやすい大学生を対象に調査を実施されてきた傾向にあったことが背景にあると指摘されている。

　多くの幸福研究の礎を築き、人間の本質的な問いや人間の共通原理についての問いに挑んできた研究も多くある。しかしながら、多くの心理学研究において研究実施時のサンプリングの代表性とその報告手順については懐疑的にならざるを得ず、限局された文化を持った人々についての研究結果が、画一的に全人類に当てはまることは考えにくい。近年、これらに疑問を呈し、WEIREDと対極して比較対象になってきた東洋、さらに東洋の中でも国家間比較の報告が出現し、さらに西洋東洋という2大文化圏の枠に限らず、世界の多様性について目を向けようとする動きがある（Kitayama, 2022）。

3．日本の幸福の特徴

　文化を代表するものの一つに言葉があるが、日本語において「幸福」は「しあわせ」や「幸せ」のみではなく運命の巡り合わせのような「仕合わせ」や「倖せ」とも記載され「幸福」は多くの表現を持つようである。日本人は幸福を多側面から捉えてきたのかもしれない。

　日本における文化的幸福観の第一人者である社会心理学者の内田は(2020, 2009)、欧米と比較した日本の文化の文脈における幸せを対比している。

日本	北米
協調的幸福	成長獲得的幸福
ポジティブとネガティブのバランス	ポジティブ
自己の内的望ましさ	神に選ばれし個人
集団	個
関係性	自尊心
おだやかさ	うきうき
親しみ	誇り

出典：『これからの幸福について　文化的幸福観のすすめ』内田由紀子（新曜社）をもとに筆者作成

　上記の要素は日本においても、北米においても表中のすべてが幸福の要素であるものの、二者を比較した時に比重が重い部分を表現している。北米の成長獲得的幸福とは、自己実現や成功の先に得られるものであり、協調的幸福は人並み感や日常の中の小さな幸せ、周囲の幸せも含めた自己の幸せである（Hitokoto, 2015）。北米の人々にとって、幸福とはポジティブなイメージが強く、いかにポジティブになるのかコントロールするという概念がある。一方で日本においては幸せとはポジティブとネガティブのバランスの中にあり、両義的な意味を見出す傾向にある（Ogihara, 2014）。

　集団との関係性の中で見つけ出す、「自己」や集団の移り行く状況を受け止め、自己を磨きおだやかに周囲から親しみを持ってもらえることの「幸せ」に日本人が重きを置く傾向にあるとすると、個人の属する集団との関係性や集団の居心地の良さが、日本人にとっては北米人以上に非常に重要であることを意味する。集団との関係性が重要であるにもかかわらず、自己にとって最適な場や集団を見つけようとする流動性が低く、世代交代も進まず、「集団への帰属意識」でもって集団に合わせることが常に求められ、良しとされるジレンマの発生もまた日本の特徴であると言えるだろう。これらの改善のためには、内的望ましさに訴えかけと「自己犠牲の美学」による個の抑制や自己変革等を鼓舞し同調圧力を発生させる方法よりも、個人が日常生活する「組織集団の構造や多様な個の居場所を生み出すシステム」の改善が必要なのではないだろうか。

　さらに、グローバル化が進む中で北米の個人主義的な価値観が、より良いものとして日本などの異文化の中に取り入れられた時に、さらに個は揺るがされ個人主義が孤立主義に変容し、さらなるジレンマが発生することも指摘されている（Uchida, 2020）。現在の日本は、日本文化が元来内包していた個のジレンマの上に、個人主義との出会いにより個が揺るがされ、さらなるジレンマに陥っている状況であるかもしれない。

　また、男女の役割意識や社会的地位も文化を表層する一部であるが、ジェンダー差についても、日本は他国とは異なる様相を示す。多くの国々で経済発展と共に男女平等や共働き世帯が増え、女性の地位向上を果たしたにもかかわらず、日本は男性が会社で働き、女性が家庭を守るというような逆行の道をたどり、産業化し近代化し、男女雇用機会均等法が整備されても人々の意識が変化するには非常に時間を要してきた。2000年以降になってバブル経済が崩壊後に、女性の労働力がなければ経済が立ち行かなくなって初めて、育メンなどの言葉や啓発が日常となった。OECD諸国の比較調査によると、ネガティブ感情についての男女の違いも日本は特徴的である（OECD, 2020）。

　この背景には何があるのか。これは一つの日本の特徴的な文化であるとも捉えられ、より探索が必要であるため、別の機会に述べたい。

　日本における研究において、居心地の良い地域の特徴は、「いろんな人がいてもよい、いろんな人がいたほうが良い」という多様性に対する寛容さ、「人物本位主義を貫く」という社会的地位にとらわれない雰囲気、「どうせ自分なんてと考えない」という自己効力感（自己信頼感や有能感）、「病は市に出せ」という悩みや困りごとがある時に人に助けを求めることへの寛容さ、「ゆるやかにつながる」という強制でないほど良い距離感での他者とのつながりがあると指摘されている（岡, 2013）。このような環境が、地域社会においても各個人が所属する様々な集団において実現することができれば、日本人のジレンマを解消するような文化に即した心の安寧を得られるのかもしれない。

４．日本国内の幸福に関する研究の必要性

　先述したように、幸福には多くの要因が関連し、何かを達成すればみ

んなが幸せになれるというような単純なものではない。文化差や地域差に合わせた幸福についての検討が必要であり、様々な分野の専門家が協働し幸福の研究を行う必要性はもちろん、一般市民がどのような社会を目指したいのか、一般市民にとっての真の幸福とは何か、共に考え協働する仕組みが必要だろう。研究結果は時として研究者の真意と異なるように理解されるリスクもある。データリテラシーや文献を読み込む力が必要とされるという意味で、研究を遂行し分かりやすく伝える研究者の役割も重要になってくる。

　また、文化は固定的なものではなく過去に文化と文化が融合し発展してきたように、これからの未来もまた変化を繰り返していくだろう。そして、その変化は時として人々の心の安寧が脅かされ健康や命をも脅かされることもある。近視眼的な幸福ではなく、地域に根差し持続可能かつ地球規模の幸福を目指そうとする政策を検討するためには、私たち個人の未来を予測できる力は限られていることを自覚し、今後の研究の積み重ねと市民との対話が必要である。日本においては、日本独自の文化があり、月を愛で、移り変わる四季の中で人々と共同しながら生活を営んできた文化がある。幸福についても日本独自の幸福や目指す幸福感があってしかるべきだろうが、未だ日本文化の文脈に即した幸福の研究は多くはない。

　日本の幸福を考えるために、日本国内の幸福に関する多分野の重層的な研究の積み重ねが今後ますます重要になってくる。

【引用・参考文献】

[1]　Arnett, J. J. (2008)「The neglected 95%: Why American psychology needs to become less American」American Psychologist, 63, 602-614. doi:10.1037/0003-066X.63.7.602

[2]　Diener, E., Oishi, S., & Tay, L. (2018)「Advances in subjective well-being research」Nature Human Behaviour, 2 (4), 253-260. doi:10.1038/s41562-018-0307-6

[3]　Henrich, J., Heine, S. J., & Norenzayan, A. (2010)「Most people are not

WEIRD」Nature, 466 (7302), 29-29. doi:10.1038/466029a

[4]　Hitokoto, H., & Uchida, Y. (2015)「Interdependent happiness: Theoretical importance and measurement validity」Journal of Happiness Studies: An Interdisciplinary Forum on Subjective Well-Being, 16, 211-239. doi:10.1007/s10902-014-9505-8

[5]　Inglehart, R., Foa, R., Peterson, C., & Welzel, C. (2008)「Development, Freedom, and Rising Happiness: A Global Perspective (1981-2007)」Perspectives on Psychological Science, 3 (4), 264-285. doi:10.1111/j.1745-6924.2008.00078.x

[6]　Kitayama, S., & Murata, A. (2013)「Culture Modulates Perceptual Attention: An Event-Related Potential Study」Social Cognition31 (6), 758-769. doi:10.1521/soco.2013.31.6.758

[7]　Kitayama, S., Salvador, C. E., Nanakdewa, K., Rossmaier, A., San Martin, A., & Savani, K. (2022)「Varieties of interdependence and the emergence of the Modern West: Toward the globalizing of psychology」American Psychologist77 (9), 991.

[8]　Kohori-Segawa, H., Dorji, C., Dorji, K., Wangdi, U., Dema, C., Dorji, Y., . . . Imanaka, Y. (2020)「A qualitative study on knowledge, perception, and practice related to non-communicable diseases in relation to happiness among rural and urban residents in Bhutan」PLOS ONE15 (6), e0234257. doi:10.1371/journal.pone.0234257

[9]　Ogihara, Y., Uchida, Y., & Kusumi, T. (2014)「HOW DO JAPANESE PERCEIVE INDIVIDUALISM? EXAMINATION OF THE MEANING OF INDIVIDUALISM IN JAPAN」PSYCHOLOGIA57 (3), 213-223. doi:10.2117/psysoc.2014.213

[10]　Tov W, Wirtz D, Kushlev K, Biswas-Diener R, Diener E.Tov, W., Wirtz, D., Kushlev, K., Biswas-Diener, R., & Diener, E. (2022)「Well-Being Science for Teaching and the General Public」Perspectives on Psychological Science,174569162110469. doi:10.1177/17456916211046946 Perspectives on Psychological Science. 2022:174569162110469.

[11]　Uchida Y, Kitayama S.Uchida, Y., & Kitayama, S. (2009)「Happiness and unhappiness in east and west: Themes and variations」Emotion9, 441-456.

doi:10.1037/a0015634: Themes and variations. Emotion. 2009;9:441-56.

[12] Whitmee, S., Haines, A., Beyrer, C., Boltz, F., Capon, A. G., De Souza Dias, B. F., . . . Yach, D. (2015)「Safeguarding human health in the Anthropocene epoch: report of The Rockefeller Foundation-Lancet Commission on planetary health」The Lancet, 386 (10007), 1973-2028. doi:10.1016/s0140-6736 (15) 60901-1

[13] 瀬川ら. (2021)「未就学児と同居している女性のCOVID-19による精神的健康状態と日常生活への影響」日本公衆衛生学会総会抄録集, 第80回.

[14] Joseph Henrich「The WEIRDest People in the World: How the West Became Psychologically Peculiar and Particularly Prosperous.」New York: Farrar, Straus and Giroux,2020. xxv + 680 pp. ISBN: 978-0-374-17322-7.

[15] OECD.2020 chrome-extension://efaidnbmnnnibpcajpcglclefindmkaj/ https://www.oecd.org/statistics/Better-Life-Initiative-country-note-Japan-in-Japanese.pdf

[16] 岡 檀 (講談社)「生き心地の良い町 この自殺率の低さには理由 (わけ) がある」,2013

[17]「World Happiness Report 2021」https://worldhappiness.report/ed/2021/

[18] 内田由紀子 (新曜社)「これからの幸福について 文化的幸福感のすすめ」,2020

[19] クライド・クラックホーン著 光延明洋訳 (サイマル出版会)「人間のための鏡」,1971

[20] Bruner J.「Acts of meaning」Cambridge, MA, US: Harvard University Press; 1990. xvii, 179-xvii, p.

第11章　格差是正についての実証分析と公共政策
―公共哲学とポジティブ政治心理学の視点

小林正弥

1．政治哲学と格差問題

　格差問題は政治哲学の最大の主題の一つである。

　代表的政治哲学の中で、功利主義は、「最大多数の最大幸福」（ベンサム）という文句で知られるように、幸福と不幸、快楽と苦痛を全員について集計し、行為や規則の可否を考える。この功利的計算によって、論理的には、一定の格差があったほうが全員の幸不幸の総計が増加する場合と、格差が縮小したほうが幸不幸の総計が増加する場合がありうる。このように、その時の具体的状況と功利主義的計算の中身によって、一定の格差について肯定論と縮小論の双方が導き出しうるから、一致した見解は存在しない。逆に言えば、格差是正のための福祉についても反対論と賛成論の双方が存在しうる。たとえば、福祉を行うことが全ての人により良い状態をもたらす（パレート最適の範囲）なら、福祉は肯定される。他方で、一定以上の福祉が、貧者を救うために富者に「より悪い」状態をもたらすなら、どちらを重視するかという判断が必要になるから、再分配政策を肯定するのは困難になる[1]。これに対してリバタリアニズムとリベラリズムは、いずれも正義をほぼ権利と同一視するが、この内容について明確な見解の相違があり、双方の間には議論の対立が存在する[2]。

　R・ノージックらのリバタリアニズムにおいては、市場経済の交換を通

---

[1]　拙稿「福祉哲学の新しい公共的ビジョン―コミュニタリアニズム的正義論とポジティブ国家」（広井良典編著『福祉の哲学とは何か：ポスト成長時代の幸福・価値・社会構想』ミネルヴァ書房、2017年、第2章89頁）。

[2]　以下の思想について、詳しくは同上書、93-98頁参照。各思想についての簡単な紹介としては、拙著『サンデルの政治哲学』（平凡社新書、2010年、第1講）。

じて自分が得た収入や報酬は自分の正当な所有物であって、その結果として格差が現れてもそれは本人の努力の成果であり、福祉のためという理由でも国家権力が高額所得者への累進課税などでそれを強制的に徴収するのは不正義である、とする。そして自律的な市場経済を尊重し、国家は最小限であるべきであって、市場にはなるべく介入すべきではない、とする。これは、経済政策においては一般的にはネオ・リベラリズムと呼ばれることが多く、自己責任論や、民営化・規制緩和論に相当する。

　これに対して、J・ロールズを嚆矢とする（平等主義的）リベラリズムにおいては、市場経済による収入や資産などの差違には、本人の努力の結果だけではなく、育った家庭や周辺の環境、生来の才能・能力の相違なども影響すると考える。よって、自己責任論は間違っていると考え、福祉のための課税には必ずしも反対しない。ロールズにおいては正義の二原理における格差原理によって、もっとも不利な立場の人々にとっても便宜があるような格差のみが許容されるとするから、それ以上の格差は縮小するのが正義の要請となる。このように、一般的には福祉の権利を認めるから、それによって格差の縮小が正義にかなうということになる。

　M・サンデルらのコミュニタリアニズムは、権利だけで正義を考えることに反対し、公共的政策に関して、「善き生き方」をめぐる価値観・世界観の対立についても熟議を行い、その上で正義について民主的に決定することができるとする。この結果、コミュニティの同胞に対する友愛から、弱者を助けて格差を是正することが正しいと考える人が多ければ、福祉が正義になる。逆に言えば、論理的には格差の存在は正当であって弱者を助ける必要はないと考える人が多ければ、そうはならない。このため、功利主義と同じように、コミュニタリアニズムにおいても格差肯定論と格差縮小論が存在しうる。しかし実際には、コミュニタリアニズムの理論家は、コミュニティの友愛や連帯を重視するから、過度の格差はコミュニティの連帯感を損なうがゆえに、格差縮小論に賛成することが多い。その点では、格差や福祉についての政策論ではリバタリアニズムよりもリベラリズムに近いが、格差縮小を正当化する論理が異なるのである。

２．ポジティブ政治心理学と政治哲学──コミュニタリアニズムの信憑性

　政治哲学の論文であれば、これらの立場を検討し、その中でもっとも適切と思われる立場から、たとえば今の日本についてどのような政策が望ましいかを考えることになる。どの政治哲学が正しいと思うかという論点に関しては専門家の間でも意見の相違があるから、哲学的考察の常として、多くの政策的論点について一致した見解は必ずしも導出できず、その論者の見解が論理的に示されることになろう。

　これに対して本稿では、社会全体における人々の幸福という観点も導入して、第7章（116頁）で述べたポジティブ政治心理学の視角を合わせて考察してみよう。そこで言及した英語論文の一つ「政治哲学の心理学的検討──日本における市民性、正義、ウェルビーイング」において[3]、筆者は次のように論じた。

　──以下のような代表的政治哲学それぞれにおいて、市民性（シティズンシップ）、正義、ウェルビーイングとの関係を整理すると、次のような仮説を導出することができる。この中でコミュニタリアニズムにおいて、市民性（市民権）や正義とウェルビーイングがもっとも密接に関連する。

　利己主義的仮説：市民性／正義とウェルビーイングの関係は存在しないか、弱い。
　功利主義的仮説：快楽的（ヘドニック）ウェルビーイングが正義を構成し、市民性と正義（あるいはウェルビーイング）との関係は弱いか、軽度である。
　リバタリアニズム的仮説：市民性と正義はウェルビーイングを促進す

[3]　Masaya Kobayashi (2022), "Psychological Examination of Political Philosophies: Inter-relationship between Citizenship, Justice, and Well-being in Japan," *Frontiers in Psychology*, https://doi.org/10.3389/fpsyg.2021.790671.

るが、その程度はケース・バイ・ケースである。私的な市民性（市民権）がウェルビーイングを可能にすることは確かだが、公共的な市民性はその度合いが弱い。正義は法的正義を意味し、それは市民的権利と所有権を含んでいる。貧者への福祉は、所有権を侵害するなら不正義であり、しばしば人々のウェルビーイングを減少させる。

リベラリズム的仮説：市民性と正義はウェルビーイングを促進するが、その程度はケース・バイ・ケースである。私的な市民性（市民権）がウェルビーイングを可能にすることは確かだが、公共的な市民性はその度合いが実質的である（もっと大きい）。ただ、市民性と正義は必ずしも倫理的とは限らない。正義は法的なリベラルな正義と分配的正義を含む。それゆえ、貧者への福祉は一定程度は正義にかない、人々の全般的なウェルビーイングを増加させる。

コミュニタリアニズム的仮説：倫理的ウェルビーイング（エウダイモニア的ウェルビーイング）は快楽的ウェルビーイングと同じくらい本質的である。市民性／正義と包括的ウェルビーイングの関係は実質的である。福祉のための私的及び公共的な双方の市民性とウェルビーイングの関係は実質的であり、市民性と正義は倫理的ないし有徳な人格を含んでいる。正義は、リベラルな正義、分配的正義、倫理的正義を含んでいる。

そして、3回のインターネット調査（調査1　2020年6月、N=4698（5000）／調査2　2021年3月、N=6855（6885）／調査3　2021年10月、N = 2472（2658）[4]）において、ウェルビーイング、市民性、正義について人々の認識（主観的知覚）を調査し、その結果をもとに上記の仮説の妥当性を検証した[5]。

---

[4]　調査1は、筆者の協力のもとで三菱総合研究所が行った。調査2と調査3は、千葉大学における研究チームが科学研究費や学内のリーディング研究育成プロジェクト（未来型公正社会研究）で行った。

[5]　これらはインターネット会社による調査である。分析にあたって、信頼性を高めるために、回答時間が極めて少なかったり、同じ選択肢の回答が多かったりする回答を統計的に除外した。括弧内の数字は、このデータスク

　まず調査1と2 [6] を分析したところ、市民性、正義、WB（もしくは
政治的WB）間に実質的な相関関係が存在した。よって、利己主義仮説
はしりぞけられた。また、これら3つの間の相関関係のほとんど全てに
ついて、美徳に関連するWB指標を用いた相関関係のほうが、快楽に関
係するWB指標を用いた相関関係よりも高かった。この結果とは、功利
主義的仮説よりも、コミュニタリアニズム的仮説のほうが整合的である。
これらの結果はコミュニタリアニズムに基づく仮説ともっとも整合的で
ある。

　また、市民性と正義は、一般的なWBよりも政治的WBと密接に関連
していた。さらに、格差解消とWBには正の相関関係があり、社会で格
差が減少している（と感じる）ほうが人々のWBは高まる傾向があった。
快楽に関連するWB指標よりも美徳に関連するWB指標を用いたほうが、
正義と市民性とWBとの相関は、ほとんどの場合において、より大き
かった。

　これは、福祉などによる分配的正義がWBの増大と関係している点で、
リバタリアニズムよりもリベラリズムやコミュニタリアニズムと整合的
である。さらに正義は倫理的側面に関連があるという点で、リベラリズ
ムよりもコミュニタリアニズムと整合的である。

　そこで、これらの結果を合わせて考えると、やはりコミュニタリアニ
ズムに基づく仮説ともっとも整合的である。市民性・正義・WBの3つ
の概念の関係は政治哲学において重要な点なので、これらの結果は、他
の政治哲学に比して、コミュニタリアニズムの信憑性を高めるものであ
る。

　　リーニングを行う前の、もともとの回答数である。大多数の分析において
　　は、双方のデータを用いて計算を行ったが、実質的な結果に差はなかった。
　　そこで、以下のいくつかの分析においては、除外前のデータを用いている。
[6]　　この分析結果は、注3の論文で公表されている。ここでは、データスク
　　リーイング前のデータが用いられている。

詳細を限られた紙数で説明することは難しいが、結論を端的に述べれば、ポジティブ心理学の方法を用いて検証したところ、人々の主観的認識においては、代表的政治哲学の中で、コミュニタリアニズムがもっとも正しいという可能性が高まったのである。科学的研究ゆえに、データや分析方法には制約や限界があり、コミュニタリアニズムが確実に正しいとは断言できないものの、上記の政治哲学の立場の中で、格差問題に関してもコミュニタリアニズムの主張が正しい可能性が高まったということになる。そこで、この結論を前提にして、格差問題についての検討を続けよう。

3．主観的・客観的経済状況とWB・心身の健康

　まず、調査1～3の結果によって、主観的な経済状況とこれらのWBの関係を分析しよう[7]。図1・図2（図1-1・2、図2-1・2：調査1～3）に見られるように、調査時点の収入と資産についての主観的認識（1から10の10段階で回答）とSWLS・一般的WB（PERMA指標）との関係を調べると、調査1から調査3までほとんどが一致しており、右肩上がりのグラフになっている[8]。3回の調査結果が一致しているので、この結果は頑健であり、信頼性は極めて高い。それぞれの調査における相関係数は収入・資産ともに、順にほぼ0.6/0.7/0.6（SWLS）、0.5/0.6/0.6（一般的WB）であり、中～強程度の相関である。ここからは、回答者の主観的認識においては、経済状況とWBが関係しており、経済状況が良い人ほどWBが高いことがわかる。

---

[7]　以下の分析は、注記したものを除き、SPSS（ver.27）とAMOS（ver.25）で行った。

[8]　調査1の収入のみで、10の回答者のみ9の回答者より少し低くなっている。また、この場合、中央の5近辺の回答者のWB平均は4の回答者と同じくらいである。

図1-1：収入とSWLSのプロット図（調査1～3）

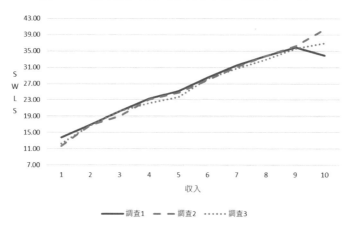

図1-2：収入と一般的WBのプロット図（調査1～3）

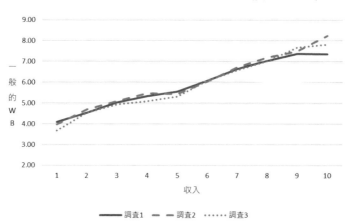

図2-1：資産とSWLSのプロット図（調査1～3）

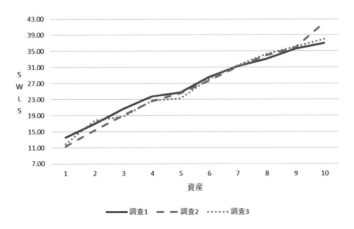

図2-2：資産と一般的WBのプロット図（調査1～3）

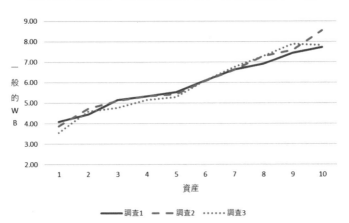

　次に、客観的な収入や家計も調査した調査2・3で経済状況とWB（調査時点）との関係を見よう。世帯の客観的な収入について、収入を5クラスに分けてSWLSや一般的WBとの関係を示したのが、図3-1・2である。これを見ても、全て右肩上がりなので、主観的認識の場合と同様に、客観的な経済状況とWBは完全に対応していることが明らかである。世帯の代わりに個人の収入について分析しても、同様の結果になる。

図3-1：世帯年収におけるSWLSの平均値の比較（調査2.3）

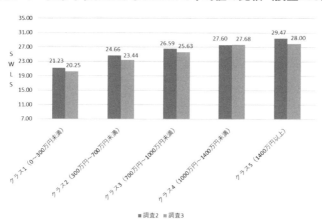

図3-2：世帯年収における一般的WBの平均値の比較（調査2.3）

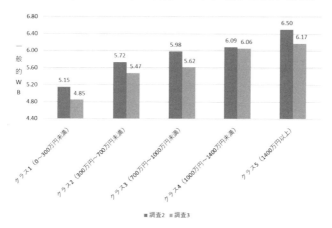

なお、調査2と3において、主観的な収入・資産と客観的な個人年収・世帯年収との相関を調べたところ、確かに有意だった[9]。

　さらに、身体的健康（physical health）と心理的健康（psychological health）や、これらの平均である心身的健康（psychosomatic health）について指標を作って、調査1〜3について、これらと世帯の収入の関係を分析すると、図4のようになる。いずれも、世帯収入が増えると、身体の健康や心理的な健康が整然と増進することがわかる。時点や調査対象がある程度異なっていても同じ結果が得られるので、この結果も頑健であり、信頼できる。

図4：世帯年収における平均値の比較（調査2・3）

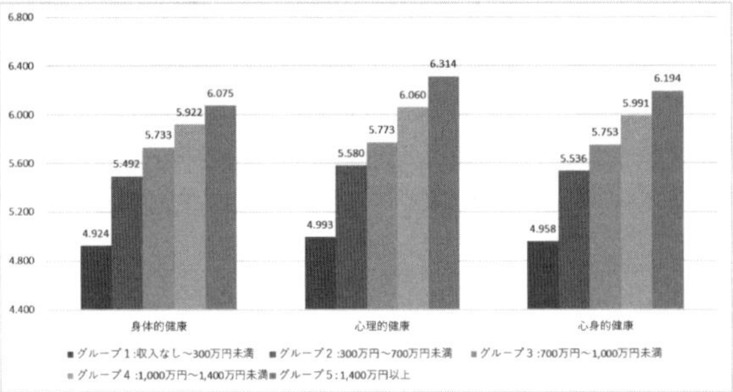

調査2　グループ1:N=1363, グループ2:N=2731, グループ3:N=1075, グループ4:N=399, グループ5:N=194,「わからない」を選択した回答者は除外。
調査3　グループ1:N=484, グループ2:N=1015, グループ3:N=385, グループ4:N=164, グループ5:N=101,「わからない」を選択した回答者は除外。
身体的健康は、PERMA指標における健康とI COPPE指標（プリレルテンスキーらが開発）における身体的ウェルビーイングの平均、心理的健康は、PERMA指標における一般的ウェルビーイングと、I COOPE指標における心理的ウェルビーイングの平均、心身的健康は身体的健康と心理的健康の平均である。
なお、身体的健康、心理的健康などの概念に関しては、注11の共著英語論文を参照。

---

[9]　客観的な個人年収・家族年収における番号との相関を、主観的な年収・資産それぞれについて単純に計算すると、調査2・3でいずれも0.2台・0.3台だった。しかし、図3-1・2に示したように、客観的な年収のクラスの番号は、年収が多くなると、その番号に相当する収入の範囲が広くなっている。これは順序尺度であって正確な間隔尺度ではないから、この相関係数は不正確である。正確な間隔尺度にして計算すると、相関係数はもっと増加する可能性がある。

　これは、健康格差という重要な議論に対応している[10]。身体的な健康に関して、食物や運動などの生物学的要因や医療環境が影響していることは明らかだが、実は社会的要因も大きく影響していることがわかってきたのである。収入などの経済的格差がその代表だが、同じように階層（への満足度）や、信頼などの社会関係資本も大きな影響を及ぼしている。

　図4は、収入という経済的な格差が身体的健康と心理的健康の格差と大きく関係していることを示している。私たちの分析では、さらに階層や一般的信頼のような社会‐コミュニティの要因、自然環境、教育環境、さらには正義・公正などの政治的要因も身体的・心理的健康と相当関係していることが判明した[11]。この結果は、「健康格差と正義」という重要な哲学的議論[12]にも新しく寄与するものである。

---

[10]　近藤克則『健康格差社会──何が心と健康を蝕むのか』（医学書院、2005年）；同『「健康格差社会」を生き抜く』（朝日新書、2010年）；リチャード・G・ウィルキンソン『格差社会の衝撃』（書籍工房早山、2009年）；マイケル・マーモット『健康格差──不平等な世界への挑戦』（日本評論社、2017年）。

[11]　簡単な分析が以下に掲載されている。小林正弥・島井哲志「健康格差や偏見・差別へのポジティブ心理学アプローチ」『保健師ジャーナル』2022年、Vol.78 , n.3, 「ポジティブな地域づくりを考える」第19回、240-246頁。これをもとにして行った本格的な分析が、以下の共著英語論文として掲載された。この掲載誌は、引用回数が極めて高く（2022年インパクトファクター：4.614、2017-2021年h5:152）、その時点で公衆衛生におけるトップ・ジャーナルだった。
　　　Masaya Kobayashi, Hikari Ishido (石戸光), Jiro Mizushima (水島治郎) and Hirotaka Ishikawa (石川裕貴), 'Multi-Dimensional Dynamics of Psychological Health Disparities under the COVID-19 in Japan: Fairness/Justice in Socio-Economic and Ethico-Political Factors'. *International Journal of Environmental Research and Public Health*, 2022, 19(24), 16437. https://www.mdpi.com/1660-4601/19/24/16437

[12]　イチロー・カワチ、ブルース・ケネディ『不平等が健康を損なう』（日本評論社、2004年）；ノーマン・ダニエルズ、ブルース・ケネディ・イチロー・カワチ『健康格差と正義』（勁草書房、2008年）。

4．格差の認識・縮小とWBの関係

　次に、格差に関する分析結果を紹介しよう。格差の存在とその縮小について回答者に尋ねた（10段階の回答）ので、それら相互の関係と、それらとWB（SWLSと、PERMAプロフィール票における一般的WB）との相関関係を分析すると、その結果は表1のようだった。

表1：格差項目間の相関（調査1～3）

|r|<0.2	ほとんど相関なし
0.2≦|r|<0.4	弱い相関あり
0.4≦|r|<0.7	中程度の相関あり
0.7≦|r|	強い相関あり

	格差認識			経済格差			格差連鎖			機会格差			格差解消		
	調査1	調査2	調査3	調査1	調査2	調査3	調査1	調査2	調査3	調査1	調査2	調査3	調査1	調査2	調査3
格差認識	1.000	1.000	1.000	0.406**	0.647**		0.428**	0.660**	0.662**	0.416**	0.618**	0.631**	0.005	-0.021†	-0.135**
経済格差	0.406**	0.647**		1.000	1.000		0.729**	0.797**		0.692**	0.740**		0.024†	-0.003	
格差連鎖	0.428**	0.660**	0.662**	0.729**	0.797**		1.000	1.000	1.000	0.736**	0.818**	0.790**	0.005	-0.021†	-0.060**
機会格差	0.416**	0.618**	0.631**	0.692**	0.740**		0.736**	0.818**	0.790**	1.000	1.000	1.000	0.008	0.012	-0.015
格差解消	0.005	-0.021†	-0.135**	0.024†	-0.003		0.005	-0.021†	-0.060**	0.008	0.012	-0.015	1.000	1.000	1.000

**p≦0.01
† p≦0.1

　経済的格差の存在については、「経済的格差、格差の連鎖、機会の格差」の存在について聞いたが、3回の調査におけるこれら相互の相関係数は、順に「0.7/0.7～0.8/0.6～0.8」でやや高い相関がある。「格差の（存在）認識」について聞いた項目もあるが、これとの相関は0.4/0.6～0.7/0.6 [13] 台で、中程度だった。

　他方で、「福祉や税による再分配などによる格差解消（平等な社会）の実現」についても聞いたところ、先ほどの項目との関係は極めて小さく、相関係数が0.01未満（調査1）か、-0.14までの負の相関（調査2）か、有意でなかった。

　つまり、格差の認識についての項目はいずれも中～高の関係だが、そ

---

[13]　ただし、調査3では、経済格差についての項目はない。

れらと格差解消との関係はほとんどないか小さな負の相関で、想像通り、格差認識と格差解消とは別の内容を意味していることがわかる。

次に、格差認識のグループの項目とWBとの関係を見ると（表2）、3回の調査の相関係数は順に「0.1未満か非有意[14]/0.05未満（SWLS）・0.2台（一般的WB）/0.11未満（SWLS）・0.15〜0.2（一般的WB）」で、相関は小さく、ほとんどない場合もある。他方で、格差解消とWBとの関係は「0.3台/0.4台/0.4台」で、弱〜中程度である。つまり、格差認識に比べて、格差解消のほうがWBとの関係が大きいのである。

表2：格差項目とSWLS、一般的WBとの相関（調査1 〜 3）

$|r| < 0.2$	ほとんど相関なし	
$0.2 ≦ |r| < 0.4$	弱い相関あり	
$0.4 ≦ |r| < 0.7$	中程度の相関あり	
$0.7 ≦ |r|$	強い相関あり	

	SWLS			一般的WB		
	調査1	調査2	調査3	調査1	調査2	調査3
格差認識	0.040**	0.049**	0.051**	0.097**	0.252**	0.148**
経済格差	-0.030*	0.038**		0.073**	0.225**	
格差連鎖	-0.018	0.032**	0.107**	0.096**	0.215**	0.202**
機会格差	0.015	0.044**	0.111**	0.122**	0.214**	0.197**
格差解消	0.333**	0.455**	0.416**	0.312**	0.422**	0.464**

$**p ≦ 0.01$

$*p ≦ 0.05$

また、格差認識と格差解消のそれぞれの回答の値とそれに対応するWB（平均値）との関係について3回の調査結果を比較すると、同じ値では格差解消のほうが格差認識よりも全般的にWBの値は高い[15]。そし

---

[14]　調査1における機会格差と一般的WBは、例外的に0.122だった。

[15]　調査1から3までのSWLSと一般的WBの平均値が、格差認識ではそれぞれ21.80と5.14、格差解消では25.23と5.84である。

て、双方の3回の調査におけるWB（平均値）の最大値と最小値との差を比較すると、格差認識ではSWLSと一般的WBでそれぞれおおむね17.8（調査1の27.0と調査2の9.2）と3.8（調査2の6.3と調査2の2.5）くらいの幅がある（図6-1・2参照）のに対し、格差解消では21.3（調査3の35.0と調査2の13.7）と3.7（調査3の7. 7と調査3の4.0）くらいの幅である（図7-1・2参照）。つまり、格差解消のほうが格差認識よりもWBの値や変化の感度が高い。要するに、相関係数とあわせて考えれば、格差解消の度合いのほうに、人々のWBは強く、また敏感に反応するわけである。

さらにWBとの関係を細かく調べてみよう。調査した他の多くの項目においては、たとえば図5-1・2で市民的有効性（調査1）について例示したように、この値が高いほどWBも高いという直線的関係がある場合が多い[16]。これに対して、図6-1・2では逆U字型で、あるところ（SWLSでは6、一般的WBでは7～9）までは格差認識が大きくなるとWBが上昇するのに対し、それを超えるとWBが低下する傾向がある[17]。

---

[16]　ただし、調査3では市民的友好感が10の人々は9の人々よりWBが下がっている。

[17]　なお調査1（図6-2）における格差認識は、やはり格差認識がもっとも小さい人ともっとも大きい人は一般的WBが低い上に、中央近辺（2～4の回答）で一般的WBは一度低下ないしほぼ横ばいになっており、その両側が大きくなっている（二峰性がある）。この場合は、格差認識が中間的な人はWBが高いが、この中で二つピークがあり、その中央（格差認識4）の人はWBがやや低い。

図5-1：市民的有効感とSWLSのプロット図（調査１〜３）

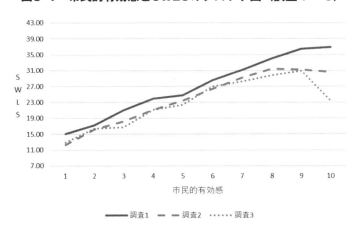

図5-2：市民的有効感と一般的WBのプロット図（調査１〜３）

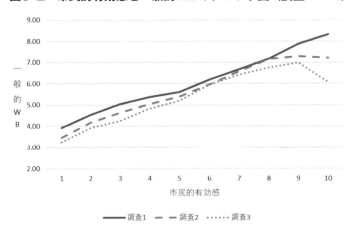

図6-1：格差認識とSWLSのプロット図（調査1～3）

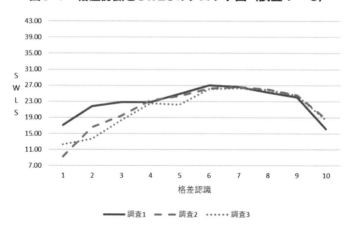

図6-2：格差認識と一般的WBのプロット図（調査1～3）

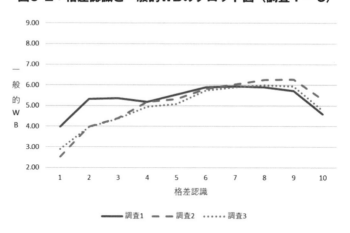

　つまり、格差認識が小さい人と大きい人はWBが低く、格差認識が中間の人はWBが高い。格差が少なすぎたり多すぎると感じたりすると、幸福感が低下し、格差がある程度と感じる人がWBは相対的に高いことになる。

図7-1：格差解消とSWLSのプロット図（調査1 ～ 3）

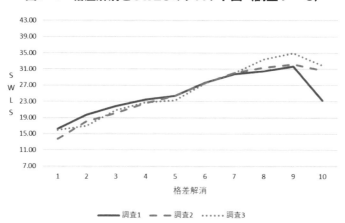

図7-2：格差解消と一般的WBのプロット図（調査1 ～ 3）

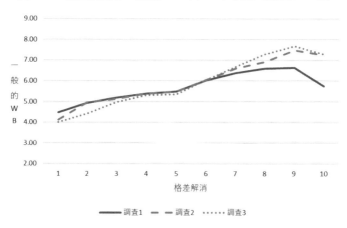

　他方で、格差解消とWBの関係においては、図7-1・2に見られるように、3回の調査でいずれもグラフが基本的に右肩上がりになっているように、格差解消の認識が大きい人ほどWBが高まる傾向がある。ただし、その認識がもっとも大きい人（10の回答者）までいくと、その前

（9の回答者）よりWBが相当低下する。ここには格差の解消が進みすぎていると感じている人が含まれているのかもしれない。格差認識の場合に比べると、9の回答までWBが上昇していて、WBが低下するのは格差解消の認識が最大（10）の場合だけなので、逆U字型という印象は少なく、相当の格差解消までは、多くの人々のWBは上昇している。

　ちなみに、調査1の当初のデータについて、多くの社会・経済的項目に関して因子分析を行ったところ[18]、10因子が現れた（表3）。SWLSとの相関が高い順に挙げると、「（公共的）やりがい、家計、信頼（社会関係資本）、生活環境、余暇、（市民的）公共性、オンライン環境・教育、デジタル化（その恩恵など）、ベーシック・インカムによる変化、格差認識」だった。この因子は、調査における項目に基づいて現れているが、その中の一つが格差認識だった[19]。この10因子とWBとの関係については、PERMAの場合でも、SWLSと同様に、格差認識の相関係数は最下位だった。よって、格差認識のWBに対する影響はさほど大きくないと推定できる。

---

[18]　この分析は三菱総合研究所と連携した研究で行われた。

[19]　この分析は、調査1のすぐ後に行ったので、本稿の他の分析と異なって、データクリーニング前のデータを用いており、PERMA関係のWBを一般的WBではなく、PERMA平均で行っている。

表3：因子得点による回帰（目的変数ー SWLS、PERMA）

	R2	R2*
SWLS	0.599	0.598
PERMA	0.681	0.680

因子	係数（SWLS）	係数（PERMA）	順位（SWLS）	順位（PERMA）
（Intercept）	25.154	5.629		
（公共的）やりがい	6.987	1.195	1	1
家計	6.781	1.021	2	4
信頼（社会関係資本）	6.275	1.127	3	2
生活環境	5.924	1.115	4	3
余暇（充実）	5.508	0.973	5	5
（市民的）公共性	5.403	0.814	6	6
オンライン環境・教育	4.879	0.753	7	8
デジタル化（恩恵など）	3.890	0.805	8	7
BI（による変化）	1.939	0.342	9	9
格差認識	0.429	0.299	10	10

　さらに、その格差認識の因子とWB（SWLSとPERMA）の関係を分析すると（表4）、相関係数は、0.05（SWLS）、0.00（PERMA平均）だった。さらに、PERMAプロフィール票の各項目について相関係数を見ると、ポジティブ感情は-0.04である上に、ネガティブ感情は0.17と他よりも大きな相関を示している。つまり、WBに関係する様々な要因の中で、他の要因の影響をなるべく除いて、格差認識との関係だけに注目して分析すると、格差認識とWBの関係はほとんどない上に、格差認識が大きい人のほうがネガティブ感情は大きいことになる。

表4：因子とSWLS、P,E,R,M,A,PERMAとの相関

	SWLS	P（ポジティブ感情）	E（没頭）	R（人間関係）	M（意義）	A（達成）	H（健康）	N（ネガティブ感情）	PERMA
格差認識	0.05	-0.04	0.04	-0.02	0.01	0.01	-0.03	0.17	0.00

　つまり、他の要因の影響をなるべく除外して格差認識だけを取り出すと、格差認識とWBとの関係は少ないが、WBの中でネガティブ感情と関係しており、全体的には格差の認識が大きい人のほうがネガティブ感

情は強いのである。

　これに対して、前述のように、格差解消は格差認識以上にWBの増加と関係している。つまり、格差の存在という認識はWBとの関係は小さいが、ネガティブ感情とは少し関係しており、格差の縮小は（最大に感じる場合を除いて）基本的にはWBの増大と結びついている。よって、全体的には、格差が大きいと感じると人々のネガティブ感情が増大し、格差が小さくなったと感じるほどWBは高くなると推定できる。

　例外的に格差縮小が最大と感じる場合（値が10）はWBが低下する。最大の場合の感じ方は、社会主義・共産主義の目指すような完全平等と感じる場合に近いだろうから、これらの思想の想定は現実の人々の感覚とは合致しない。しかし、格差縮小がそこまで徹底して実現しない場合は、格差縮小が実現するほど人々のWBが上昇する。これは、上記のリバタリアニズム的仮説とは合致せず、むしろリベラリズム的仮説に一致している。また、上記の通りこの点では格差縮小という方向性が後者に類似しているコミュニタリアニズム仮説とも整合的である。

5．個人における正義心と政治における正義・公正

　このように格差認識や格差解消がWBと関係しているということが、格差のような正義・公正に関する要因への注目を促す。そこで、個人の徳性における「正義・公平」（あなたは、いつも公平に正しく判断していると思いますか）という質問と、政治における「正義・公正」（あなたは、日本の政治では決定や貧富の格差などに関して公正や正義が実現していると思いますか）についての回答数の分布を比較してみよう（図8-1）。

　個人における正義・公平の徳性については、5が最多であり、通常の分布を示している（図8-1）。これに対して、政治における正義・公正の度合い（主観的認識）は、やはり5が最多であり、6や4がそれに次ぐが、1（まったくそう思わない）も6や4と同じくらい多い（図8-2）。1の多さは、個人における正義・公平の徳性にはまったく表れていない特徴である。

　ここからわかるのは、政治において正義・公正がまったく存在しない

と思っている人々がかなり存在しているということである。

図8-1：個人における正義・公平の徳性

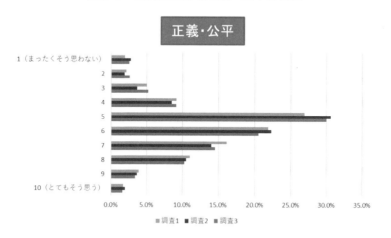

図8-2：政治における正義・公正の度合い

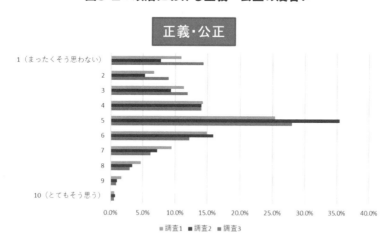

6．3次元的正義とWB

そこで、正義の主観的認識（主観的正義）に焦点を置いて分析しよう。正義が自由・平等・倫理という3つの要素（についての正義）からなり、これらについての主観的認識が一般的WBに影響を与えるというモデルを想定する。この分析（共分散構造分析）を図8に示した[20]。このような正義の概念を多次元的（3次元的）正義と呼ぼう。この中で平等については、上記のように、さらに格差認識と格差解消からなると想定した。

調査1と2に関して、このモデルを概念として簡単に示しつつ、その結果を調査1・2それぞれについて示したのが図9-1・2である[21]。

---

[20] この分析においても、データクリーニング前のもともとのデータを用いている。

[21] 潜在変数が楕円、顕在変数が四角で示されている。ただし、わかりやすく示すため、この図では潜在変数と関係する顕在変数（格差解消以外）や誤差変数を省略している。

図9-1：多次元的正義とWBとの関係（調査1）

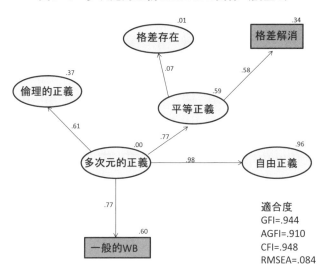

図9-2：多次元的正義とWBとの関係（調査2）

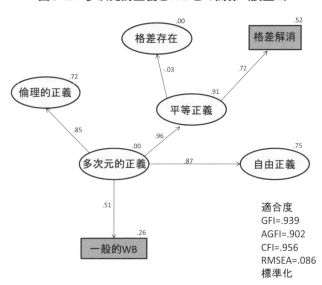

自由についての正義（自由正義）、平等についての正義（平等正義）、倫理的な正義（倫理正義）は0.98/0.87、0.77/0.96、0.61/0.85という値（標準化推定値）で示されており、このモデルにおける、正義に関するこれらの要素の比重の大きさを示している。そこで、これらのモデルでは「自由正義、平等正義、倫理正義」（調査1）、「平等正義、自由正義、倫理正義」（調査2）という順序で、正義についての主観的認識にこの3つの正義が影響を与えており、その3次元からなる正義（3次元的正義）がWB（一般的WB）に影響を与えている。これらのモデルは適合度（ともにGFI・AGFI・CFIが0.9以上）が高いので、モデルと現実（データ）との適合性が高い（ただしRMSEAは0.08台）。WBへの影響の大きさ（決定係数）は調査1のモデルでは大きく（0.60）、調査2では小さい（0.26）。ただ、調査2のモデルは調査1とあわせて構成しているが、少し改訂すればこの値の大きなモデルを構成することが可能である。

　ここから、正義を上記の3つの要素で考えることができて、その正義がWBに影響を与えているという想定が現実に即していると考えられる。政治哲学に対応させれば、主として自由で正義を考えるのが、筆者が自由型と呼ぶリバタリアニズムとリベラリズムである。この中でリベラリズムは、ロールズの格差原理で述べたように、実際には平等についての正義も考えるから、平等についての正義も考えている。これらに対して、倫理的な要素も正義について考えているのがコミュニタリアニズムである。よって、リバタリアニズムは、3次元的正義の中で、1次元的正義（自由正義）、リベラリズムは2次元的正義（自由正義と平等正義）、コミュニタリアニズムは3次元的正義（自由正義・平等正義・倫理正義）を想定していると言える。

　上記のモデルが現実に適合しているということは、コミュニタリアニズムの3次元的正義が現実に近いということになる。しかも、3次元の正義が上記の順序になっているということは、人々が正義の中で自由・平等・倫理（調査1）ないし平等・自由・倫理（調査2）をこの順で重視しているということを意味する。つまり、自由と平等が特に大切であり、倫理はこれらよりは重要性が低いのである。

　これは、政治哲学の展開に対応している。上記の3つの政治哲学が自由を一致して重視しており、この中でリベラリズムとコミュニタリアニ

ズムは自由に加えて平等も重視しているからである。これらに対して、コミュニタリアニズムだけが自由・平等に加えて倫理も重視している。つまり、リバタリアニズムは、自由正義を重視している人々の感覚に即しており、リベラリズムはさらに平等正義も重視している人々の感覚に対応し、コミュニタリアニズムはその上に倫理正義も重視している人々の感覚に照応しているのである。逆に言えば、リバタリアニズムがもっともわかりやすいが、コミュニタリアニズムはこの中ではもっとも精密に人々の認識を反映しており、その点で高度な政治哲学と言うことができよう。

　そして、上記の3次元正義のモデルはコミュニタリアニズムに対応しており、コミュニタリアニズムが想定する正義はWBの増加に影響を与えている（と想定できる）という結論が導けるのである。この結論は、上記の英語論文の結論とも整合的である。上述したように、その結論は、コミュニタリアニズムの妥当性が高まったということだった。同様に、この3次元的正義のモデルはコミュニタリアニズムの想定している正義の概念が、リバタリアニズム・リベラリズム・コミュニタリアニズムという3つの政治哲学における正義観の中でもっとも現実に近いということを示している。これらは政治哲学の中でコミュニタリアニズムが正しいということを科学的に証明しているわけではないが、代表的な政治哲学の想定の中で、コミュニタリアニズムの想定やそこから導かれる仮説が、人々の主観的認識についてのデータにもっとも近い可能性が高いということを表している。そして、コミュニタリアニズムの想定する正義が実現していけば、人々のWBは増加すると統計的に想定できるのである。

7．格差是正についての考察

　上記の分析結果から格差是正に関して考えてみよう。

　第1に、上記のように、経済的状況とWBとの関係には明確に相関関係があったので、素朴に考えれば、主観的・客観的な経済的状況が良くなればWBが高まることが期待できる。特に、経済的状況の格差はWBの格差と対応しているから、格差縮小を実現できれば、WBの格差も小

さくなることが予想できる。

　ただし、学問的に言えば、この分析結果によって「主観的・客観的経済状況が良い人には、WBが高い人が多い」という関係（相関関係）は実証されたが、これは「経済状況が改善すればWBが高まる」（経済状況→WB）という因果関係までも意味するわけではない。「WBが高まると、経済状況も良くなる」という逆の因果関係も存在するし、この2つ以外の他の要因が影響してこのような結果が生じることもありうるからである。

　第2に、格差の認識はWBとは大きな関係が見いだせなかったが、ネガティブな感情の増大とは関係していた。子細に見ると、格差認識が小さい人と大きい人はWBが低く、格差認識が中間の人はWBが高いので、格差が少なすぎたり多すぎると感じたりすると、幸福感が低下し、格差がある程度と感じる人がWBは相対的に高いことになる。つまり、社会においてある程度の格差が存在していることを認識しているからといって、その人々のWBが低いというわけではなく、むしろその人々のWBは少し高いかもしれない。他方で、格差が一定以上存在していると感じると、人々のWBは低下する傾向がある。これは、ネガティブ感情の増大と関係していそうである。

　これらも相関関係や傾向だから因果関係を証明するものではないが、ここから政治哲学の妥当性を推論することはある程度まで可能である。たとえば、市場経済における努力の結果として人々の収入に違いがあるのは正当であると考える人が多ければ、格差の認識はWBの増加と関係する。この考え方は、リバタリアニズムに対応するから、格差認識が中間の人はWBがやや高いという事実は、リバタリアニズムの政治哲学が一定程度現実に対応していることを表している。

　逆に言えば、徹底した社会主義者や共産主義者の場合は、社会に格差が存在することを認識するとWBが低くなるかもしれない。よって、上記の結果は、社会主義や共産主義の感性とは合致しない。

　他方で、格差認識が一定以上大きい場合、つまり社会に大きな格差が存在すると思っている人のWBは低下する傾向があった。この結果は、リバタリアニズムとは一致せず、むしろ平等を重視する思想と整合的である。その中で、上述の事実は社会主義・共産主義の感性とは合致しな

いので、全体として見ると、格差認識のデータは平等重視思想の中では
リベラリズムやコミュニタリアニズムと整合的である。

　第3に、格差が福祉などで縮小・解消されているという認識を持つ
人々は、基本的にWBが高い傾向があり、この傾向は格差認識の場合よ
りも強い。つまり、多くの人々は社会の格差が小さくなると幸福に感じ
る傾向がある。これは、弱者に対する福祉を肯定する社会主義・共産主
義や平等主義的リベラリズムの主張と親近性がある。

　もっとも、格差解消がもっとも実現したと感じている人々のWBは、
かなり格差解消が実現していると感じている人々よりも低下していた。
この結果を、格差の認識についての上記の結果と照らし合わせると、社
会主義・共産主義よりもリベラリズム（やリバタリアニズム）と整合的
である。たとえばロールズの場合、格差原理は格差をなくすことを主張
しているわけではない。市場経済の結果として一定程度の格差が存在す
ることは前提にしつつ、その格差がもっとも不利な人にも便宜がある程
度に少なくなることを正義と想定しているからである。

　従って、基本的に、格差認識の場合と同じように、福祉などによって
格差がかなり縮小したと感じるとWBが上がるという結果は、リベラリ
ズムと対応する。しかも、格差認識よりも格差解消のほうがWBとの関
係が大きいから、格差の存在よりも格差の解消の認識のほうが多くの
人々の幸福と関係する。格差認識の場合は、その度合いが小さい時に
WBが上昇するという点ではリバタリアニズムと整合的な部分もあった
が、格差解消はリバタリアニズムとは基本的に背反している。もっとも
格差解消が極めて大きい場合にWBが低下する点では、リベラリズムと
リバタリアニズムの双方と整合的だが、大部分の水準ではリバタリアニ
ズムと背反しているから、結論としてはリベラリズムと整合的である。
さらに、前述したように、コミュニタリアニズムも格差解消がWBの増
加と連動するという考え方はリベラリズムと基本的に共有しているから、
この結果はコミュニタリアニズムとも整合的である。

　第4に、リベラリズムは正義をほぼ権利と同視して「善き生」のよう
な倫理的な価値観は正義と関係しないと想定しているが、上記のように
人々の知覚においては倫理的な正義もWBと関係している。よって、リ
ベラリズムの「正義の善に対する優先性」（ロールズ）というテーゼを

批判して、「善」と正義の関係の存在を主張するコミュニタリアニズムと整合的である。

以上をまとめて考えれば、格差に関してはリバタリアニズムよりもリベラリズム、さらにリベラリズムよりもコミュニタリアニズムのほうが人々の認識に近いと言うことができる。そして上述のように、この結論は3次元的正義の分析によって統計的に確認することができる。この分析は因果関係を含むモデルに基づいているから、因果関係そのものの確実な立証ではないものの、「コミュニタリアニズムが主張するような3次元的正義がWBに影響を与える」という想定が現実に対応しているとみなすことができるのである。

8. 経済的・倫理的な格差是正施策

第7章で書いたようにWBを政策立案の指標として活用し、以上から、格差是正施策についての示唆を引き出してみよう。

第1に、主観的・客観的格差とWBとの間には関係が存在するから、「格差縮小→WB増大」という因果関係を想定して、WBを増大させるために格差縮小を目指すことが望ましい。そのためには、富裕層への課税強化と貧困層への福祉の増大という徴税政策・分配政策が考えられる。一定程度の最低賃金向上や、生活保護の水準上昇は、この例である。もちろんこれらは貧困層のために働くが、それだけではなく国民全体の集合的WBを増大させる。

ただし、上記したように、因果関係は一義的に証明されたわけではなく、「WBの増大→格差縮小」という可能性も存在する。そこで、経済的・社会的格差を縮小させる施策だけではなく、それとは別に、人々のWBを増大させる施策も追求されるべきである。たとえば、人々への啓発、教育、公衆衛生（保健）などにおいて、ポジティブ心理学の基本的知識を普及させて、その実践的方法（ポジティブ介入）を人々が容易に活用できるようにすることが望ましい。

これは、従来の福祉に対して、「ポジティブ福祉」の政策に相当する。社会学者アンソニー・ギデンズが「第3の道」の議論でこの概念を提起

第11章　格差是正についての実証分析と公共政策

し、それに想を得て筆者がこの考え方を発展させた[22]。この政策の結果として多くの人々のWBが高まれば、経済的状況が上昇して富裕層との格差が縮小するという可能性も存在する。このためには、WBが高まるための施策として、ポジティブ心理学における「善き生」を支援することが必要になる。価値観・世界観に関わる公共政策を行うことはリベラリズムでは不正義とされているからポジティブ福祉は不可能だが、コミュニタリアニズムでは熟議を経ればこのような政策を施行することが可能である。

　第2に、格差縮小政策が望ましいとはいっても、人々の格差認識とWBとは正の方向で関連しているから、格差の存在が知覚できなくなるほど格差縮小政策を行うと、むしろWBの増大という点からはむしろ逆効果かもしれない。つまり、素朴な社会主義や共産主義が想定するように、全ての人々の収入や資産を同一にしてしまうことは望ましくない。リバタリアニズムが主張するように、おそらく、一生懸命に働いても、そうでない人と収入が変わらないのでは、不満が大きくなるのかもしれない。

　第3に、格差縮小により正義や公正が実現されているという認識が増えるとWBが高くなる傾向があるから、この点でも格差縮小政策が望ましい。上記の第1点では、主観的・客観的に格差縮小を目指す政策が正当化されたが、ここで論じているのは格差が縮小して正義・公正が実現しているという認識の効果である。よって、社会に正義や公正を実現することが望ましいのである。この場合も、「WBの増大→正義・公正の実現（という知覚）」という因果関係も考えられるが、これによってもやはり、第1点で述べたようなWB増大施策が正当化されることになる。

　第4に、政治や社会に倫理的正義が実現していると感じる人が多いとWBが高まる傾向があるから、政治経済に倫理的正義を実現することが望ましい。たとえば政治腐敗・経済腐敗の根絶や、倫理的に優れたリー

[22]　拙稿「福祉哲学の新しい公共的ビジョン─コミュニタリアニズム的正義論とポジティブ国家」（広井良典編『福祉の哲学とは何か：ポスト成長時代の幸福・価値・社会構想』ミネルヴァ書房、2017年、第2章77-178頁）。

185

ダーシップが実現すれば、WBの上昇が期待できる。

　この観点からすると、格差是正においても倫理的正義が反映するような施策が、一般的に、より望ましいということになる。すでに述べたような福祉政策も、貧困層への支援が倫理的に望ましいと考えられる限りで、この観点からも正当化される。

　それだけではなく、この観点から新たに正当化される格差縮小政策がある。M・サンデルが近著『実力も運のうち——能力主義は正義か？』（鬼澤忍訳、早川書房、2021年）で述べた貢献的正義は、人々や社会に貢献する正義だから、まさに倫理的正義である。この正義からは、労働を共通善への貢献と見て、仕事の報酬は仕事の社会的真価（適価）を反映すべきだという考え方が導かれる。

　サンデルは、この例として、給与税を引き下げるか撤廃し、実体経済にはほとんど貢献しない高頻度取引に金融取引税を課すという方法を挙げている。つまり、投機を抑制して生産的労働を促進しようとするのである。日本において議論されている金融資産への課税や、分離課税の廃止も同様の論理で望ましいということになるだろう。

　また「WB増大→倫理的正義・公正の実現」という因果関係から、WBの増大策が正当化されることも上記と同様である。

　3次元的正義とWBについての上記の関係は、直接に政策の効果を検証したものではなく一般的なものだから、実際の施策においては、より具体的な議論が必要である。とはいえ、WBの上昇という観点から格差縮小が望ましいことは明らかであり、加えてそのためには経済的な格差縮小策とともに、倫理的な観点からの格差縮小策も効果的であるという推論が成立する。WBの観点は、このように新しい格差縮小策の論理と方法を提起するものなのである。

第12章　福祉領域におけるウェルビーイングの必要性
三宅隆之

１．はじめに

　福祉とひとことで言っても、その領域は広範である。児童・家庭福祉（子ども・子育て）、障害者福祉（知的、身体、精神）、高齢者福祉（介護福祉）、そして生活保護や生活困窮者自立支援も含まれ、さらには当事者の権利擁護なども含まれる。

　国内においては従来、福祉を「ウェルフェア（welfare）」と翻訳してきた。社会的弱者とされる者を保護する、救貧的、受動的ともいえる福祉サービスの提供が一般的であった。近年、ウェルフェアから「ウェルビーイング（well-being）」に訳語が置き換えられることが多くなってきている。背景には『より積極的に人権を尊重し、自己実現を保障する』という理念の大きな変化があり、具体的な支援のあり方にも影響が及んでいる。その一方で、福祉にかかる予算の増大、現場の担い手不足などは、長年の懸案とされている。

　国としても2021年からウェルビーイング関連の取り組みの推進が始まり予算化しているが、現状は実態把握の段階にあり、福祉課題の具体的な改善を図るものはほとんど見られない。具体的な取り組みを促進強化させていくことが、結果的に、福祉サービス利用者にとって「生きがいをもった自立（自律）」が実現できる可能性を高め、限られた予算を本当に必要な福祉課題に対して重点配分することにつながるのではないか。

　本稿では、障害者に関する分野を中心に、ウェルビーイング視点の福祉政策がなぜ必要なのかを論じる。

2．国内の現状と課題

2-1　障害福祉サービス等予算の推移

　国の一般会計予算における社会保障関係費について、令和4年度（2022年度）予算では過去最大の36兆2,735億円に達し、全体の33.7%を占めている。2010年度との比較で1.3倍、2000年度まで遡ると約2.1倍と年々増加している。なかでも障害福祉サービス等に関する予算については、表の通り平成19年度（2007年度）から令和4年度の15年間で約3倍の増加と、社会保障関係費の伸び率を上回っている。

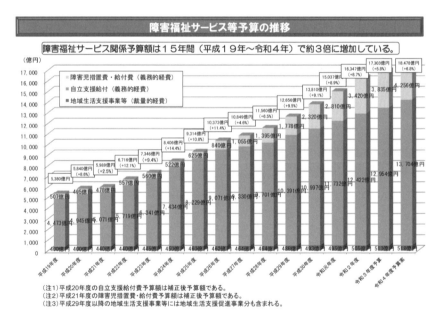

出典：厚生労働省ホームページ（https://www.mhlw.go.jp/content/12200000/000876878.pdf）

188

　障害福祉サービス等予算の増大は、福祉ニーズを持つ人の数、すなわち何らかの障害を抱える人の増加に伴っていることが考えられる。背景として、新たに位置づけられる疾患や発達障害など、障害の種類が増えていることがある。さらには、新たな社会課題が従来にない福祉ニーズを生み出しているケースがある。例えば、ゲーム依存症（ゲーム障害）によりひきこもり者が増え、対応に苦慮する保護者が放課後等デイサービスなどの事業所に助けを求めることがある。また、ひきこもりの長期化がいわゆる「8050問題」につながり、高齢の保護者と中高年の子の双方に福祉ニーズが生まれている実態がある。他方、特に精神障害者の社会的入院について、国が退院および地域移行の方針を示しており、ここにも福祉ニーズの高まりが見て取れる。

　以上の状況に対して、障害福祉サービスを提供する事業所が増えたこともあいまって、サービスの受け手が年々増えていっていると考えられる。

2-2　障害福祉サービス等利用者が抱える悩み

　ニーズを適切に捉えて福祉サービスにつなぐことは大切なことではある。その一方で、当該サービスを受け続けることが当事者にとっての幸福につながっていくのか、支援者側として問いを立てる必要がある。これについて、以下の視点が重要である。

　『障害者が就労や健康面で大きなハンディーキャップを負っており、社会的弱者として幸福度が低下していることが窺われた。（中略）また幸福度のみならず、将来の幸福度も障害者において低下が見られた。将来の幸福度については、ポジティブな展望を持ち、将来への期待、目標、目的を持つことが重要であり、また将来の幸福度が現在の幸福度にも影響を与えるとされている』（荒尾・潮見, 2014）。

　福祉サービスの主な利用者である障害者が、将来に対してどのような捉え方をしているか。2003年に厚生労働省が障害者の生活実態について調査した結果によると、社会復帰施設等の入所者で身体障害や精神障害を持つ方は、将来に対して病気に関する悩みを持つ割合が最も多く、その次に経済的なこと、仕事に関する不安が挙がった。また、近所の人との交流の希薄さ、孤立状態についての悩みも調査結果からうかがえる。

これらの不安が解消されない場合、福祉サービスに依存した生活を余儀なくされる恐れがあり、将来に向けさらなる福祉関連予算の増大という懸念がある。

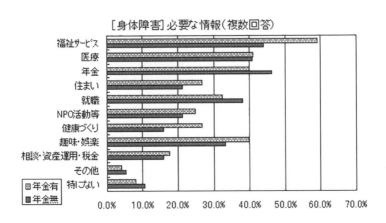

出典：厚生労働省ホームページ（https://www.mhlw.go.jp/houdou/2003/08/h0829-6f.html）

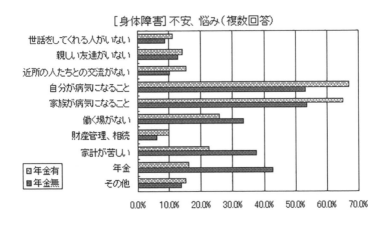

出典：厚生労働省ホームページ（https://www.mhlw.go.jp/houdou/2003/08/h0829-6f.html）

3．海外の事例

3-1　イギリスの福祉におけるウェルビーイング改革

　では、福祉にウェルビーイングの理念を取り入れることがどのような効果に結びつくのか、イギリス（イングランド）の事例に目を向けたい。同国では2014年にケア法が制定され、翌年より施行されている。当時のケア支援担当大臣だったノーマン・ラム卿は本法について『過去60余年で最も顕著なケア・支援改革の結晶で、福祉ニーズを持つ当事者と当事者をケアする人々にケア・支援のコントロールをゆだねるものである。史上初めて、各利用者がケアに支払う費用に上限額（注：72,000ポンド）が設けられた』と述べている（Norman, 2014、訳：ワンネス財団）。

　イギリスは、サッチャー政権下で1990年国民保健サービスおよびコミュニティケア法が成立し、施設内ケアからテイラーメイドの地域ケアへと舵を切った（小川, 2020）。この潮流において、サービスの現物給付に変えてニーズに応じて現金を給付する「ダイレクト・ペイメント」や、本人が予算を管理しながらサービスを選択する「パーソナル・バジェット」など、パーソン・センタード（当事者主体）のシステムが作られていった（麦倉, 2014）。2014年ケア法は、「これまでの福祉サービスのシステムを包括的に取り込んだ……福祉サービス給付の統合化（小川, 同上）」とされる。

　このケア法の指針となっている原理がウェルビーイングである。まず、同法の第1条1項は「各自治体が個人に対して本章（注：第1章『ケアおよび支援』）の下で機能を果たす際の全般的な責務は、その人のウェルビーイングの促進である（訳・注：ワンネス財団）」となっている。加えて、所轄する保健省が自治体や福祉サービス提供者などに向けて示した430ページ以上に及ぶ「Care and Support Statutory Guidance（ケア・支援に関する法令の指針）」では、最初の章がまるまるウェルビーイングの促進に割かれている。

　同法の特徴の一つに、当事者とともに周囲でケアを行っている家族や支援者にもウェルビーイングに基づくサービスを提供している点がある。ケアサービスを受ける本人と家族・支援者の双方に対してアセスメント

を行い、それぞれ必要とされるケアレベルの決定や情報の適用が多面的に行われる。

　同法の効果検証について、施行後1年を経た2016年には保健省の委託により調査が行われ、2017年に報告書が公表された（TLAP, The Care Act 2014 Survey Result）。ここでは、「ケア・支援が健康にポジティブな変化をもたらした（回答者の69％）」、「支援によって日々の生活が改善した（58％）」、「ケア・支援によって安全や安心を感じやすくなった（48％）」などのポジティブな効果が報告されている。一方で、生活の改善の実感については、当事者（74％）と家族・支援者（42％）とで乖離が見られるほか、回答者の51％が情報入手の難しさを挙げているなど、今後の課題も浮き彫りになっている。

3-2　ウェルビーイング型福祉の費用便益分析と尺度開発の必要性

　イギリスでは、ウェルビーイングを主眼に置く社会的ケアシステムを、経済的効果の視点より論じる試みもなされている。「人間中心のケア政策の品質・アウトカム」に関するリサーチユニット（QORU）は、イングランド保健省が2011年より7年間にわたって予算を拠出し、オックスフォード大学、ロンドン・スクール・オブ・エコノミクス（LSE）、ケント大学の研究者が集まった調査・研究パートナーシップである。2015年には、メンバーであるケント大学教授のジュリアン・フォルダーらが、ウェルビーイング・アプローチの費用対効果を論じている（Folder & Fernandez, 2015）。

　彼らによれば、2014年ケア法以前のシステムは利用者のニーズを軽減させることでウェルビーイングの向上を目指していた。彼らはこれをニーズ・ハードル（NH）アプローチと呼び、ウェルビーイングを基調とした新しいアプローチをウェルビーイング最大化（MW）アプローチと呼んでいる。NHアプローチでは、ニーズが一定レベルに軽減されるまでサービス提供が行われる（その人が必要なニーズがアドホック的に積み上げられることもある）。MWアプローチでは決められた予算において便益であるウェルビーイングの最大化を目指すことになる。前者はそのまま必要サービスを積み上げると予算超過になる可能性があり、収めようとするとサービスが必要なところに届かずに偏在してしまう危険

性が高い。いずれのアプローチでも最終的には当事者のウェルビーイングを高めることが目的である以上、ダイレクトにウェルビーイングを分析し最適解を導こうとする後者の効率がより高くなる点は納得しやすい。

　他方で、数多くの利用者やサービス形態からデータを収集し分析するプロセスは、膨大な作業となる。NHアプローチでは、オーディットとしてそれぞれのケースでウェルビーイングへの効果が測定される。MWアプローチでは、加えてマクロ的な費用便益分析が行われるため、コストは格段に上昇する。フォルダーらは、これがいわゆる数理最適化のプロセスで、最終的に費用効率の向上がデータ収集・分析の費用を上回ると推計する。この部分ではAIや計算プログラムの発展が大いに寄与するものと考えられる。

　その課題に関連して、フォルダーらケント大学の研究チームは社会的ケアがQoL・ウェルビーイングに与える影響を測定するための尺度、ASCOT（Adult Social Care Outcomes Toolkit：成人社会的ケア成果ツールキット）を開発している。これは前述QORUのプロジェクトでもある。また、イギリスでは精神的なウェルビーイングの尺度として「Warwick-Edinburgh Mental Wellbeing Scale(WEMWEBS：ワーウィック・エディンバラ精神的ウェルビーイング尺度)」も開発されている。前者は利用者自記形式のものが日本語にローカライズされ（森川ら，2018）、現場での応用が始まっている。後者も日本語化が試みられている（菅沼ら，2016）。

3-3　若者のウェルビーイングの課題例

　次に、ウェルビーイングに関して日本でも議論され始めているヤングケアラーの問題に目を向けたい。ヤングケアラーに法令上の定義はないが、日本政府は「一般に、本来大人が担うと想定されている家事や家族の世話などを日常的に行っている子ども」としている。彼らは、実際のケアの重荷とともに、子どもとして当然に享受できるはずのケアや安全・安心ケアが提供されないという多重の苦しみを被る。ケアの負担の軽減とともに児童福祉の側面からの支援も必要となる、多層的なウェルビーイングの問題といえる。

　この問題の研究や発信に精力的に取り組んでいる澁谷智子によれば、

イギリスはヤングケアラーの言葉が最初に使われた国で、80年代後半より世界に先駆けてこの問題に取り組んできた。2014年には「子どもと家族に関する法律」が制定され、「地方自治体は、地域のヤングケアラーのニーズに関するアセスメントを行うことを義務づけられ、さらにヤングケアラーを見つけるために、積極的な行動をとらなくてはいけないと定められた（澁谷，2017）」。ここで、成人の社会的ケアをカバーする「2014年ケア法」は、18歳を超えたケアラー（24歳までは特にヤング・アダルト・ケアラーと呼ばれる）に対する支援を規定している。ケア法に基づくアセスメントの際には、このような若年家族メンバーのケア負担も評価にかけられる。また、同国ではヤングケアラーの支援を含む未成年へのサポートが活発で、NGOや自治体が様々なサービスを提供している。

　日本では、ヤングケアラーの直面する困難を包括的にカバーする法令がなく、自治体レベルの個別の取り組みに限られている。最近になって岸田首相が2023年発足の「こども家庭庁」を司令塔に政府としてこの問題に取り組むことを表明した（読売新聞電子版，2022年5月31日他）。前述のように、ヤングケアラーは重層的なウェルビーイングの困難を抱える。次世代を担う若年層の喫緊の課題として、包括的・横断的な法整備や予算確保、サービス体制の拡充が望まれる。

4．日本国内の事例

4-1　生きがいをもった生き直しの応援
　国内の福祉領域において、ウェルビーイングの向上を意図した取り組みは少ない。その中で、精神障害者を中心に社会復帰を応援する取り組みを紹介する。
　一般社団法人ワンネス財団は、2005年に奈良県で活動を開始。現在は依存症をはじめとする精神障害者、ひきこもり者、刑務所や少年院等からの出所者など、生き直しに関するニーズを持つ者が利用できる入所型施設を国内約30拠点で展開し、これまで1,300名を超える利用者のサポートを提供してきた。

　財団理念として「生きがいをもった生き直し」を応援することを掲げ、ウェルビーイングに着目した独自のカリキュラムを展開している。具体的な方法としては、元アメリカ心理学会会長であり、ポジティブ心理学創始者であるマーティン・セリグマン博士が提唱する主観的幸福感を育む「PERMA+V」に沿って、専用テキストを用いたグループワーク、個別カウンセリングを中心に、野外活動、スポーツ、食、アート活動、就労支援など多様なカリキュラムを設定している。

図：「PERMA+V」について

PERMA＋V

POSITIVE EMOTION … 前向きな気持ち

ENGAGEMENT … 没頭できること

RELATIONSHIP … 良好な人間関係

MEANING … 人生の意味・意義

ACCOMPLISHMENT … 達成する感覚・熟練して行く感覚

＋

VITALITY …活力や活気、挑戦、生命力

身体の健康的な状態を高めることが、心の健康にもつながり、ウェルビーイングをさらに高めてくれると考えられています。

出典：「ワンネス財団　幸せを構成する6つの要素"PERMA＋V"」

　これら6つの要素を高めていくことで人生の各側面が充足し、結果として、依存対象の楽しさや刺激に頼ることなく、また孤独の末に犯罪に至ることのない、自律した生活を送ることが可能になる。

　また、「孤独の解消と自己実現」というフレームワークも、当財団の支援の特徴である。依存状態や生きづらさからの脱却を始めた、あるい

は、刑事施設出所時の孤独の段階（＝マイナス10）から、支援のプロセスの中で獲得した明確な自己像、そこから生まれる自己実現の段階（＝＋＋／プラスプラス）へ。「依存対象を使うか、使わないか」や「再び過ちを犯すか、犯さないか」という二者択一にとらわれている状態から「私がこの世界に体現したいものとは何か」という当事者自身のあり方の変容に、ポジティブ心理学を用いている。

図：「孤独の解消と自己実現」のフレームワーク

出典：「ワンネス財団　回復で終わらない 「よりよく生き直す」ための世界基準のプログラム」

　自己肯定感を高めていくには、①自分のことが好きである。②自身の強みを生かせている。③強みを使って他者貢献ができている。という実感が伴うことが、大きなきっかけとなる。

　ポジティブ心理学では、強み（VIAストレングス）について、①認識（自覚）、②探索（受容）、③適応（応用）、というアプローチを行う。施設内外で毎日実施されるカリキュラムの中では、利用者が自分の持つ強みを理解し、過去どのような場面で使われたかを分析し、今後の生活にどのように生かしていくか、施設スタッフが必要に応じてサポートしながら考えていく。強みを発揮できている自覚が高まることは、自己肯定感が高まることにつながっていく。

4-2　自身の強みを知ることから始まる自立

　また、当財団では農福連携での生き直し支援を10年以上実施している。三重県の農園では旬の野菜を育て、平飼いでのびのびと育った鶏卵を収穫し、地元の直売所やイベントなどで販売を行っており、沖縄県では耕作放棄地を開墾してバニラの栽培に挑戦している。

写真：苺農園

　さらに、関連法人が運営している三重県の農園と協働し、いわゆるブランド苺の栽培を行っている。苺は育苗から出荷に至るまで慎重さが必要であるが、ほとんどのプロセスを、テキストベースの学びや、グループワークが難しい発達障害や知的障害の利用者たちが担っている。施設入所前に属していた職場などのコミュニティでは、こだわりが強すぎると評価されていた方が、徹底した除草や苗の手入れなどに取り組んでいる。それぞれの強みが結びついた高品質な苺は、国内外のトップパティシエやシェフ、有名ホテルなどから多くの引き合いがあり、地元自治体のふるさと納税返礼品に選ばれている。

　農福連携施設のメンバーたちはかつて、既存のシステムや評価制度に自分を当てはめていくことに非常に苦戦していた。しかし、作業を通じて自身の強みを知り、発揮していく過程において居場所を感じられるなど主観的幸福感が高まり、近隣の農業生産法人への就職や関連法人での雇用といった事例が生まれているなど、施設利用者という立場から「生きがいをもった生き直し」を体現する者へと変容を果たしている。

4-3　施設カリキュラムの効果

　一連の施設カリキュラムが、入所者の主観的幸福感の上昇にどのような影響を与えているか。同財団では2021年11月から傘下各施設にて継続調査を実施しており、ポジティブな結果が生じていることが分かった。

表：ワンネス財団傘下各施設における受講者の主観的幸福感の推移

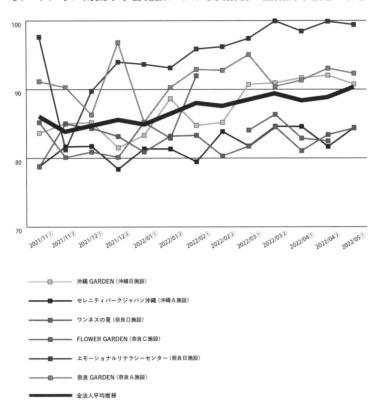

凡例：
- 沖縄 GARDEN（沖縄B施設）
- セレニティパークジャパン沖縄（沖縄A施設）
- ワンネスの里（奈良D施設）
- FLOWER GARDEN（奈良C施設）
- エモーショナルリテラシーセンター（奈良B施設）
- 奈良 GARDEN（奈良A施設）
- 全法人平均推移

　この調査は、PPTI（ポジティブサイコセラピー・インベントリー）を基に質問紙を作成し、奈良ならびに沖縄の財団傘下6施設の利用者を対象に定期実施しているものである。先述した主観的幸福の5要素「PERMA」のそれぞれが25点の計125点満点で計測されるものである。

各施設でばらつきはあるものの、全施設平均では計測開始当初から右肩上がりになっていることが分かり、ウェルビーイングを意図した施設カリキュラムの効果が現れている。

　なお、この質問紙は、各合計の数値がP＝14点以下、E＝16点以下、R＝14点以下、M＝14点以下、A＝18点以下の場合、他者からの助けが必要と示唆される。例えば、2022年5月①では、順調な数値を示している奈良A施設、奈良B施設、また沖縄B施設では、「P（ポジティブ感情）」と「R（人間関係）」を2021年2月より重点的に取り組むことで、基準よりも大きく高い数値を挙げている。

　同財団では、再犯を減らし、被害者を減らす社会課題に取り組み続けており、これまで、200名以上の触法者を施設受け入れしてきた。中には精神疾患、発達障害を併せ持つ者（触法障害者）もいるが、施設利用者が再犯に至る割合は約19％と、非常に低い数値を維持している。単に再犯しない、依存対象を使わないだけではなく、ウェルビーイング視点で生きがいをもって人生をやり直す中、周囲に良い影響を与え、保護を受ける側から納税する側に回るという結果に結びついている。

図：受刑者のためのライフキャリアスクール「POWER TO THE PRISONERS!」　各フェイズの説明

心身の回復から「社会復帰」のみならず、

「生き甲斐」をもって自分の人生をやり直せること、

「意義ある人生」に向かって歩んでいける状態へ。

01. 心身の健康を育む	02. トレーニング	03. 実践・インターン	04. 面接・就労
回復し、強みに気付く	社会性/対話力を身につける	強みを行動に移す	行動と社会を繋げる
休息し、回復する。自身の声に耳を傾ける。強みの棚卸しをする。	ソーシャル・コミュニケーションスキルを身につける。リレーションシップを感じる。強みを知り、磨いてみる。	企業と連携したプログラムを通じて社会の中で、強みを活かす感覚を知る。多様な生き方に触れる。	強みを活かし、社会の中でパーパスを実現する。生き甲斐に気付く。

出典：「ワンネス財団　プレスリリース」

4-4　子どもたちが未来を創造する力を育む

　身体的・精神的・社会的な側面の他、「未来を創造する力／生きる力」という視点は子どもにとってのウェルビーイングにとって特有のものである。WHO（世界保健機関）やUNICEF（国際連合児童基金）をはじめ、国際的に「ライフスキル」の必要性が重視されており、WHOは「ライフスキル」を「日常生活で生じるさまざまな問題や要求に対して、建設的かつ効果的に対処するために必要な能力」（WHO「Life Skills Education in School」）と定義している。

　子ども自身が自分らしく成長していける環境設定や大人からの関わりの重要性について取り組んでいるのが、ワンネス財団傘下の放課後等デイサービス、児童発達支援サービス事業所PONY（沖縄県）である。同事業所では、ホースセラピーと呼ばれる療育プログラムの中で、ソーシャルスキルの向上を促している。利用児童は、専門スタッフのサポートのもと、乗馬や餌やり、ブラッシングといった様々な馬とのふれあいの中で、「他者への思いやり」や「自ら心を開く力」を育み、人それぞれの居場所を見つけるために必要となる大切なことについて「気づき」を得ている。IT化、デジタル化が進み、大人も子どももリアルな対人関係が希薄になっていく傾向の高い現代社会において、ホースセラピーをベースにしたサポートによって、親子や対人関係におけるコミュニケーション不足・孤独を解消することで子どものウェルビーイング向上に寄与している。

　また、同財団では、未成年のゲーム依存に伴う不登校についての取り組みもウェルビーイングを高めることで効果を上げている。小学校高学年以降高校生にかけては、個人差があるがいわゆる「反抗期」の時期にあたり、親からの働きかけが難しいことが多い。

　子どもたちの脳の活動を計測すると、13歳頃を境に報酬と捉えられる声が自分の母親から他の人物に移るという研究もある通り（Abrams et al., 2022）、この時期は、家族以外の人間関係に「居場所」を感じ始める時期である。そこで同財団では、親への関わり方の指導とともに、大学生などの子どもたちの先導者となるような存在から、ウェルビーイングを上げる働きかけをしてもらうことで、「他に熱中できるものができた」「学校に行くようになった」「生活のリズムが改善した」などの効果が見られた。

写真：金武町でのホースセラピーの様子

5．まとめ

　福祉サービスを受ける側のウェルビーイング、主観的幸福感を高めていくことにより、受動的な状態から主体的に人生を歩むことができ、結果的にサービスの受け手という立場からの自立（自律）が実現する。国内における従来の福祉サービス事業の多くは「自立支援」と標榜しながらも、利用者の悩みの根本解決ができず、利用が長期化するなどして自立する力や意識を摘み取ってきたのではないだろうか。そのことも、近年の障害福祉サービス等関連予算の増大につながっていると考えられるのではないか。

　予算配分について、重度障害者（児）に対して重点的に支援が提供されることは当然ではあるが、自立の可能性が高い方やその意欲のある方にウェルビーイング視点の支援が功を奏する可能性があり、そのような支援を提供する事業者にも予算を配分することが、長期的に見て持続可能な福祉施策に結びつくと考える。

　また、ウェルビーイングを向上させていく取り組みについては、支援を受ける本人のみならず、家族・支援者にとっても必要である。本人の状態によっては、長期的な支援が必要となるために、家族・支援者側の

心身の疲弊から共倒れや虐待の懸念がある。家族が自身のウェルビーイングを向上していく場やカリキュラム、支援者自身や勤務先事業所全体でのウェルビーイングに関する取り組みによって、共倒れや虐待の予防のみならず、本人の生活にも良い影響が生じるものと考える。

【参考】

厚生労働省「令和5年度予算国の一般歳出における社会保障関係費」

　　https://www.mhlw.go.jp/content/12600000/001144831.pdf

高橋重宏『ウェルフェアからウェルビーイングへ』川島書店（1994）

内閣府ホームページ「Well-beingに関する関係省庁の連携」（202109）

　　https://www5.cao.go.jp/keizai2/wellbeing/action/index.html

荒尾雅文、潮見泰藏「障害者の幸福度は健常者と差があるのか？」

　　https://www.jstage.jst.go.jp/article/cjpt/2013/0/2013_1386/_article/-char/ja/

内閣府経済社会総合研究所「若年層の幸福度に関する調査」

　　https://www5.cao.go.jp/keizai2/koufukudo/pdf/koufukudosian_sono2.pdf

厚生労働省「障害者の生活状況に関する調査」

　　https://www.mhlw.go.jp/houdou/2003/08/h0829-6f.html

一般社団法人平和政策研究所「子どものウェルビーイング」を高める家庭、学校、地域社会―子どもの安全と健康を保障するために―

　　https://ippjapan.org/archives/6530

ダイアモンドオンライン「相談件数が初めて20万件を超過、コロナ禍で児童養護施設が直面する4つの『難題』」

　　https://diamond.jp/articles/-/290232?page=2

Abrams D. A., Mistry P. K., Baker A. E., Padmanabhan A and Menon V. (2022). A Neurodevelopmental Shift in Reward Circuitry from Mother's to Nonfamilial Voices in Adolescence. *Journal of Neuroscience*, 42 (20) 4164-4173

　　DOI: https://doi.org/10.1523/JNEUROSCI.2018-21.2022

第13章　地方自治において具体的政策・施策

OECDの都市政策レポートも住民のウェルビーイングを最重視

細川甚孝

図表1　OECD都市政策の原則

出典：OECD@2019「都市政策の原則」

1．そもそも「OECD都市政策の原則」（OECD Principles on Urban Policy）とは

　経済協力開発機構（OECD）起業・中小企業・地域・都市局（CFE）は、2019年に、「スマート」、「サステナブル（持続可能）」、「インクルーシブ（包摂的）」な都市を実現するため、過去20年以上のOECDの知見を生かし、以下の3つの観点で都市政策を改善していくための11の原則を提唱している。

　まず、都市政策を次ページのように定義している。

都市政策は「あらゆる規模の都市に係る計画・資金調達・開発・運営・持続のために調整された一連の政策決定で、あらゆるレベルの政府が責任を共有する協調的なプロセスによるもの」と定義される。

3つの原則は以下のように示されている。

1　都市の「スケール」に応じた効果的な政策行動
2　一貫性があり、総合的で効果的な「戦略」の導入
3　都市政策を共に立案・実施・検証するための「ステークホルダ」との連携

その中で4つの必要性が示されている。

1　OECDの20年以上に及ぶ都市政策研究から得られた教訓を「明らか」にする。
2　各国政府の政策立案を支援しあらゆる市民の都市における快適な暮らしを向上させる。
3　すべての都市を技術・人口・環境の変化に対応させる。
4　各国政府の取り組みを支援し地球規模の課題を解決する。

２．11の都市政策の原則について

図表２　11の都市政策の原則

出典：OECD@2019「都市政策の原則」

領域1	都市の規模に応じた効率的な政策行動をめざして

原則1	すべての規模の都市における繁栄と幸福度（well-being）の ポテンシャルを最大化すること
原則2	人々が働き、生活する都市圏に着目した政策を取り入れること
原則3	都市と農村の独立性と協調性をサポートすること

領域2	よりよい都市を実現するための一貫性のある統合された効率 的な戦略の導入

原則4	未来を見据えた都市政策のための明確なビジョンを設定する こと
原則5	よりよい環境と低炭素化経済を促進する都市のポテンシャル を高めること
原則6	すべての人々に機会を与える包括的な都市づくりを促進する こと
原則7	都市の開発と幸福度の増進のための諸政策を統合し協働させ る都市政策を構築すること
原則8	地方自治体が都市政策を効率的に実施するための適切な財源 を確保すること

領域3	都市政策を共に立案・実施・評価するためのステークホルダ との連携

原則9	都市政策の立案及び実施におけるステークホルダとの連携を 促進すること
原則10	都市のイノベーションを進める諸主体の能力を強化すること
原則11	都市政策に係る監視、評価及び説明責任を構築すること

3．11の都市政策における幸福度

　11の原則において幸福度は以下のように示されている。都市政策の目標として、幸福度（well-being）が示されている。そして幸福度（well-being）を実現するための政策間連携の必要性が示されている。

原則1　すべての規模の都市における繁栄と幸福度（well-being）のポテンシャルを最大化すること

＊近隣の居住者と利用者、及び世界規模のコミュニティの成長と幸福を生み出し、地域の連結性と強靱さを確保するため、中小、大規模都市の地域資産を活用する。

＊大都市圏・地方のガバナンス、自治体間・都市間協力等により、都市のシステムやネットワークを支援する。

原則7　都市の開発と幸福度の増進のための諸政策を統合し協働させる都市政策を構築すること

　特に以下により、公的機関及びあらゆるレベルの行政全体に及ぶトレードオフを調整し、政策の一貫性を促すインセンティブ、規制、調整メカニズムを設ける。

・経済成長政策がいかに多様な都市に影響を及ぼすか、またその都市に特有の観光資源等の強みは、どれほど地方・地域・国の発展に寄与するかを評価する。

・あらゆる部門の技能を受け入れる、包括的な労働市場を開拓する。

・特に低所得の若年者が、質の良い教育へ公平にアクセスできるよう促し、高次教育機関、企業、地方・地域政府と市民社会間の協力を促進する。

・社会的な結束を促進する観点から、住宅の量、質、価格を多様な住宅需要に順応させる施策を講じ、住宅・交通・土地利用に係る計画を統合する。

・都市の居住者と利用者の、経済的、社会的、文化的機会へのアクセスを向上させる交通政策を立案・計画し、マルチモダリティーの課題を改善し、ソフトモビリティー及び新形態のクリーンアーバン・モビリ

ティーを奨励、利用し、供給側及び需要側の交通管理政策を結合する。
・社会的隔離の縮小に向けた、公共交通中心で複合的な目的に活用できる開発を推進し、包括的な都市設計等による都市再生を実施するため、効果的な土地利用政策を促進する。

4．まとめ

OECD都市政策の原則においても、幸福度はカギとなる考え方の一つとなっていえる。日本における今後の連携した施策展開が望まれる。

【参考】————————————————————

OECD Principles on Urban Policy
　https://www.oecd.org/cfe/urban-principles.htm
経済協力開発機構（OECD）起業・中小企業・地域・都市局（CFE）
　https://www.oecd.org/cfe/cities/OECD-principles-on-urban-policy-Japanese.pdf

幸せとは何かを自治体職員・議員・住民が学ぶ研修のあり方について

細川甚孝

１．概要

　現在、幸福度に関する議論は国・地方自治体レベル問わず、活発化してきている。また、2022年に岸田内閣が示した「新しい資本主義」「デジタル田園都市国家構想」等において、市区町村が核となる動きを行うことが示されている。この意味で、幸福度増進を進めるためには、市区町村及び住民、議員などへの理解促進が必要になる。そこで、本稿においては、自治体職員・議員・住民を対象とした幸福度を学び、公共政策立案に資する研修のあり方について論じる。

２．研修企画の進め方

　研修を実施する上で重要になるのは、研修実施サイクルを設定することである。研修戦略→研修実施→ふりかえり・改善という一般にいわれるPDCAサイクルが重要となる。そこで、重要になるのは研修戦略における狙いの設定及び教授手法・レイアウト配置などである。以下、幸福度に関して配慮すべきか内容も合わせ示す。

（1）研修戦略の設定の必要性

　研修を成功させるためには、明確な達成目標の設定が求められる。達成目標として、大きく、知識習得に重きを置いたもの、そして、知識習得をきっかけとして、行動変容を促進するものが想定される。特に、「幸福度」に関する研修の場合、「幸福度」に関する知識習得をメインとするもの、幸福度を高めるためにどのように行動するかの二つに大別できる。

　これらの目標を達成するために、研修戦略の設定が必要になる。代表

的なものとしては2つのパターンがある。一つはマンダラ型、もう一つはチャート型である。以下、示す。

①マンダラ型

　円形のモデルを使い、全体の流れを示すものである。メリットとしては、起承転結などの研修の流れを一つとして見ることができる。デメリットとしては、全体の資材などの配置に関して別表でまとめる必要性がある。

②チャート型

　表組を使い、チェックリストなどを活用することで、作業リストを示すものである。メリットとしては、一つ一つの作業が明確にできることである。デメリットとしては、流れが一つとして見ることが難しいことがある。

3．研修の流れ（想定）

　知識獲得を目標としたもの、そして、政策立案の行動変化をもたらしたものそれぞれにモデルケースを示す。実際は、知識獲得のパート、政策立案の行動変化それぞれに、目的にそった研修モジュールを示す。

（1）知識獲得を目標とした研修

　幸福度をめぐるさまざまな議論を整理し、以下の項目を紹介する。

①幸福度そのものに対する議論の整理

・そもそもの幸福度とは：happinessとWell-Beingの違い ・各種指標を用いた幸福度の測定手法などの整理

②昨今の幸福度に関する制度的な変遷

・国レベルの幸福度に関する議論の整理 ・自治体等での実践事例

③自分たちのまわりの幸福の検討（ワークショップ）

・自分にとってのhappinessとWell-Beingの違い

（2）制度的な変化をめざすもの
①ペルソナ分析を軸とした幸福度を測定するターゲットの設定
　幸福度を効率的に高めるためには、自治体が行う公共政策及びNPO
などの活動がターゲットとする集団を設定する必要がある。これらの集
団を絞り込むには、ライフスタイルなどの多様な側面から設定する。こ
の多様な側面からのターゲットを設定する代表的なものの一つにペルソ
ナ分析がある。以下、紹介する。

　ペルソナ分析とは、サービス利用者の視点から商品・サービスの開
発・改良・販促などにアプローチしようとするものである。利用者のも
つ、経済的、社会的属性の典型例を詳細に設定していく手法である。特
に、行政の場合、これまでは、性別年齢などを中心とした属性が多かっ
た。
　以下に示す。

□従前の属性：学歴　年収　性別　居住地　出身地　家族構成（既
　婚・子どもなど）　持ち家の有無
◆展開されるべき項目：服のブランド　時計のブランド　化粧品の
　ブランド　乗っている車
　身長　体重　体型　髪型　好きな食べ物　休日の過ごし方　好き
　なテレビ　好きなウェブ　好きな雑誌　好きな音楽　など

　実践的に進めるパターンとしては、既存利用者などに対してインタ
ビュー、アンケート、ワークショップなどを通じて、動向を把握し、
ユーザー像を設定する。設定に際しては、後述する共感マップなどをカ
ギとして分類、整理する。

②共感マップを軸とした幸福度に関する各種動向の把握

　共感マップとは、住民及び顧客の要望・想いに合致する、もしくは、寄り添うサービス・商品を作るための考え方である。理解するカギは、相手の思い・要望などを相手の身になって考える・感じることである。これらの項目を軸として、幸福度を高める社会環境及び活動を整理していく。具体的な項目としては、幸福度に関する情報、幸福度を支える信頼感／安心感／チャレンジへの思考などのサブ要因などの獲得チャンス、内容、形式について把握する。

1	聞く：住民はどんなこと聞いているのか、誰から聞いているのか
2	考える：住民は何を考えているのか、どんなことをきっかけとしているのか
3	動く：どんな振る舞いをどこで、どの場でしているのか
4	見る：日常どんな情報に触れているのか
5	痛み：日々どんなことにフラストレーションを抱えているのか。ストレスはどこにあるのか
6	喜び：どんなことで褒められたいのか。近い将来どんなことをしたいのか

③カスタマージャーニーを軸とした幸福度を上げる戦略づくり

　上記、共感マップを軸として、一連の流れを想定する。この際に有用なフレームワークの一つは「カスタマージャーニー」である。「カスタマージャーニー」とは直訳すると「顧客・ユーザーの旅」という意味である。公共政策の場合、住民／市民がさまざまな行政サービス、NPOなどが提供する社会的活動に出会い、幸福度が向上するロードマップを示す。これを描いて可視化したものを幸福度に関する「カスタマージャーニーマップ」とする。

　一般にカスタマージャーニーの構成要素は情報環境（紙媒体／ウェブ）・活動・感情（ぼやき）・これまでの対応、これからの対応である。

フェイズ 想定されるステップ	①認知	②関心	③検討	④参加	⑤共有
情報環境 （紙媒体/ウェブ）					
活動					
感情 （ぼやき）					
これまでの対応 （自治体/NPO）					
これからの対応 （自治体/NPO）					

4．まとめ

　幸福度の認知度を高め、幸福度を向上させるための研修の考え方を示した。これまでのマーケティング手法を利活用することで、より効果的な成果が想定できる。今後も、幸福度の社会的ニーズが高まることが想定される。今後、社会的な変化を踏まえた、より一層の研修手法の検討が望まれる。

【参考】

ビズメイクメディア

　https://media.bizmake.jp/method/about-emphasy-map/

ミエルカマーケティングジャーナル

　https://mieru-ca.com/blog/customer_journey/

アレックス・オスターワルダー，イヴ・ピニュール『ビジネスモデル・ジェネレーション』翔泳社, 2012

市民参加を生む自治体経営と市民満足度

小紫雅史（奈良県生駒市長）

1．生駒市の統計に見る、市民のまちづくりへの参加と幸福度の関係

　最初に、生駒市のデータを一つご紹介します。

　生駒市における「まちづくりや地域の活動に参加意向があること」と、定住意向や市民満足度に正の相関があることを明らかにした統計です。

　令和2年度の生駒市民満足度調査によると、「地域活動を実践しているかどうか」の質問に対し、「とてもそう思う」と回答した人の幸福度は7.92点であるのに対し、「全くそう思わない」と回答した人の幸福度は5.95点です。また、まちづくりの活動をしたいと強く感じている人の定住意向は69.2%であるのに対し、まちづくり活動をしたいと全く感じない人の定住意向は22.7%となっています。

　このように、まちづくりの活動に参加したいと考える市民や、実際に自治会やボランティア活動に参加している人の定住意向や幸福度は、そうでない人よりも有意に高くなっています。市民を単なるお客様にするのではなく、市民にもまちづくりに汗をかいてもらえるまちのほうが、市民の幸福度も定住意向も高まるといえそうです。

2．生駒市のまちづくりビジョン「自分らしく輝けるステージ・生駒」に込めた思い

　ここで、生駒市のまちづくりのビジョン「自分らしく輝けるステージ・生駒」について説明します。

　生駒市では、私が市長に就任して以来、「自治体3.0」と「ワーク・ライフ・コミュニティの融合」という2つの基本方針を掲げて市政に取り組んできました。

　行政が市民のニーズに対しスピード感を持って対応しようとする自治

体2.0に対し、「自治体3.0」とは、市民や事業者が自分たちの住みたい、働きたい、暮らしたいまちを自ら具体化するための行動を、市民・事業者・関係者と行政がみんなで応援したり、共に汗をかいて進めたりできる自治体です。

　例えば、生駒市には「市民みんなで創る音楽祭」という事業があります。以前は、行政がクラシックを中心にコンサートを企画しており、市民の評価も低くはなかったのですが、中には「ジャズや和太鼓も聴きたい」「子どもが一緒でもコンサートを楽しみたい」などの多様なリクエストも届いていました。しかし、これらのニーズのすべてに行政だけで対応することは難しいのが実情です。そこで、市民が総合プロデュースし、会場確保や広報、費用の一部を行政が支援する「市民みんなで創る音楽祭」という方式に切り替えた結果、多様で素晴らしいコンサートが誕生し、観客数も満足度も上昇しました。このようなプロデュースを成功させた方々は、よほどのことがない限り、本市から転出されません。自分が創ったイベントがある街に住み続けたいのは自然な感情だからです。生駒市の定住意向は全国でも屈指の85.8％です。

　もう一つの「ワーク・ライフ・コミュニティの融合」は、コロナ禍を経てますます大切な概念となっています。もともと本市は大阪のベッドタウンとして発展してきました。しかし、ベッドタウンとは「寝に帰る街」。仕事か家庭かの二者択一のようなモデルです。これを改善するためのモデルが「ワークライフバランス」ですが、このモデルも2つの課題があります。人生は「仕事」「家庭」以外に、地域活動や自己啓発の時間などの要素もあること、また、仕事と家庭とは二律背反のバランス関係ではなく、相互のシナジーによって双方を豊かにする工夫が大切だからです。

　そこで生駒市がめざしているまちづくりの考え方が「ワーク・ライフ・コミュニティの融合」です。

　コロナ禍により、通勤という常識が崩壊し、テレワークや兼業などの多様な働き方が浸透しました。家族と過ごす時間が増えたことで、単に消費する生活から家庭菜園や料理、YouTubeでの発信など、自ら創ったり、発信するライフスタイルが広がりました。また、ステイホームを余儀なくされた多くの現役世代には、素敵な場所やお店、友人を地元で

見つけ、人生100年時代、退職後地域で生活することを意識して行動を始める人も増えています。これは、地産地消や地域循環型経済への関心にもつながっています。

　仕事だけの人生でもなく、ワークとライフとのバランスだけでもなく、多様な働き方（ワーク）、住まい方（ライフ）、暮らし方（コミュニティ）を実現し、さらにワーク、ライフ、コミュニティ相互のシナジーを意識して、多様性のあるライフスタイルをかなえるまちづくりが大切です。

　本市では、このような自治体3.0とワーク・ライフ・コミュニティの融合の考え方を「自分らしく輝けるステージ・生駒」というまちづくりに昇華し、ビジョンとして掲げているのです。

3．ビジョン実現に向けて取り組んできたこと、どうしたら「協創」のまちづくりが可能となるのか？

　いまでこそ、このようなビジョンを示すことができるようになりましたが、生駒市が元からこのような自治体だったわけではありません。市民活動は比較的活発な地域ですが、引っ越してきて日が浅く、地元に愛着が薄い「新住民」も多く、安全で自然環境がよく、一定の利便性があればよい、という市民も少なくありませんでした。

　これを変えるべく、本市職員が取り組んだのが、市民によるまちづくりの行動を促す本気のワークショップ、まちづくりのきっかけを効果的に生み出す「いこまち宣伝部」などの事業です。

　まず、本市のワークショップは、市の方針説明や市民からの意見聴取にとどまらず、原則としてまちづくりの担い手の発見と具体的プロジェクトへのつなぎこみを主目的とし、少なくとも3回1セットで開催します。1回だけのワークだと、自己紹介と市政への要望・課題出しだけで終わってしまいますが、2回目のワークで「行政でやるべきこと」「市民が自分たちでできること」を整理し、3回目のワークで「自分たちでできること」についてチームを組んで具体化する、という流れです。最終回には私も参加し、市民の主体的な提案をお聞きした上で、市としても全力で応援すると表明しています。

　このようなワークを、子育て、高齢者福祉、図書館、文化・歴史、公園など、テーマや場所ごとに行うことで、多くの市民による具体的なまちづくりの活動が生まれています。このような本気のワークショップが市民との協創による生駒市のまちづくりの基本的な仕組みです。

　このようなワークショップと車の両輪として機能しているのが「いこまち宣伝部」です。これは、住んでいる人の目線でまちの魅力を発掘・編集して、市内外に生駒ラブな気持ちを拡散している、市民によるPRチームで、平成27年度から始まり、現在は9期生13名が活動しています。取材したまちの魅力は、市公式Facebook「グッドサイクルいこま」とInstagramに投稿しています。

　この活動のポイントは、部員が生駒の街の魅力を再発見する機会となっていること、行政でなく市民目線で本市の魅力を発信することでより効果的なPRが可能となること、専門家から文章の書き方や写真の撮り方を学ぶ機会を確保し本気の活動を行っていること、卒業後もOB、OGが連携してまちづくりの担い手になっていることなどが挙げられます。本市に引っ越して間もない方の参加も多く、また、充実した本気の活動が市民にも人気で、毎回多くの入部希望者が殺到しています。

　このように、まちの魅力を発見し、仲間とつながる機会を設けていることと、そのような気づきやつながりを、具体的なまちづくりにつなぐワークショップなどの仕組みや機会を丁寧に設けることで、「自分らしく輝けるステージ・生駒」という本市のビジョンが単なる言葉遊びにならないようにしています。

4．SDGs、誰一人取り残さないために必要なこと

　最後になりますが、生駒市は政府から「SDGsモデル都市」に認定されています。

　しかし、SDGsの理念を、市民や事業者などとともに具体的なまちづくりに落とし込み、市民満足度や幸福度を高めていかなければ、本当の意味の「SDGsモデル都市」とは言えません。特にSDGsの理念でよく引用されるのが「誰一人取り残さない」という考え方ですが、困っている人を助けましょう、というだけでは不十分です。誰一人取り残さない

ためには、助ける人と助けられる人の関係性をできるだけ固定化せず、一人ひとりができることをやること、それをみんなで応援することにより、「誰一人、単なるお客様にしない」覚悟が不可欠です。

　生駒市のまちづくりビジョンや自治体3.0の考え方ともつながりますが、これこそが、SDGsに基づく幸福で充実感のあるまちづくりに、一番大切なことだと確信しています。

企業の人材育成研修と地域との相乗効果

島田由香

１．企業の人材育成研修について

　幸せな人は、そうでない人に比べ、生産性が30%、営業成績が37%向上し、イノベーションは300%増加する（カリフォルニア大学教授 ソニア・リュボミアスキー）など、仕事でも高い成果を上げていることはすでにお話ししました（P. 127参照）。そうであるならば、これからの経営のカギは、社員のウェルビーイングを高めること、そしてそれを下げないことだと言えるでしょう。そのために有効な方法の一つである研修において「PERMA」の視点（P. 126）を持った設計は注目に値すると考えています。

　研修を設計する際に必要な要素は、①何をやるのか（What ／コンテンツ）、②どこでやるのか（Where ／場所）、③誰がやるのか（Who ／主催者・ファシリテーター）の3つです。

　①何をやるのか（What ／コンテンツ） については、「PERMA」の視点で見たときに参加者にどのような効果をもたらし得るかで考えます。例えば、研修冒頭で参加者の緊張をほぐすアイスブレークを行う際、参加者がよりポジティブな感情を持つ場づくりの方法として「Good & New」[1] があります。私たちは自分に起きた良かったことを思い出して、それをシェアするだけでポジティブ感情（P）を感じます。また他の人の良かったことを知ると、聞いた側も前向きになり、話した人は「聞いてもらった」ことで相手との強い関係性（R）を感じます。

---

[1]　最近あった「良かったこと」や「新しい発見」をシェアして、全員が拍手するという、教育学者ピーター・クライン氏が提唱したアイスブレーク。

昨今の研究から本当の学びには、「身体知」と呼ばれる、体験から得られる暗黙知が大切だとわかってきました。頭で理解することよりも「体で感じることに重きを置き、それを内省して言語化し、対話を通してシェアする」。これからの研修に必須なのはこのプロセスです。

　②どこでやるのか（Where／場所）を考える際には、「SPIRE」の視点が活用できます。「SPIRE」とは『ハーバードの人生を変える授業』の著者、タル・ベン・シャハー博士が提唱する、自身のウェルビーイングを保つための5つの要素です。

　「SPIRE」はSpiritual＝精神、Physical＝身体、Intellectual＝知性、Relational＝関係性、Emotional＝感情、それぞれの頭文字を表しています。ウェルビーイングな状態であるためには、これらの全体性（wholeness）が大事で、5つが実現されている状態がWhole-Being（全体性を持った在り方）だと博士は言います。

　5つの要素の中でも、特に自分にとって大切な要素を知っておくと、その要素だけは失わないように心がけることができ、ウェルビーイングの低下を防ぐことができます。

　研修は社内の会議室でもできますが、場所を変えると、転地効果[2]によってリラックスでき、より身体知が得られやすくなります。特に地域で行う研修は、SPIREを感じやすい非日常空間に身を置くため、ウェルビーイングを保ち、かつ高めるこの両方に非常に適しています。

　2019年にユニリーバは地域の自治体と連携し「地域deWAA」というユニリーバ流ワーケーションをスタートさせました。「雄大な自然に触れてリラックスできた」「いつもと違う景色を見ながらの仕事ははかどった」「地域の方と知り合えてうれしかった」「会社が社員を信じてくれていることを実感でき、モチベーションが上がった」などの体験者の

---

[2]　日常から離れ、いつもと違う環境に身を置くことによる効果。

声から、場所を変えること、非日常を体験することの意味と価値を感じていただけると思います。

　そして、研修設計において実は最も大切なのが、**③誰がやるのか（Who ／主催者・ファシリテーター）**です。研修の場をホールドしているのが誰か。その人の考え方や在り方次第で、その研修のすべてが決まります。「内側（being）が外側（doing）を決める」これは私の信念の一つですが、本当にその通りだと感じるのが研修の場です。特にウェルビーイングを高めることを目的とする研修であれば、ウェルビーイングの高い人（主催者・ファシリテーター）がデザインし、ファシリテートすることが望ましいでしょう。

　研修が社員への信頼から設計され実施されたとき、最高で最善の結果が生まれます。

　これはつまり、リーダーの在り方と同じです。社員一人ひとりが最大のパフォーマンスを発揮できるようファシリテートし、自分らしく働ける職場環境を整えるのがリーダーの仕事です。リーダーが本来の仕事をするとき、社員のウェルビーイングは高まります。したがってリーダーがウェルビーイングを高める研修、つまりリーダー自身が最初に「身体知・内省・対話」による変化と効果を体験することが、組織全体のウェルビーイングを高めるために有効だと考えられます。

2．事例紹介：究極のウェルビーイングにつながる研修

　人材育成の効果をさらに高めるために、研修の場を地域に置くことは、企業と地域の自治体双方にとってメリットがあると考えています。ここからは企業の人事担当として、また会社横断的な人事研修開発実践者として経験してきたさまざまな研修の中から、ウェルビーイングにつながる究極のリーダーシップ研修だと考えている、島根県隠岐諸島海士町での「SHIMA-NAGASHIプログラム」（以下SHIMA-NAGASHI）の例をもとに、その相乗効果をご紹介します。

まずSPIREの視点で観てみると、見事に5つの要素が取り入れられています。

自然の雄大さと神秘さを肌で感じながら（S）、自分の体を使ってリアルに体験し（P）、その土地の歴史や文化、自然の営みを学びながら（I）、参加者や地元の方との関わりが生まれ（R）、湧き出てくるさまざまな感情に気づく（E）ことが地域での研修ではできるわけです。

「SHIMA-NAGASHIプログラム for CHRO」にみる企業と地域の連携による優れた研修

①何をやるのか（What／コンテンツ）

　自然を体験する、おいしいごはんを食べる、チームプレーを体感する（綱引き）、内省する、感じたことを語り合う、といったアクティビティをファシリテーターが先導します。「身体知・内省・対話」を通じて、自分とは何か、仕事を通じて自分は何がしたいのかなど、深いところを言語化し、腹落ちさせていきます。

②どこでやるのか（Where／場所）

　海士町は、後鳥羽上皇に代表する遠流の地としての歴史を持ち、本土から60km離れた日本海に浮かぶ人口2,200人の島根県の小さな島です。資本主義ではない価値観が色濃く残り、都会で見えるもの得られるものがない離島だからこそ内省が進みやすく、「身体知・内省・対話」する場として適しています。

③誰がやるのか（Who／主催者・ファシリテーター）

　この研修は海士町の地域に根ざした株式会社風と土とによるもので、『世界標準の経営理論』（ダイヤモンド社）の著者で、早稲田大学大学院 経営管理研究科教授の入山章栄先生が監修に入り、私島田と共に現地でファシリテーションを行います。

　町の自然や歴史、アクティビティに適したロケーション、宿、食事、地域の人々や彼らの課題までをもシェアしていく中で、参加者側にも地元側にもさまざまな気づきが生まれます。

3．人材研修による企業と地域のwin-win関係の可能性

　企業の人材育成は、日々の業務の中でも行われていますし、会議室での研修も可能です。

　ですがSHIMA-NAGASHIのような、場所の移動を伴う身体知をベースにした研修は、デジタル化が進む中で、人間にしかできないことが必要とされてくるこれからの時代に、ますます求められると感じています。

　各地域には豊かな自然や独自文化など、そこに住まう人が気づいていないような魅力や潜在的な可能性（暗黙知）が存在しています。地域の人が、自分の暗黙知を言語化し、外部からやってきた研修参加者に教え、伝える。参加者は体験や地域の人たちとふれあいから感じたことを言語化し対話し、互いにシェアすることで、暗黙知が形式知へと押し上げられていきます。これは研修を行う企業側にも、研修を誘致する地域にも、相乗効果が得られる仕組みです。

　この相互作用がたくさんの地域で起こっていけば、ウェルビーイングな人材も地域もどんどん広がっていき、そして日本全体のウェルビーイングの向上を実現できると本気で信じています。

学校教育

1. はじめに

　子どもの幸福度に関しては、2020年9月にユニセフ・イノチェンティ研究所が発表した「レポートカード16」[1] に先進国の子どもの幸福度ランキングがある。ここでは詳細な説明は省くが、調査対象の38カ国中、日本の子どもたちの身体的健康度が1位なのに対して、精神的幸福度は37位とほぼ最下位である。また、子どもの自殺率も38カ国の平均より高く、その結果も反映して、精神的幸福度の低いランキングとなっている。日本の子どもたちが置かれている環境や現状について、われわれ大人、特に直接子どもたちに関わる施策を行う地方自治団体及び学校教育関係者は、危機感を強くして対策を立てる必要がある。

2. 現状

◆不登校

　私は教育関係者のみならず、多くの子育てをしている保護者から相談を受けるが、相談の内容の9割が不登校に関する相談である。この白書の読者自身の子どもが不登校であったり、親戚や知り合いの子どもが不登校であったりと、近親者の中に必ず不登校の子どもがいるのではないだろうか。これは、日本の隅々まで不登校が「蔓延」しているという実態である。

　文部科学省が行った「令和2年度 児童生徒の問題行動・不登校等生徒指導上の諸課題に関する調査結果について」[2] では、小中学生の不登校は約20万人近くに増加している。フリースクール等の代替教育機関に通う子どもを出席とカウントしている学校が多いことを加味すると、実数はもっと多いと思われる。鳥取県の人口が55万人であるから、すでに鳥取県の人口の半数近くの子どもたちが学校へ通えないという状況

224

は、まさに異常であると認知することが必要である。

◆自殺

　厚生労働省の「令和2年（2020）人口動態統計月報年計（概数）の概況」[3] によると、10歳から39歳の各年代における死因の第1位は自殺である。特に、小中学生10歳から14歳の死因の約30%、高校生15歳から19歳の死因の50%以上が自殺によるもので、先進国の中では突出している。

　文部科学省の令和3年「コロナ禍における児童生徒の自殺等に関する現状について」[4] によると令和2年における児童生徒の自殺者数は499人で、前年と比較して大きく増加している。さらに月別で見るとピークであった8月の自殺者数は前年から比べると、34人から65人と、ほぼ倍増している。

　増加の背景として、文科省の有識者会議は「コロナ禍の影響」も指摘している。また、国立成育医療研究センターのアンケート調査 [5] によれば、4人に1人の子どもに中程度以上のうつ症状が見られた。さらに、2021年上半期の小中高生の自殺者数を見ると、昨年を上回る水準で推移している。

◆虐待

　厚生労働省は「令和2年度 児童相談所での児童虐待相談対応件数」[6] で、全国の児童相談所が相談対応した件数を公表している。18歳未満の子どもへの児童虐待は、30年連続で増え続け、2020年度は過去最多の20万5029件に上った。前年度より5.8%（1万1249件）多い。

　虐待のタイプ別では「心理的虐待」が12万1325件（59.2%）で最も多かった。「身体的虐待」が5万33件（24.4%）で続き、「ネグレクト」（育児放棄）が3万1420件（15.3%）だった。心理的虐待の中には、親が教育を名目にして、子どもが傷つきに耐えられる限界を超えるまで、勉強やスポーツ、音楽、習い事などを強制する「教育虐待」も含まれる。

　新型コロナウイルスの感染拡大による自粛で、親と子どもが自宅で過ごす時間が長くなり、児童虐待の増加を懸念する声もあったが、前年度比の増加幅は18年度（19.5%増）、19年度（21.2%）を下回った。また、

20年度の月別の件数では、最初の緊急事態宣言が出た4月が前年同月より13%増えた一方、宣言が解除されていた6月も前年水準を17%上回った。

3．日本の子どもの幸福度が低い原因

◆学校に起因するもの

　知識偏重教育　日本の学校における「授業」といえば、黒板に向かって整然と並べられた座席に子どもたちが着席し、教師の話を静かに聴いているという「一斉授業」が、戦前から70年以上も変わらずに行われているのが実情である。コロナ禍で授業中にタブレットなどのIT機器が導入されてきてはいるが、基本は知識伝達型の一斉授業である。一斉授業では、個々の個性や発達の特性は全く考慮されず、本来子どもたちが生まれ持った才能や能力を発揮するどころか、自由な感情表出さえも押し込められているのが現状である。

　管理教育　いわゆる「ブラック校則」といわれる合理的な理由がよくわからない校則や、子どもたちの人権、多様性を抑圧するような規則がある。「みんな同じでなければならない」という歪んだ平等の考え方、異質であることを排除しようとする学校文化の中で、感性の高い、知能の高い子どもたちが学校不適応を起こしている。

　受験圧力　大手塾をはじめとする受験産業が過度な競争を煽り、それに便乗するかのように公立私立の中学・高校を問わず、いまだに学歴主義から脱却できず、進学重視の運営を行う学校が多い。子どもたちは常に受験という圧力にさらされており、一旦、学歴の経路から落ちこぼれてしまった子どもたちが、自暴自棄になり大きな殺傷事件を起こすこともある。

◆日本の社会・文化・福祉に起因するもの

　生活困難　貧困の状態にある家庭で育つ18歳未満の子の割合を示す日本の子どもの貧困率は13.5%、約7人に1人の子どもが「貧困ライン」を下回っている。ひとり親世帯である。貧困率は48.1%で、ひとり親家庭の半数の子どもたちが貧困状態にあることを示している。主要国36

カ国中24位と最悪の水準である。貧困が原因で生活困難（低所得、家計の逼迫、子どもの体験や所有物の欠如等）に陥っている子どもが多い。

　　長時間労働　日本は長時間（平均で週50時間以上）働いている人の割合が最も高い国の一つで、共働きの割合も高い。ワークライフバランスに苦慮している保護者も多く、子どもに関わる時間が諸外国と比べ極端に少ない。

4．急がれる対策

◆多様な学校を選択できる制度

　日本の多くの子どもたちが、中学・高校のほとんどの時間を、受験のための暗記や受験テクニックの習得のために費やしているが、日本社会は産業の構造変化が進み、イノベーションを起こせるような豊かな思考力を、より必要な成熟社会への移行が求められている。従来のような有名校から有名企業に就職するという考え方を前提とした生き方では、時代に適応するのが難しい。

　文部科学省も従来の「受動的な授業・学習」から「積極的・能動的な授業・学習」のアクティブ・ラーニングへの移行を推進しているが、公立学校への浸透は遅々として進んでいない。一方で、一部の私立学校では一斉授業を伴わない「イエナプラン教育」「モンテッソーリ教育」をはじめ「シュタイナー教育」「サドベリー教育」、A.S.ニールのサマーヒル・スクールの日本版「きのくに子どもの村学園」のような多様な教育方法を有する学校が人気を博している。

　受験制度の見直しを図るとともに、高校の義務教育化（無償化）、プロジェクト学習など体験を中心とする学習の普及を望みたい。

◆子どもにとって最善の利益を考え、子どもの声を聞くこと

　日本は「子どもの権利条約」に1994年4月22日に批准し、1994年5月22日に発効した。批准により、この条約が日本の各学校においても効力を発揮したのにも関わらず、依然として「校則」の見直しや「体罰」・管理主義教育一掃への動きは鈍い。しかも報告義務があるにも関わらず、日本は国連に対して実施の報告をしていない。

「子どもを中心とした学校づくり」「子どもが幸福に学校生活を送れる」ためには、条約に則り「子ども自身の意見表明や権利の行使・決定」また、「保護者の意見を学校に取り入れる」ような民主的な学校づくりが必要である。

◆学校を中心とした家庭支援の輪

　日本では多くの子どもたちが、ひとり親家庭を中心に貧困に苦しんでいる。嫌な言葉ではあるが「親ガチャ」という言葉が、半分諦めの気持ちを持って若者たちの間で使われている。「自分の将来は生まれた家庭の経済状態で決まってしまう」という世代間での貧困の連鎖も生んでいる。

　解決のため政府も「子ども家庭庁」を設け、ひとり親家庭を含め包括的に支援していこうとしている。さらに、行政の支援制度から漏れてしまう子どもや親の支援のためには、例えば無戸籍児のような一人ひとりの実情に対応したきめ細かな支援を行う必要がある。そのためには、地域の学校を中心とした、地域住民、家庭と地方自治団体及び学校教育関係者のより綿密な連携が必要である。

　ひとり親の貧困対策、子育て支援、少子化対策も引き続き支援していくことも大切である。

【参考】

[1]　https://www.unicef.or.jp/report/20200902.html

[2]　https://www.mext.go.jp/content/20201015-mext_jidou02-100002753_01.pdf

[3]　https://www.mhlw.go.jp/toukei/saikin/hw/jinkou/geppo/nengai20/index.html

[4]　https://www.mext.go.jp/content/20210507-000014796-mxt_jidou02_006.pdf

[5]　https://www.ncchd.go.jp/center/activity/covid19_kodomo/related_info.html#3tab

[6]　https://www.mhlw.go.jp/content/000863297.pdf

学校の働き方改革

澤田真由美

1．学校の現状と教育委員会

　教員の長時間労働 [1] は深刻であり、教員のwell-beingの低下は想像に難くない。子どもに直接影響のある教員のwell-beingは学校教育の土台であり、設置者である教育委員会の役割は重要だが、地域によりその果たし具合の差は大きい。

・教育課程の細かいことにまでチェックが入り何度も差し戻され、場合によっては骨抜きにされる
・学校現場では意味を感じにくい教育活動でも、域内全校必須のものとすることで、時間的負荷がかかっている
・学校が考えた業務改善の取り組みを、前例がない等の理由で止める
・教育委員会が決定した人的支援や購入品が学校希望と違うため、むしろ学校の負担になっている
・近隣教育委員会や県の動向を意識しすぎて、肝心の域内学校の声を生かせていない
・学校の権限が弱いため、地域保護者の要望に校長がその場で対応できず、教育委員会に問い合わせる手間がかかる上に、その姿を見た地域保護者から学校は信頼をなくしている　　等

　well-beingの重要な要素の一つは「自己決定」だが、上記のようなことが起こる地域の学校は自ら考えて工夫することを諦めがちなため、教育委員会事務局の在り方が学校の働き方にもwell-beingにも良くない影響を及ぼしていることがある。

2.「学校の働き方 × well-being」の観点で進むべき方向性と具体的政策

　自律的な学校運営を支えることに教育委員会は役割を転換していく必要がある。

これまでの教育委員会事務局
（学校の管理者）

| どちらかと言えば管理が主で過度な介入や制限をしがち（学校を委縮させていることも） | → | 縦（指揮命令関係）から横（支援、伴走関係）への転換 思い切った権限移譲 | → | 学校の自律/自己決定を支える教育委員会事務局へ |

これからの教育委員会事務局
（学校の伴走者）

　具体的政策としてできることはたくさんあるが、中でも特に重要なものは以下である。

■ 学校管理規則＝学校の自律のための教育委員会を打ち出す／学校に権限を渡す

学校の自律を謳う／教育課程は学習指導要領と教育委員会の定める基準によることだけではなく、子どもや地域の実態等を踏まえて編成するものだと謳う／できるだけ多くを校長が定められるようにする（例：2or3学期制や学年始業日は校長が定める等）／届出等の締切を無理のないものに見直す（翌年度教育課程届出期限は早すぎないか等）／届出・報告・備えなければならない表簿の精選（校長の県外出張は本当に届け出なければいけないのか等）（表簿数は自治体ごとの差が大きい）etc. [2]

■ 予算＝学校が本当に自律するための最たるものであるお金に関することを思い切って学校に任せる

学校に予算編成と執行の権限を与える（学校規模に応じて100万円～1000万円単位で渡す等）／教育委員会にお伺いを立てなくても必要な物を学校が購入できるようにする　←これらは特に小中学校で遅れている

■ 地域協働＝学校間の違いの許容

地域とともにある学校の実現／コミュニティ・スクール等の仕組み整備／地域の課題や声に応じてそこに住む子ども中心で学校運営がなされるため、当然学校間には取り組みの違いが生じることを市民（議会等）に説明・啓発する

■ 学校に伴走＝介入や制限ではなく「伴走」

学習指導要領等の最低限不可欠なことができているかどうかのチェック機関としての小さな教育委員会／思い切って任せながらも失敗を未然に防ぐ体制の構築

3．学校の自律は行政にも大きなメリット

　こうした転換によって、管理コストが直接的に減るだけではなく、学校や行政に次のようなことが起こる[2]。
①自律的に学校運営をする姿を見た地域が学校を信頼する→支え合いや役割分担がしやすくなり、さらに働きやすくなる。
②学校だけでなく行政にも時間が生まれ、政策形成能力の向上につながる。

4．最後に

　本稿ではこれからの教育行政のあり方の転換について述べてきた。
　転換とは目に見える政策だけではない。根底に流れる価値観・哲学がどのようなものであるのかが重要だ。
　教師を「一律に管理して把握するべき対象で目が離せない者」と見るのか、「保護者の次に子どもをよく知る自立した教育者」として見るのか。前者は疑いに基づいたまなざしであり、後者は信頼に基づいたまなざしだ。前者の視点のままでは表面的には変わったように見えても、いずれ揺り戻すだろう。後者の視点に立てば、前頁のようなこと以外にも、教育行政ができることや手放せることは見つかるであろう。

【注】

[1]　全国の公立学校の1,897校で欠員という教師不足（2022年文部科学省実態調査）であるが、欠員以前の問題として教員一人当たりの業務量がそもそも多く、国の指針で定める「月45時間」の上限を超える時間外勤務をする小学校教諭は64.5％、中学校教諭は77.1％（令和4年度文部科学省勤務実態調査）である。

[2]　学校管理規則参考案（2000年日本教育経営学会）が参考になる。これを参考にした春日市教育委員会では実際にメリットを実現。

第14章　国政において具体的にどのような政策・施策が考えられるか

幸福研究への助成、国としての幸福調査

瀬川裕美

　第10章で述べたように、幸福には多くの要因が関連し、何かを達成すればみんなが幸せになれるというような単純なものではない。文化差や地域差に合わせた幸福についての検討が必要であり、様々な分野の専門家が協働し幸福の研究を行う必要性はもちろん、一般市民がどのような社会をめざしたいのか、一般市民にとっての真の幸福とは何か共に考え協働する仕組みが必要である。大学に所属する研究者だけではなく、民間企業や教育現場や行政機関など、様々な機関で幸福について考えていく必要がある。私たちの国や社会における幸福とは何かを共に考え協働するために一つの手法として、幸福についての研究がある。

　しかし、研究を目的に沿って実施することや研究結果を正確に解釈するためには、一定の研究の素養や訓練が必要になり、研究者のみが研究をしている現状にある。サイエンスコミュニケーションを誤解なく国民に理解してもらう仕組みが必要である。COVID-19流行初期にも国民とのサイエンスコミュニケーションの在り方の課題が浮上したが、国民の情報リテラシーを高めるとともに、研究者自身が研究成果を素人にもわかりやすく伝える努力がより要求される。幸福についてのサイエンスコミュニケーションを図ることに重きを置いた研究助成があっても良いと考える。

　さらに、幸福についての研究者であっても、専攻分野によって重きを置くところが異なる。努力を積み重ねれば積み重ねるほど、人は自分自身の分野第一主義になりがちである。しかし、幸福研究は、私たちの命の営みそのものについての包括的な研究であり、どれほど先鋭な研究者であっても一つの分野のみで対処できるものではない。多分野横断型の

研究なくして幸福の政策や地球の未来を語ることはできない。

　しばしば、Well-beingとHealthの違いは何かという議論がある。HealthとはWHOの定義でWell-being（HEALTH IS A STATE OF COMPLETE PHYSICAL, MENTAL AND SOCIAL WELL-BEING AND NOT MERELY THE ABSENCE OF DISEASE OR INFIRMITY）と説明されているが（WHO, 1948）、このHealth分野において、Planetary Healthという概念が提唱されている（S. Whitmee 2015）。PublicHealth、OneHealth、GlobalHealthを超えた地球規模の視点で持続可能性や世界の均衡なども視野に入れた概念である。筆者個人としては、HealthはWell-beingの一部であると捉えており、PlanetaryWell-beingという概念を目指し、多文化多国家多分野横断的なWell-beingの研究が進むと良いと考えている。

　国の戦略として幸福を推進し幸福の研究を助成する際には、幸福の視点を設定することが必要である。個人としての幸福、家族としての幸福、居住する環境・地域・集落における幸福、職場や学校などの所属する場としての幸福、自治体としての幸福、企業体としての幸福、国家としての幸福、地球規模の幸福はそれぞれに関連しており、連鎖するが、調査する際には何を測定しているのかに留意する必要がある。個を基準とした評価であるのか、個を元にした集団評価であるのか、個を基準にしない集団評価であるのかによって結果は変わる。また、時間軸への配慮である。日本は超高齢社会であるが、高齢者の幸福に主眼を置いた調査と若者や次世代の子どもたち、また子を産み育てる世代へ主眼を置いた調査では内容が異なるだろう。次世代にとどまらず、未来の日本の幸福を考えた時に、目先の経済や健康などのみではなく、教育の在り方や産業開発、人口動態と食料自給率のバランス、自然との共存・環境保全や生物の多様性の確保、国家の安全保障、伝統文化の継承、グローバル戦略などの課題もまた幸福に関わる課題となる。

　さらに、前述したように、日本文化を反映できる指標を測定する必要がある。例えば内田（2014）が提唱したような協調的幸福はその一つであるが、心理学以外の場面においても日本文化を反映させた指標があってしかるべきだろう。この日本文化が反映される項目の開発や日本独自の国家としての幸福概念の提唱については未だに議論途上である。他国

の模倣ではない日本文化に沿った幸福の在り方とその測定方法の探索が求められる。

　国家としての幸福調査である場合には国全体の現状を反映させた代表性の確保が必要であると同時に多様性を確保し、少数派を拾い上げる研究手法の選択も重要である。しばしば統計上の外れ値と呼ばれるものの背景分析結果に、課題解決の糸口があることがある。

　少し書き出すだけでも多くの考慮すべき点が挙げられ荷の重いイメージになりかねないが、裏を返せば「日本の幸福」を本気で調査するということは、多くの現代日本の課題解決につながるとも捉えられる。政府・民間企業・自治体・大学など組織や個人の垣根を越えて、日本の幸福について良い活発な議論と研究が進むことを願う。

幸せ視点の働き方改革

島田由香

1．はじめに

「すべての人が笑顔で自分らしく生き、豊かな人生を送る社会を創る」

　これが私のパーパス（私がこの世に存在している大いなる目的）です。

　私は民間企業で人・組織づくりに携わってきました。「働き方改革」には本気の思い入れがあり、企業の枠組みを超えてその推進に力を入れてきましたが、これまで見てきた多くの企業が行ってきたのは、テレワークや育休制度の充実など【働きやすさ】を中心とした施策であるように感じています。

　もちろんそうした取り組みは、働く人のウェルビーイングを高めることにつながるのでとても大切なのですが、私のパーパスの実現のためには、もう一歩踏み込んだ視点が必要だと考えています。「働く」ということは「幸せ」の対義語などでは全くなく、毎日の3分の1という多くの時間を使っているものであり、自身のやりがいや達成感、喜びを味わえる、「生きる」ことそのものなのです。そのことを、政府機関も含めあらゆる機会で伝えてきました。真の働き方改革には、物理的な「働きやすさ」だけでなく、心が感じる【働きがい】を高める施策が必要です。「働く」をプライベートな生活と切り離して考える「ワークライフバランス」ではなく、「Work in Life（ワークインライフ）」つまり、仕事は人生の中の大切な自己表現の場であり、「働き方」が「生き方」と直結するという視点を持つこと。これが幸せ視点の働き方を実現する最初の一歩だと考えています。

　その視点から考えると、企業の取り組みだけでは解決できない根深い課題や、社会全体のウェルビーイングを加速するために必要なことが見えてきました。

　以下は、これまで主に企業の人事としてウェルビーイングの探求と実践をしてきた立場から、「こういう施策があったら、一人ひとりのワー

クインライフ＝幸せな働き方がもっと広がるだろうな」と考えたことを
挙げてみたものです。私は政策や教育の専門家ではありませんので、飽
くまで「こんなことがあったらいいな」という考えを示したものであり、
今回の機会にこれらのアイデアを専門領域の方に検討していただけたら
大変うれしく思います。

2．企業のウェルビーイング推進活動への助成金支給制度

　日本の産業全体の活性化を促すためには、働くすべての人がウェル
ビーイングな状態であることが必須です。ウェルビーイングが高ければ、
結果として生産性は上がり、創造性が高まることでイノベーションが生
まれやすくなり、うつや離職率も減るなどの効果があることからも明確
です（P. 127参照）。

　とはいえ、「何から手をつければよいかわからない」「社内の手続きに
時間がかかる」「そんなコストは捻出できない」などと、なかなか動きだ
せない企業も多いように感じます。企業の行動が一気に進むのは、法令
などによる規制か、助成金や減税などのインセンティブがある場合では
ないかと思います。

　そこで、一刻も早く一社でも多くの企業が働く人のウェルビーイング
を高めるための施策（研修実施、制度の導入、組織変更、就業規則や給
与体系変更、実証研究、副業／複業導入、ツール導入など）を行いモチ
ベーションが高まるよう、企業に対する助成金支給や減税制度を作るの
はいかがでしょうか。

　例えば副業／複業について考えてみると、複数のコミュニティに所属
してパラレルに活動する人は、関係性や活動が広がり、幸せであるとい
うことがわかっています。副業／複業は、働く個人の強みや能力を発揮
する場を広げ、人生の選択肢を増やすことになり、結果的に企業は幸福
度が高く生産性も高い働き手を確保できます。働く人も企業も双方にう
れしい“福業（ハッピーワーク）”になり得るのです。

　小さなところからでも何らかのアクションを起こせば、その施策によ
る直接的な効果だけでなく、「うちの会社はアクションを起こしてくれ
る企業なんだ」というポジティブな空気が伝わることで、働く人の心持

ちも変わっていき、それに伴って業績も上がっていく。そんなプラスの
スパイラルの初速をつけるイメージです。

3．Well-beingマーク

　働く人のウェルビーイングを大切にしている企業かどうかは、実際に
中に入って働いてみないとなかなかわかりません。そこで、社員のウェ
ルビーイング向上に対し意識を向けていると自認する意思表示をしたす
べての自治体・企業に、Well-beingマーク（通称：ウェルビマーク）
を配布するのはどうでしょうか。

　特別な応募条件も、第三者による審査もなく、自ら手を挙げればもら
えるマークです。

　ウェルビマークは、求職者が「社員のことを大切に思う会社か」を知
る手がかりになりますし、マークのある企業で働く人は、マークによっ
てウェルビーイングの大切さに常に思いをはせたり、そのような企業で
働いていることを誇りに思うようになります。

　応募条件や取得条件はない代わりに、それぞれの取り組み内容を積極
的に公開していけば、他社がどのような自社基準でマークを取得したか
がわかり、良い事例を参考にし合ったり、刺激を受けて新たな取り組み
を始めたりすることにもつながるでしょう。

　何より、ウェルビーイングの答えは外にはなく、自分の中にある、そ
れを休現するような自己評価制度なのが、ウェルビーイングらしくてい
いと思うのです。ウェルビーイングは主観的でいい、ということがポジ
ティブ心理学のリサーチでわかっていますから。

4．子どもたちの自律を抑制しない教育の実施

　国がウェルビーイングに本気で取り組むのであれば、義務教育へのア
プローチが非常に重要だと考えます。戦後、日本がものづくりの国とし
て経済発展を進めるために整えた教育制度は「決められたことをやる」
「正解のある問題の解き方を教わり、素早く解けるようになる」ことが
訓練されるものでした。しかし、変化が激しく正解のない時代には、誰

かが決めたことを正しくこなすだけでは立ち行きません。

　例えば、何をやりたいか一人ひとりが自分で選択できる時間を授業として設けるなど、自分の頭で考え、かつ、自分の"好き"に対する感度の高い人間を育む取り組みが欲しいところです。子どもは本来生まれてきた瞬間から自由な発想を持ち、クリエイティブでウェルビーイングそのもの。それを生かす教育がより広く認識されることを願います。

5. 子どもたちの自律を促すための先生へのウェルビーイング推進

　子どもたちの新しい授業を作るよりも先んじて実施すべきは、先生のウェルビーイング向上です。子どもは先生から多くの影響を受けますから。

　多くの先生方は日々試行錯誤を重ね、少しずつ教育現場も変化していることと思いますが、先生が業務過多で自分のことを考える余裕がない状態だと、先生自身のウェルビーイングが低くなり、子どもたちへのウェルビーイングにマイナスに影響します。

　そこで先生への、パーパスワークショップ、ジョブクラフティング、マインドフルネス研修の義務化を提案します。

　仕事柄とてもよく聞かれる質問があります。

「これからどんな人材が必要になるでしょうか?」

　"暇な人"という私の回答に、皆さん一瞬目を丸くして「え?」と驚かれます。暇な人は、スケジュールにも考え方にもスペース(余白)があります。時間に余裕があるから、偶発的に起きた出会いや出来事に純粋に向き合うことができます。ものの見方や捉え方に余裕があるからひらめきも豊富で、そこに純粋に取り組むことができます。実は"ひま"という音にも意味を持たせています。"ひ"は引き出せる人、つまりファシリテーターです。相手や事象の本質と向き合い、それを引き出せる人という意味です。相手の強み、いいところ、素敵なところを引き出せる人、起きている事象の本当の理由を見出せる人、それがファシリテーターです。"ま"は前向きな人、つまり物事の良い方向を捉えられる人という意味です。愚痴や文句を言ってもいい、時にはネガティブな

思考に陥ることもあるでしょう。ですが、“ま”な人は、最後“さぁ、どうしようか”と前を向いて次の一歩を踏み出していきます。

　またスペースは宇宙という意味があります。自分の中に宇宙を持っている、つまり無限に大きな明確な制限のないものへの許容度が高く、自分なりの世界観を大切にしている人。“暇な人”こそ、これからの社会に本当に大切だと思うのです。先生が暇な人だったら、学校という場がどれほど豊かなものになるかと想像すると自然と笑顔になってきます。パーパスワークショップ、ジョブクラフティング、マインドフルネスといった自分の仕事や人生、ならびに自分自身に対する認識を深める時間と機会を作ることで、先生が“ひまな人”へと変わるきっかけになると考えています。自分の仕事に誇りを感じ、どれだけ子どもたちとその未来に大きく影響するのかを認識することで、自分の仕事の尊さ、意義・意味を再確認してモチベーションが自然と高まるプロセスをジョブクラフティングは実現します。改めて自分が存在している理由ならびになぜ先生という尊い仕事をしているのかを全身で体験するパーパスワークショップ、そしてその感覚を毎日深める時間となるマインドフルネスのスキルを得ること。このことは私たち全員に必要かつ大切なことですが、特に未来を創る子どもたちへの影響力が大きい先生達にこれらの研修を実施する意味は大きいと思うのです。

　先生が満たされている状態であることが、子どもたちの無限の能力、可能性、想像・創造力を引き出すカギであり、それが教育の真髄だと思うのです。

6．最後に、一番大切なこと

　すべての働く人のウェルビーイング向上に向けた施策のアイデアをシェアさせていただきましたが、最後にお聞きします。「これを読んでくださっているあなたはウェルビーイングな状態ですか？」

　特に国家・地方公務員の皆さんは、国民のため、住民、社会のためと使命感にあふれ、強い志のもと、日夜、尽力されています。しかし、ここまでお話ししてきた通り、幸せな人を増やし社会を元気にするためには、まずそれを牽引する人間（研修であればファシリテーター、教育現

場であれば先生、国や自治体であればそれを司る公務員）、つまりあな
た自身がウェルビーイングが高い状態である必要があります。ご自身が
ウェルビーイングが高いと感じる瞬間はどんな時でしょうか。そして、
どうしたら仕事を通じてそれを継続し感じられるでしょうか。ぜひ自分
の内側に意識を向けてほしいのです。無理や自己犠牲を重ねた組織には、
どこかで破綻が生じます。地域に根差し、国全体の幸せに直結する仕事
を担われている公的機関の皆さまこそ、ウェルビーイングな状態であっ
てほしいのです。それが自分のためでもあり、地域や国のためにもなる
のですから。

子どもたちの幸せな人生を育むためにどのような教育政策・施策が考えられるか？

鈴木寛

1．教育政策とウェルビーイング

　2021年はわが国において、ウェルビーイング元年とも呼ぶべき年となった。内閣府がウェルビーイング・ダッシュボードを始めたほか、32の国の計画の中でもウェルビーイングという文言が盛り込まれた。

　教育分野に関しても、「子供・若者育成支援推進大綱（令和3年（2021年）4月）～すべての子供・若者が自らの居場所を得て、成長・活躍できる社会をめざして～」において、

「③低いWell-being

　近年、一時的な幸せの感情を意味する"Happiness"ではなく、身体的・精神的・社会的に良好な状態を意味する"Well-being"との概念が国際的にも注目を集め、関連する調査も国内外で行われている。

　例えば、ユニセフによる国際調査6によれば、我が国の子供については、「身体的健康」では38カ国中1位であったのに対し、「精神的幸福度」では37位となっている。社会的な面でも、「すぐに友達ができると答えた15歳の生徒の割合」が40カ国中39位となっている。精神的・社会的側面において我が国の子供・若者のWell-beingの低さがうかがわれるところであり、多様な指標を参照しつつ、バランスよくWell-beingを高めていくことが求められている」

　との記述がなされている。主観的ウェルビーイングについては、自己決定と寛容さとの関連が重要であり、これらの点で改善の余地があると考えられる。

　また、令和3年（2021年）1月にまとめられた中央教育審議会答申「令和の日本型学校教育の構築をめざして」においても、

「一人一人の児童生徒が，自分のよさや可能性を認識するとともに，あらゆる他者を価値のある存在として尊重し，多様な人々と協働しながら

241

様々な社会的変化を乗り越え，豊かな人生を切り拓き，持続可能な社会の創り手となることができるようにすることが必要」
とされ、個別最適な学び（指導の個別化と学習の個性化）と協働的学びの推進がうたわれている。

これらに先んじて、筆者が役員を務めるOECD教育2030では、Individual Wellbeing（個人のウェルビーイング）とSocietal Wellbeing（社会のウェルビーイング）の向上を教育の最上位目的に据え、児童・生徒の自主性・自律性（Agency）を重視し、教育の目標として、新たな価値の創造（Creating new value）、責任の順守（Taking responsibility）、緊張やジレンマの克服（Reconciling Tension and Dilemma）の3つを重視し、AAR（Anticipation, Action, Reflection）サイクルに基づく教育改革を提唱している。

筆者は、文部科学大臣補佐官として、2020年度から始まった新学習指導要領の改訂と2021年度から始まった大学入試改革に携わったが、これらの改革はOECD教育2030の方針と同期して進められた。

2．新学習指導要領と大学入試改革

児童・生徒が、それぞれに自分の良さや可能性を認識するためには、20世紀後半に確立された、学習指導内容を定め、標準的な知識・技能の理解・習得に関する速度と精度と、全国で同一の日時に同一の試験問題によって評価する（大学入試センター試験）という教育現場を変えていかなければならない。そのためには、学習指導要領、特に、高校の学習指導要領については、廃止少なくとも大幅な大綱化が必要であるし、大学入試センターによる全国一斉の共通試験を廃止またはウエイトの軽減を図る必要がある。

今回の改革においては、校長会など教育現場の懸念・反対により、学習指導要領の廃止、全国一斉の大学入学試験の廃止にまでは至らなかったが、2022年度から始まる高校の新学習指導要領の目玉として、総合的な探究の時間（以後、総合探究という）、理数探究の導入と、公共、歴史総合、地理総合などの社会科の抜本改革が行われた。総合探究は、まさに生徒一人ひとりの関心・意欲に基づき独自の探究を行うものであ

り、公共は答えが一つではない課題について、生徒独自で思考し、表現し、それを他者と対話・議論することを目的としたものであり、歴史・地理も知識の暗記偏重を脱し、歴史的事象を現代の諸課題の理解・解決への教訓にしていく力を培う方向に転換された。

　大学入試においても、一斉同時を脱し複数回受験を可能とすべく英語から民間試験導入を一旦は決定し（公立校長会の反対により萩生田大臣が急遽撤回）、従来、地方国立大学の入学者選考においては大学入試センター試験の成績が合否に大きな影響を与えていたのを、ほぼすべての国立大学が個別入試において独自の記述式問題を導入することとなり、それが相対化された。さらに、国立大学協会は入学定員の一般入試偏重を脱し、生徒独自の探究活動、課外活動、特別活動を評価する総合型選抜による入学者を全体の3割にする方針も打ち出し、全体として、入学者の多様化を促進する方向に舵を切った。

　これらの改革によって、生徒それぞれが自分のよさや可能性を認識する学びの要素が高校生の学びにおいて導入されることとなったし、また、総合探究、理数探究は多様な人々との協働によって成り立つ学びであるので、そうした時間が設けられたことは、生徒一人ひとりの独自の個性を持った存在として尊重される契機になっている。

　こうした教育改革が国レベルで行われたが、教育現場の受け止め方には、相当なバラツキが見られる。こうした改革の方向を先取りして、現場での学びをどんどん変えていっている教員、学校もある一方で、多くの教員、学校では、引き続き20世紀型の画一的・標準的な知識・技能偏重の教育が強く残っているところも少なくない。

3．子どもたちの幸せな人生を育むための具体的な教育政策・施策

「子どもたちの幸せな人生を育むために具体的にどのような教育政策・施策が望ましいか」ということでいえば、国の打ち出した方針をいかに学校現場に導入・普及していくかが目下最大の課題である。

　教育振興基本計画などの最上位計画にウェルビーイングの重要性を盛

り込むことなども重要であろうが、学校管理職、教員自身がそのマインドセットを改めることが極めて重要である。つまり、工業社会における優秀な労働者・管理者の育成には極めて有効であった、一律一方向の教え込みレクチャーを減らし、ウェルビーイングの時代を見据え、生徒と教師のウェルビーイングを高めるため、生徒と教師、生徒同士のつながりをより濃密なものにしていくために何をすべきかを再考すべきである。例えば、生徒と教員の一対一の対話・相談する時間や自立・自律した学習態度を獲得した生徒同士の学び合い・教え合いの時間の増加などをもっと意識すべきである。

さらに、議論半ばとなっている、学習指導要領を廃止・大綱化と全国一斉大学共通テストの廃止、または民間試験を含む多様な試験の複数回実施に向けた議論を再開すべきだ。

学習指導要領の大綱化、つまり内容を大括り化して、学習内容の自由度を高め、各学校、各生徒に応じた個別最適化を可能にすること。一方で、学校や教員の負担を軽減するため、様々にアレンジ可能な学習コンテンツ、自学支援ソフト（AIドリル含む）の充実と、生徒が多様な他者との協働的学びを実現するICTの活用方法の研修などが必要となる。

また、大学共通テストの廃止のためには、知識・技能確認問題については、膨大な問題数をプールし、項目応答理論（IRT）に基づき、生徒の本人確認が容易かつ万全で、生徒がいつでも何度でも知識・技能の習得レベルを確認でき、さらに、大学や学部・学科が、各大学での入学後の学びに必要な知識・技能を個別に指定できるような、オンライン・プラットフォームを整備することも有効である。大学側の負担を大幅に軽減した上で、大学のリソースを、大学独自のアドミッション・ポリシーに基づく、数字などでは測れない評価、独自の入学者選抜に振り向け、様々な創意工夫が起きるような条件整備が必要となる。

大学入学者選抜が変わり、高校の学びが変わり、高校の入試が変われば、おのずと中学校、小学校の学びは変わっていくものと思われる。その際、そうした大きな変革の社会的要請が高校はもとより小中学校にも及ぶこととなる。そのためには、様々な対応と準備が必要となる。

様々なレベルでの準備が必要となるが、国政レベルの議論に議論を絞

　るとすれば、学校や教員の役割の再定義、教員養成・採用・研修における、哲学・コンセプトレベルまで立ち返った抜本的な改革である。これは単に国政における議論にとどまらず、保護者を含め、社会全体が学校や教員の役割の再定義の議論に加わり、保護者や市民の意識の変革なくして、成功は望めない。

　具体的には、OECD も提唱している「Future we want」のプログラムも参考になる。こうしたことをモデルに生徒と大人が一緒になって学校をデザインし、プロデュースしていくようなプロジェクトも有効だ。

　そのためには、まず、現在1万校を超えたコミュニティ・スクールに触れたい。全国のすべての学校がコミュニティ・スクール化をめざすことが法定されたが、それぞれの学校で、地域住民、保護者が教員と一緒になって、できれば生徒も加わって熟議を重ね、スクール・ポリシーを一緒に定め、その実現のために教員と市民・保護者が一緒になった協働をさらに普及・加速させていくことが不可欠である。

　そうした保護者、市民の意識変革に支えられて、受け身な生徒への一方的かつ上からのレクチャーの実施者ではなく、自立・自律し協働する生徒に寄り添う学習支援者への教師像の見直しが進展する。個々の生徒の存在を尊重し、そして、尊重された生徒と他者との協働をファシリテートできる教員の養成、採用、研修のため、教職課程の改正など大学での教員養成の改革、教育委員会での採用方法の見直し、教員研修の改革が行われる必要がある。

　しかし、国政レベルでの改革の重要性もさることながら、国の改革を待たずに、現場で考え、現場から動きだす教育現場がどんどん出てくることこそがより重要であることは強調したい。すべての市民が、ご縁のあった子ども・若者たちのウェルビーイングのために、気づいたことを、気づいた時に、できることから、できる時に始めていくこと。そうした微力が積み重なり、いつの日か同期した時に初めて、教育現場の氷が融け、一挙に水となり流動化する相転移が起こる。一見、迂遠ではあるが、そうしたプロセスにこそ価値があり、改革の成果よりも、改革のプロセスの中で、意見や方法論に若干の違いはあれども、こんなにも自分たち

の未来や将来を思い、子どもや若者を愛し、献身的に自発的に活動してくれる、寄り添ってくれる、プロ、アマを問わない大人の存在とエネルギーこそが、子どもや若者たちの主観的ウェルビーイングをもっとも高めることになることを忘れてはならない。

寄付税制

関口宏聡

1．WBと寄付

　WBと寄付は関係あるのだろうか？　多くの人がイメージしやすいのは、どこか誰かのWBが大きく損なわれた際の寄付ではないだろうか。例えば、2011年の東日本大震災をはじめ、地震・豪雨災害等における被災者支援活動や、2022年のウクライナ侵攻でも人道支援活動を行う国際協力NGOへ多額の支援が集まっている。また、今回のコロナ禍においては、社会的弱者や子ども・若者、医療関係者等への寄付が大きく広がったことが家計調査等からもわかる。さらに、なかなかイメージしづらい面もあるが、環境保全・農山漁村振興や文化芸術・スポーツ、科学・技術、まちづくり・観光、人権等の活動もWBに寄与しているといえ、NPOや市民活動はWBと関係が深い。

　こうしたNPO等への寄付は次の4つの側面、（1）寄付した個人・団体／（2）寄付を受けた団体／（3）寄付による活動の受益者／（4）地域や社会全体、でWBに関係してくると考えている。こうした寄付を促進するための政策は様々なものが考えうるが、中心となるのが「寄付税制」である。なお、寄付には様々な形があり、遺贈（遺言書に基づく寄付）や現物寄付（不動産や株式、美術品、著作権等）、相続財産寄付等を含む。ここでは、NPO等への寄付税制について現状と課題、展望について述べたい。

2．個人の寄付税制

　寄付税制は大きく「個人」対象と「法人」対象の2つに分かれている。個人の寄付税制は、以前は諸外国と比較して大きく見劣りする貧弱なものとなっていたが、2011年の「税額控除」方式導入を境にかなり前進しており、対象団体や利用者数・金額等もおおむね順調に増加している。

寄付税制の対象となるのは、個人が認定・特例認定NPO法人や特定公
益増進法人（公益社団・財団法人、社会福祉法人、一部の学校法人な
ど）といった一定の法人に寄付した場合で、所得税や個人住民税の確定
申告をすれば寄付金控除が受けられ、所得税や個人住民税が減税される。
給与所得者（会社員・公務員等）の場合は、源泉徴収されていた所得税
が還付され、翌年の個人住民税が軽減されることになる。

【所得税】
　所得税（国税）の寄付金控除には、寄付金を「所得金額」から差し引
く「所得控除」と「所得税額」から差し引く「税額控除」の2種類が制
度化されている。所得控除か税額控除かは、納税者が有利な方を選択で
き、一部の高額所得者を除き、税額控除の方がより減税され、有利であ
る。

【個人住民税】
　個人住民税（地方税）の寄付金控除は、税額控除の1種類のみである。
所得税の寄付金控除対象団体は全国統一で、どこに住んでいる寄付者で
あっても、等しく利用することができるが、個人住民税の場合は、寄付
者の住む都道府県・市区町村により対象団体が大きく異なる点が特徴で
ある。具体的には所得税の寄付金控除対象団体の中で、都道府県・市区
町村から条例で指定を受けた団体に寄付した際に、個人住民税の寄付金
税額控除が適用される。なお、適用にあたって、所得税の確定申告者は
別途申告不要だが、それ以外の場合は市区町村への個人住民税申告が必
要となる。

【表】所得税（国税）と個人住民税（地方税）の寄付税制

	所得税（国税）※寄付者が選択可能		個人住民税（地方税）
	所得控除	税額控除	税額控除
計算式	（寄付金額－2千円）を所得金額から控除	（寄付金額－2千円）×40％を所得税額から控除	（寄付金額－2千円）×2～10％（※注）の割合を個人住民税額から控除
実際の減税額	上記金額×寄付者の所得税率（5％～45％）	上記金額	上記金額
適用上限額	所得金額の40％	所得税額の25％（所得金額の40％）	所得金額の30％
適用下限額	2,000円 ※ただし、寄付1件当たりの金額が2000円超でないといけないわけではない。 　年間の寄付金合計額が2000円を超えれば適用される。		
対象団体	指定寄付金対象団体、特定公益増進法人（独立行政法人、公益社団・財団法人、社会福祉法人、日本赤十字社等）、認定・特例認定NPO法人など	認定・特例認定NPO法人、税額控除証明を受けた公益社団・財団法人や社会福祉法人、学校法人、更生保護法人等	所得税の控除対象団体の中で、自治体の指定を受けた団体（一部の自治体は、指定を受けたNPO法人も対象）

※注：都道府県指定団体：4％・市区町村指定団体：6％、政令指定都市の場合は道府県指定団体：2％・政令市指定団体：8％
出所：国税庁・財務省ウェブサイト等をもとに筆者作成

　個人の寄付税制については、累次の拡充が進んできた面もあるが、他国と比較しても、まだ以下のような点が課題となっており、改善・拡充が求められている。

- 控除上限額を2倍に引き上げる、上限額がある諸外国では当たり前の「繰り越し控除」を導入する
- 適用下限額（現在は年間2,000円）を撤廃する
- 税額控除率を引き上げる（現在は所得税40％・個人住民税10％）
- 年末調整で寄付金控除適用を認める

【遺贈・相続財産の寄付】

　被相続人（亡くなった人）自身の遺言書に基づき、財産を寄付する「遺贈」では、寄付者側・受入団体側に原則、税制上の負担は生じない（ただし、相続税を不当に減少させる結果となる場合には課税される場合がある）。

　他方、「相続財産の寄付」は、被相続人から財産を相続した相続人（配偶者や子ら）あるいは遺贈により財産を取得した者が、自らの意思により、NPO等へ寄付を行うものである。この場合は相続税の申告期限（10カ月以内）に、認定NPO法人や公益社団・財団法人など一定の法人に寄付した場合には、寄付した相続財産について相続税が非課税となる。

【不動産・株式・美術品・著作権等の現物資産寄付】

　日本は少子高齢社会の到来で、本格的な人口減少が始まっている一方で、個人（家計）が約700兆円の不動産や約2000兆円の金融資産などの多額の資産を保有する「資産大国」だ。こうした資産についてNPO等へ遺贈・寄付する事例も増えている。しかし、税制上は金銭以外のものを寄付する場合は、当該資産の含み益（値上がり益）について"寄付者"に課税される「みなし譲渡所得課税」がネックとなる。これについては、租税特別措置法第40条によって、一定の要件を満たし、国税庁長官の個別承認を得た場合にのみ、例外的に非課税となる特例（一般特例）がある。また、最近の税制改正により新たに「承認特例（一定条件で審査期間を大幅短縮・資産買替可能）」も認定NPO法人等に適用拡大され、活用事例も生まれつつあるが、以下のような改善・拡充が必要だ。

- 認定NPO法人等への資産寄付では「みなし譲渡所得課税」を自動的に適用除外に
- 「不動産等寄付特別控除（仮称）」のような、譲渡所得における寄付促進税制を創設するなど抜本的な拡充
- 新公益信託制度においても、その特徴を生かした制度設計を行い、優遇税制を付与
- 日本版プランド・ギビング信託（特定寄付信託制度）の対象を不動産等にも拡大

3．法人の寄付税制

　法人が寄付する場合は、法人税法上、寄付金を「損金算入」できるかがポイントで、一定の枠内までは認められている。この損金算入枠は、資本金額と所得金額を基に算出され、様々な寄付金で利用できる「一般枠」と、認定NPO法人や公益社団・財団法人等への公益性の高い寄付金限定で利用できる「特別枠」の2種類がある。特別枠で算入しきれない寄付金は、一般枠の枠内で処理できる。なお、金銭だけでなく現物寄付についても上記算入枠は適用されるが、2018年12月の国税庁Q&Aにより、長年の課題であったフードバンクや子ども食堂等への食料品現物寄付の全額損金算入が可能になっている（フードバンク支援税制／食料品寄付促進税制）。

【表】法人税での寄付税制

一般枠	特別枠
特別枠対象法人に加え、NPO法人や一般社団・財団法人、宗教法人、自治会・町会、政治献金、その他の企業・個人等への寄付金等	認定・特例認定NPO法人や特定公益増進法人等への寄付金限定
（資本金及び資本準備金の額×0.25％＋所得金額×2.5％）×1/4 ※資本金・出資金がない法人等：所得金額×1.25％	（資本金及び資本準備金の額×0.375％＋所得金額×6.25％）×1/2 ※資本金・出資金がない法人等：所得金額×6.25％

出所：国税庁ウェブサイト等をもとに筆者作成

　法人の寄付税制については、企業のCSR活動や従業員・NPO等と協働したSDGs推進へ、一層の拡充が必要だ。また、低炭素社会・カーボンニュートラルの実現のためにも、食料品で実現した「廃棄から寄付・寄贈へ」の変革が求められている。企業の内部留保（利益剰余金）は484兆円（2020年度末時点）に達しており、岸田政権の掲げる「新しい資本主義」での抜本的な拡充に期待したい。

- 損金算入枠を米国並みの所得金額の10％まで拡充、「繰り越し控除」を導入
- 食料品以外にも廃棄・ロス等の多い衣類や学用品、家電等の物品寄贈・寄付についても、「全額損金算入」を認める

4．寄付税制の展望

　これらの改善・拡充に加え、厳密には寄付税制ではないが、災害救援ボランティアをはじめ、福祉・教育・環境保全・観光・防犯など様々な分野で活躍しているボランティアやプロボノ活動（専門家等による自分の経験や能力を生かしたボランティア活動）を支援するために、米国のような個人のボランティア活動にかかった経費（旅費交通費・宿泊費・通信費等）の控除制度もWBの観点からは重要となるだろう。中長期的にはNPO等への寄付促進と市民自身のボランティア活動支援が「社会貢献控除」のような形をとっていくかもしれない。

　また、認定NPO法人や公益法人の認定取得・公益認定の基準緩和や手続簡素化を進めて寄付税制対象法人を一層増加させる必要があるほか、特に学校法人や社会福祉法人等で相対的に遅れている寄付金控除対象団体の情報公開強化や、法人格横断の統一データベース整備なども今後の課題だ。マイナンバーやe-Taxなどデジタル・オンライン化が進む社会に対応したアップデートも求められている。

　私は、コロナ禍でより深刻化しWBを損なう孤独・孤立問題や格差・分断にも、寄付税制は大きく貢献できると考えている。本稿も参考に、ぜひ、積極的に活用していただきたいと思う。

パーセント法……PMの資金源の多様化で日本の市民の社会的幸福感や充実感を高める

鈴木崇弘

1．パブリック・社会と資金

　日本には、社会のために資する活動のための資金（パブリックマネー［PM］と称す）における多様性がない。そのPMのほとんどは税金（これは政府・行政に集まる）であり、それ以外の寄付や政治献金などは非常に限られている [1]。これは、日本においては、政府以外では社会（パブリック）に関わる活動や人材が大きく制約されていることを意味するということができる。

　社会が、必ずしも豊かではなく資源が有限で、より豊かになるための方向性がわかりやすい時には、そのように政府が、集中的にお金を集め、人材を抱え、その方向性のために積極的に活動をしていくことは、効率性からいっても理に適っていたといえるかもしれない。

　しかしながら現在の日本のように、社会がある程度豊かになり、それを構成する人々や住民のニーズが多種多様になってくると、政府だけが社会（パブリック）の在り方を決めたり、社会的な仕事や活動をする人材を抱えてしまうと、それらのニーズに必ずしも十分には応えられない状況が生まれてしまうのである。

　また社会が何らかの問題や課題で行き詰まった際に、お金や人材が特定の組織やセクターに集まっていると、多様性や多様な意見や価値観が

---

[1]　「休眠預金等の活用」として、「民間公益活動を促進するための休眠預金等に係る資金の活用に関する法律」（休眠預金等活用法）に基づいて、2009年1月1日以降の取引から10年以上、その後の取引のない預金等（休眠預金等。毎年約700億円程度発生するといわれる）の「社会課題解決」や「民間公益活動の促進」に活用可能な制度が2019年度から開始されている。

生まれにくくなっているので、それらの問題などをブレークスルーできる様々なアイデアや人材が社会的に生まれたり、存在できなくなってしまうことになりかねないのである。

1990年代のバブル経済の崩壊以降の日本のこの約30年間の混迷や低迷はまさに、そのような状況の表れだったのではないだろうか。そして、日本は、長く閉塞感が続き、個々人にとって、「日本は悪くはないが、何となく充実感や幸せを感じにくい社会・国」になってしまっているように感じる。

では、どうしたらいいのだろうか。

それは、日本を、個々人の多種多様なニーズに合い、より良い社会に向けて絶えず社会がイノベートされて（その場合にも、短期的には問題・課題や混乱などは起こりうる）、個々人がより幸せと感じられる、あるいは幸せになれると感じられる社会にすることだろう。そしてその社会の実現のためには、多種多様な資金源があり、それを活用して、様々な人材が、社会を良くできるという「希望」を持ちながら、社会に関わり工夫し、多種多様な問題・課題にチャレンジしていける環境を構築することではないだろうか。

本来、そのような環境をつくるには、日本の多様な個々人が個人寄付をするのが望ましい。しかし、欧米と比較してみても、日本のこれまでの歴史を見ても、それはあまり現実的ではないだろう。また寄付においても、欧米および日本の歴史においても、富裕層の個人資産の活用の役割が大きいことなどを考慮すると、日本では個人が大きな資産を有するようになることには、日本の社会やビジネスの環境、税制度などからも、少なくとも短期的には制約が大きいのが現実だろう。

2．税活用の非営利活動支援……海外および日本の例

PMの視点から見た場合、個人寄付以外にもう一つ方策がある。それは、ヨーロッパのいくつかの国々で導入されている所得税の一部を非営利活動に転用する仕組みである。要は税金を、政府ではなく民間が使えるPMに変換する仕組みである。

その仕組みとして最も有名なのが「パーセント法」であろう。同法は、

ハンガリーにおける次のような状況から生まれた。同国では、1990年代に社会主義から資本主義・民主主義への移行が進められる過程において、不安定な経済・社会情勢が生まれ、その状況に対応するために、市民有志により多数のNPO・NGOが創設・運営され、それまで政府が担っていた公共的サービスや活動の一部の機能を補完するようになっていた。そのために、社会的役割を担う教会とともに、そのNPO・NGOの経済的自立が課題となり、その対策として、個人所得税（国税）の1％相当額を納税者が使途指定したNPO／NGOなどに配分できる「パーセント法」が1996年に制定され、1997年から施行されたのだ。同法はその後、スロバキア（2002年）、リトアニア、ポーランド、ルーマニア（各2004年）でも導入された。各国で相違があるが、現在も継続されている。

　日本でも、「パーセント法」の国際的広がりの中、千葉県の市川市や八千代市、北海道恵庭市、岩手県奥州市、愛知県一宮市、大分県大分市、大阪府和泉市などのいくつかの自治体で導入され、現在も継続している自治体（大分市および八千代市）もあるが、これまでの経験を踏まえて他の制度に移行してきている。

　これらの自治体の試みは、問題や課題などがあったにせよ、政府以外の組織や人々が社会的な活動する財源を生み増加させ、社会・公的活動のプレーヤーを多元化したという意味において評価できる。しかしながら、この仕組みは飽くまで政府・行政の枠の中での試みであり、これらの枠を超えた公の多様化・多元化や幅の広がりに貢献したとはいえず、先述したような社会・公的な活動の財源の多元化・多様化や、いざという時のブレークスルーを生む仕組みにはなっていないと考えることができる。

3．日本における新たなパーセント法の構築

　これまで述べてきたことを勘案すると、日本における「パーセント法」としては、次のような仕組みにしていく必要があるといえよう。
・税金の一部の資金を、PMとして民間の社会的な活動に使えるようにすること。なおその場合、資金の幅を広げられるように、民間人が使

途等を特定して同資金に個人献金等をすることを可能にすべきだろう。
・政府・行政以外の機関が、同PMの使途を決められるようにする。この場合、税金の利活用や使途の評価等ができるのは、日本では、政府・行政以外では、立法府である国会だろう。他方、国会そのものは党派や政治性が高く、同PMの使途における正当性に疑義が生じかねないので、それに設置した独立機関（第三者委員会により運営される国会附設だが独立の機関）しかその対応はできないと考えることができる[2]。さらに、筆者の「東京電力福島原子力発電所事故調査委員会（国会事故調）」の事務局勤務の経験から、同機関への政治的な影響力などをできるだけ減衰させるために、国会は、委員長や個々の委員を直接リクルートするのではなく、飽くまで委員選出チーム（あるいはリクルート委員会。メンバーは3〜5名程度）を設けて、委員（長）候補の選任を行わせるようにする形式にするべきだろう[3]。同委員会は、政府・行政から独立し、専門家などからなる事務局を有し、政策の研究や評価も含む民間で社会的な活動を行い資金提供できる団体やプレーヤーのリスト作成、それらに対する資金提供、審査・評価等を行うものとする。

　そして、調査レポート「寄付白書2021」（認定特定非営利活動法人（NPO）日本ファンドレイジング協会）によれば、20年の個人寄付総額と名目GDPに占める割合で比べると、日本が1兆2126億円（うち「ふるさと納税」が6725億、「ふるさと納税」以外の個人寄付が5401億円）[名目GDPの0.23%]、米国が34兆5948億円[1.55%]、英国が1兆4878億円[0.47%]である。このことからも、日本の社会活動に関わる個人寄付はやはり限定されていることがわかる。実際日本のNPO／NGO

---

[2] 　ドイツの「科学評議会」のように税金の一部を研究への資金援助を審査する中立的な評議機関ができればベストだが、日本ではそのような政府・行政から独立した機関の創設はこれまでに例がない。

[3] 　拙記事「国会事故調に関する私的メモを公表する……日本の政治・政策インフラの向上のために」（Yahoo!ニュース、2021年3月11日）参照。

の多くは、資金の制約で苦労している。

　これに対して、2023年度の所得税は21.4兆円（予算ベース）といわれているので、もし海外のように1％を日本での配分対象にすると2148億円に相当する。この金額は、日本でのPMとしては、社会的活動においてある程度の影響力のあるものになると考えられる。

4．おわりに

　このような組織を通じて、日本に、政府・行政以外の財源ができることで、民間でも「公」の活動に貢献できる組織やプレーヤーが、政府・行政の枠を超えて、より多種多様な社会的な活動や社会を変える動きにも参画できるようになる。そして、そのことでより多くの多様な人々などの価値観やニーズなどに応えることや、行き詰まった際にブレークスルーを見いだしやすくなり、より多種多様な人々の満足・充足感、ひいては幸せがもたらされると考えられるのである。

第15章　幸福の歴史

鷹木えりか

1．はじめに

　幸福は、紀元前5〜4世紀のギリシャ哲学最盛期以来、哲学的な思想のテーマであり、人類の永遠のテーマである。幸福についての研究は、哲学者のアリストテレスやプラトンをはじめ、法学者、心理学者などの多岐にわたる学問の中で研究されてきた。1970年代以降「幸福」に関する研究は、経済学や社会学といった諸分野においても発展してきており、現在に至るまで多くの実証研究が行われてきた。

　そのきっかけともいわれるのが幸福の経済学の先駆者と言われるリチャード・イースタリンが提唱した「幸福のパラドックス」である。アメリカにおいて、一人当たりの所得水準が大幅に増加したにも関わらず、幸福の水準はそれに比例せずあまり上昇していないという研究報告である。国が豊かになれば人々の幸福度も上がるという、従来から政策の柱となってきた前提が大きく崩された。所得と幸福の時系列データの相関が小さい現象はアメリカだけではなく、日本やヨーロッパ諸国でも同様の結果が確認されている。それまで経済成長こそが人々の幸福に貢献すると考えて政策が考えられてきた。しかし「幸福のパラドックス」を見ると、環境破壊やそこに住む人々の気持ちを考慮しないような経済成長重視の方向性について考え直す必要性を示唆している。

　1960年代からGDPなど従来の経済指標のみでは、真の福祉水準を測定しえないという認識は広く共有されてきた。同時にGDPを含む新たな指標によって政策目標の設定や政策評価を行おうとする試みも続けられてきた。

　1972年にブータン国王ジグミ・シンゲ・ワンチュクによって提唱されたGNH、2009年にサルコジ仏大統領がジョセフ・スティグリッツやアマルティア・センらに依頼し『経済業績と社会進歩の測定に関する委員会（CMEPSP）』を発足させるなど、国連を中心に国際的にも連携を

とって、GDPにとって代わる豊かさ指標開発を進める体制になってき
ている。また、日本国内においても、都道府県や市区町村で独自に指標
開発を行うところも増えてきている。

　本章では、ギリシャ哲学思想と現代の幸福研究とのつながり、幸福研
究の歴史、そして国内外の幸福政策や指標開発の時代的な流れといった、
『幸福の歴史』についてまとめる。

２．ギリシャ哲学思想と現代の幸福研究とのつながり

　古代ギリシャのアリストテレスは『ニコマコス倫理学』において『幸
福（エウダイモニア）こそ、人間にとって究極の目的であり、最高善で
ある』と述べた。アリストテレスは、幸福以外の目標はすべて、究極的
に幸福（エウダイモニア）を達成することの手段でしかないと述べてい
る。アリストテレスの言う「エウダイモニア」とは、一時的な快楽や幸
せな気分を意味しているのではない。人間に特有な理性の機能を善く働
かせ、自分の能力を充分に生かした人生を送っているという意味である。

　アリストテレスは、自己の能力を充分に発揮するには、運やツキに恵
まれなければならないと考え、それには様々な必要事項があると述べて
いる。まず、健康や安定した経済生活基盤、そして何かやりたいことが
ある時に、やりたいという意思だけではなく、実際に行動に移せる行動
力が必要であると主張している。大事なのは、いくつもの優位な生活環
境が整って、初めて真に人間らしい生き方ができるという点である。幸
せとは、運任せで環境が決まる場合も多く、すべてが自分の努力次第で
手に入れられるというものではないということを示唆している。

　また、経済的、肉体的資源だけではなく、対人的資源の重要性を強調
している。自分の能力が充分に発揮されていることを理解してもらえる
存在があること。そして、友人やパートナーと好きな活動を共に行うこ
とが一番の幸せだとも述べている。アリストテレスの『人間はポリス
（社会）的動物である』という有名な言葉にも表れているが、人間は共
に生きることを本性としているため、善き人は善き施しを受けてくれる
人を必要とし、至福な人が孤独であるはずがないと考えた。また、幸福
とは或る活動のことであって、財物のように現存しているわけではない

ため、その活動を何かを通して見る必要がある。アリストテレスは友たる善き人、つまり「友人」を「第二の自己」であると考えており、「友人」を通して自己の活動を見る必要があると考えた[2]。この対人的資源に対する重要性の主張が、他のギリシャ哲学者とアリストテレスの幸福観の大きな違いである。

アリストテレスが、幸福において対人資源の重要性を断言したのに対し、師であるプラトンは、その人が幸せな人生を歩んだかどうかは、その人の人格を中心に評価すべきであると述べている。つまり、プラトンの考える幸福観とは、その人が道徳的な人生を送ったのであれば真に人間らしい、幸せな人生を送ったと評価すべきだと主張している。この点で、プラトンがすでに『個人主義的幸福観』の先駆となる見解を提示していたことがよくわかる。このプラトンの見解は、後にカントによって哲学界の主流となった[2]。

アリストテレスとプラトンの「善く生きる」ことが人々の幸福であるといった倫理的視点とは対照的に、紀元前5～3世紀の哲学者アリスティポスとエピクロスに始まる快楽論者たちは、快楽（ヘドニア）の重要性を論じた[2]。アリスティポスは、快楽が最大の善であると唱え、肉体的快楽は精神的快楽よりも望ましいと論じた。可能な限り多くの快楽を集めることに幸福が存するとし、「快楽（ヘドニア）」をその哲学の中核に据えた「キュレネ学派」の祖となった。アリスティポスに反してエピクロスは、感覚的、瞬間的快楽を否定し、身体の健康や、静穏な心の状態（アタラクシア）に至った時に得られる「魂の快楽」を追求することを最高の善とした。エピクロスのアタラクシアを追求する思想は「快楽主義」の質的区別を認めたと言える。この古代の2学派は快楽主義の2つの典型である。

18～19世紀のジェレミ・ベンサムやジョン・ステュアート・ミルは、この快楽主義に社会的視点を導入した。ベンサムは功利主義を創設し、幸福を快楽計算によって量的に表現し、快楽の最大化と苦痛の最小化による差を最大化することによって、個人の幸福度を最大化させるという量的功利主義を考えた。また、ミルはベンサムの功利主義の考えを継承しつつも、幸福には「質」が関わってくるという質的功利主義を唱えた。

　異なる幸福観を表す「エウダイモニア」と「ヘドニア」は、現在の幸福研究で使用されている幸福尺度において、重要な分類の一つの区分となっていると同時に、研究者の間でも論争を巻き起こしている。

　現代でも行動経済学およびプロスペクト理論で有名な、プリンストン大学のダニエル・カーネマン教授は、快楽論がウェルビーイングの基本であるという理論を提唱している。アリストテレスのエウダイモニアでも、自分の可能性を充分に発揮している状態では快楽を感じることが多いであろうし、人生の意義を感じるような行為は喜びを起こすと考えられ、快楽や喜びという以上の概念は、幸福感を理解する上で必要ないと述べている。また、カーネマン教授は、人生を振り返って肯定的に認識できることが重要なのではなく、何か自分で積極的に経験しないことには自己の存在意義を見出せず、自ら何かを達成した上での快楽や幸福感でない限り意味はないということを述べている。快楽や享楽を基礎にする感覚という意味で幸福を理解する考え方に対し、カーネマン教授やエド・ディーナー教授たちが自ら「ヘドニック・サイコロジー（快楽的心理学）」を名乗った。快楽を基礎にする哲学は功利主義に対応するため、功利主義との関連に着目する文献が多く、特に功利主義が強い西洋では、幸福研究でもポジティブ心理学は幸福を実現するための心理学という理解が強く、ポジティブ心理学と功利主義の関係が非常に強いと理解されている側面がある。ポジティブ心理学や幸福研究の中で、ヘドニアを中心に幸福を考えるという快楽派への批判が生じて、いくつかの問題点が提起され、エウダイモニア的な良好な状態の指標を開発しようという経験的研究が進んでいる[3]。

3．幸福度を測定する道のり

　幸福度の測定という問題に関して、多くの古典学者たちがその研究に取り組んできた。その中でも定式化・組織化した初期の人物はベンサムであると言われている。当時、産業革命が目覚ましく進展しつつあったイギリスでベンサムは1789年に刊行された『道徳と立法の諸原理序説』において、快楽と苦痛が人間を支配する自然的事実から出発し、快

楽や幸福を増大するものを善、苦痛や不幸をもたらすものを悪と判断する「功利の原則」を道徳の基準とする『功利主義』を説いた。快楽と苦痛とをそれぞれプラスとマイナスで表し、強度・持続性・確実性・時間的遠近性・生産性・純粋性・延長性という快苦測定のための7つの尺度によって数量的に計算する快楽計算（hedonic calculus）を提案した。これにより、人間が行うあらゆる行為や政策の結果が、個人や社会にもたらす価値（功利：Utility）を判断することができると考えたのである。そして、個人の幸福の総和である「最大多数の最大幸福」を道徳や立法の指導原理として、社会全体の幸福を拡大していくべきという、社会の在り方を唱えた。

　当時、大変注目を集めた快楽計算ではあるが、政策決定に生かすことはできなかった。その理由は2つあるとされる。一つは、快楽と苦悩の強さや持続期間の測定方法を明らかにできなかったこと。次に、政策効果を予想するために必要な、人々が抱える多種多様な感情を集計する方法を明らかにできなかったことである。そのため、ベンサムの快楽計算は、政治学者や哲学者が行う抽象的な議論のテーマとして長い間議論されることとなった [4]。

　幸福の科学的調査のためにウェルビーイング（Well-being）という概念を使うことが多い。ウェルビーイング（Well-being）とは、身体的、精神的、社会的に良好な状態にあることを意味する概念で、「幸福」と翻訳されることも多い言葉である。1946年の世界保健機構（WHO）憲章の草案の中には、「健康とは、病気でないとか、弱っていないということではなく、肉体的にも、精神的にも、そして社会的にも、すべてが満たされた状態（Well-being）にあることをいいます（日本WHO協会：訳）」と書かれている [5]。

　現在、幸福研究（Well-being study）は客観的幸福研究（OWB; Objective Well-being study）と主観的幸福研究（SWB; Subjective Well-being study）とに分けられる。客観的幸福研究とは、GDPや収入、学歴、生活状況、健康状態、笑い声、脳機能計測といった、幸福に関係しそうな指標を何らかの形で客観的に計測しようとする方法である。主観的幸福研究とは、各人の主観的幸福感を、アンケートなどを用いて統

計的・客観的にみる分野である。主観的な申告に依存するので、被験者の気分や置かれた環境の影響といったバイアスが発生しやすいという問題があり、学問の対象にならないと考えられ1970年代まで重視されてこなかった。しかし、客観的幸福研究だけでは、幸福を直接測ることはできない。例えば、所得が多いと幸福そうであるからといって、実際に所得が多いと幸せであるかどうかは、主観的な幸福を調査し、比較してみなければ、結局のところ客観的な幸福データの妥当性は検証できないという問題がある。客観的幸福と主観的幸福を比べてみて、ようやく客観的幸福の妥当性が把握できるため、主観的幸福の計測は重要であるということが理解できるのである[6]。

　一般的に「幸福」・「幸福度」研究は、主観的幸福研究（SWB; Subjective Well-being study）である。主に哲学に始まり、医学、心理学、経済学、社会学などの分野で研究が行われている。

　幸福研究は、心理学が先行して実証研究を行ってきた。（大石・小宮, 2012）によると、心理学における本格的な幸福研究は1930年代までは行われていない。1930年代には、幸せの測定についての論文（Hartmann, 1934;Jasper, 1930）が学会誌に掲載されるようになり、その時点ですでに幸せの測定について再検査信頼性が高いこと、幸せ測定における自己評価が他者評価と合致していることなどが示され、測定に関するかなりの基礎研究がなされていたとされる。しかし、1940〜1970年代後半まで、表に現れる行動しか研究対象としない『行動主義』が主流となった影響により、心理学において幸福研究は休止の状態であった。その間、知能や性格といった、仮説的構成概念（目に見えない概念）の測定技術向上によって、信頼性と妥当性という基礎概念の重要性が広く受け入れられるようなった。また『行動主義』への批判の強まりから、頭の中の解釈や意味付けは必要不可欠であると主張する『認知革命』が起こった。こうして抽象的心的事象が心理学において主流として受け入れられる土台が整い、認知的な現象だけではなく、さらに抽象的な「幸せ」を含めた感情も正当な研究課題として認められるようになった。このような学術的時代背景により、1980年代半ばからは、信頼性と妥当性を持った主観的感情を測定するための尺度が作られるようになった[7]。

心理学でSWBが重視される一方、社会学や経済学といった社会科学の分野では生活の質（QoL：Quality of Life）が重視されていた。経済が発展し、工業生産力や安定した政治体制、高い教育水準を獲得した国では、大量生産や大量消費社会が次第に行き詰まりを迎え、量から質への価値観の転換が叫ばれていたことが背景にある。具体的には、住環境や労働環境の改善、余暇の増加と充実といった、人間的な豊かさが重視されるようになった。

　社会学でQoLの測定を最初に試みたのは、エドワード・ソーンダイクであった。彼は識字率、乳幼児死亡率など客観的に環境を測定する指標を用い、アメリカ310都市から、「良い」都市を指定した（Thorndike, 1939）。その後、1960年代に至るまで社会科学者たちは様々な社会的指標（Social indicators）を作成し、政策や制度の見直しに用いていた。客観的指標の隆盛に対し、当時『認知革命』を迎えていた心理学者たちから、社会指標のような客観的指標は、社会システムの状況の把握に関して、重要な役割を果たしてはいるが、そこに住んでいる人々の感じていることや行動は見えてこないとの批判が起き、1970年代に入ると、QoL概念の中にWell-being感覚を置き、個人の主観的判断、心理的側面を重視する動きが高まった（Dalkey & Rourke, 1973; Mitchell, Logothetti, & Kantor 1973）。

　また同時期に、心理学者のフィリップ・ブリックマンとドナルド・T・キャンベルや、経済学者のリチャード・イースタリンやティボール・ド・シトフスキーらが「所得の高低と幸福の高低が国内においても国際的に見てもほとんど相関しない」とする『幸福のパラドックス』（Brickman and Campbell 1971; Easterlin 1974; Scitovsky1976）を提唱したことにより、「富や所得、財の上昇が、人間の福祉の向上や幸福感の増大につながる」との従来における支配的な考えを見直す大きな契機となる[8]。

　幸福研究において重要な学問分野である行動経済学が始まったとされるのは、1950年代頃であるが、世間的に脚光を浴びるようになったのは1990年代以降である。行動経済学は「人間の行動は常に合理的である」ことを前提に置く伝統的な経済学を批判し、より現実社会に則した

「時に不合理な行動をする人間像」を前提として、経済学の数学モデル
と心理学により、人間の意思決定や判断に関する行動を、正確に理解し
ようとする学問である。

　行動経済学が注目されるようになった背景には、行動経済学の基礎理
論とされるダニエル・カーネマン教授らの「プロスペクト理論」が
2002年に、リチャード・セイラー教授の「ナッジ理論」が2017年に
ノーベル経済学賞を受賞したことがあげられる。これらの研究は、人間
が意思決定で犯す間違いを、系統的に理論として再現性のある形で示し
た。また意思決定の環境に、わずかな変化を加えることで自然な形で行
動変容を誘導できるという実用的な理論として、世界中で民間企業や中
央省庁、自治体等で取り入れられた。セイラー教授は、人々に選択の余
地を与えながらも、望ましい行動を促す特性を持つことから、公共政策
においてナッジ理論を活用することを推奨した。

　1998年には、当時米国心理学会会長であった、ペンシルベニア大学
心理学部教授のマーティン・E・P・セリグマン博士によって『ポジ
ティブ心理学』が発議、創設された。ポジティブ心理学とは、各個人の
人生や、組織や社会の在り方が、本来あるべき正しい方向に向かう状態
に注目し、そのような状態を構成する諸要素について科学的に検証・実
証を試みる心理学の一領域であると定義される。『ポジティブ心理学』
という用語は、一心理学分野についての呼称だけにとどまらず、本質的
に諸学問領域による学際的アプローチを視野に入れての「包括的用語」
として捉えられている。

　ポジティブ心理学では、個人や組織、地域社会、国家の繁栄度の向上
を目標としている。具体的には、ウェルビーイングの構成要素である
「PERMA」と呼ばれる5つの要素の向上によって、繁栄度の向上を目
標としている。現在では、コーチングやコンサルティングをはじめ、カ
ウンセリングやセラピーにおいても、ポジティブ心理学の基本概念が取
り入れられ、大学や民間企業、政府レベルで世界各国においてポジティ
ブ心理学の活用が進められている[9]。

　幸福度の計測が発展し、実際に幸福度の指標化が取り組まれるように

なると、「国際比較」と「国内での幸福様態」の双方を捉えることが重視されるようになる。そこで「文化的幸福観」における研究が注目されるようになった。文化心理学研究において、文化差が幸福感においても見られた（大石, 2009;Uchida, Norasakkunkit, & Kitayama, 2004）。文化が構成・維持されている社会生態学的環境や宗教・倫理的背景などにより、人々が実際に追求する幸福の内容が異なっている可能性がある。日本は同一の経済的水準を持つ先進各国と比較すると、一貫して主観的な幸福感が低いことが数多くの研究により指摘されている。国際比較によって日本の幸福度の問題点を改善することも重要ではある。しかし、これまで幸福度の指標化が欧米主導で行われてきたこともあり、「文化的幸福観」を研究することで日本人にとっての幸福感が欧米基準とは異なる可能性が示唆されている。欧米基準の幸福感を目指すのではなく、日本人にとって望ましい日本的幸福概念を理解し、実現できる社会、文化、環境を整えることが重要な意義を持つと考えられる[10]。

　幸福研究は1970年代から急速に発展し、主観的幸福度の測定がある程度の信頼性と妥当性を兼ね揃えて可能となった。現代に至ってはナッジ理論やポジティブ心理学といった、科学的な根拠を持った手法により、幸福研究が個人の人生から国家の政策まで、あるべき正しい姿に向かうべく活用されるまでに至っている。

４．GDPを超えた豊かさ指標開発の世界的な動き

　幸福政策の歴史の中でも最も世界にインパクトを与えたとされる出来事は、ブータンがGNHという概念を国政として採用したことであるといえる。1972年に第4代国王のジグミ・シンゲ・ワンチュクが即位して以降、GDPによる開発ではなく、GNH（Gross National Happiness：国民総幸福量）による開発を目指すとの宣言が行われ、これが今日に至るまでブータンの国家運営の基本となっている[11]。
「国民の繁栄と幸福」を測る尺度を国政に採用することにより、国民の精神的な満足や豊かさに目を向けるという発想である。物質的な豊かさは、生活環境だけではなく、人々の時間感覚や価値観までをも変える。

GNHは、GDPのような経済指標とは異なった、QoLの質的側面に重点を置いた指標であると考えられ、このような指標が国家の政策目標として掲げられていることは、一つの試みとして国際的に大きく評価された。当時、各国が同じ方向でGDP至上主義を推し進めていた中、果たしてそれが本当に人々の幸福につながっているのであろうかという、多くの人々が心の中に秘めていた強い疑念について、改めて考え、向き合う機会を世界に与えたと言える。

　1990年代には、公害をはじめとする環境破壊の危機が目に見えるようになり、国連が世界規模での地球環境保護への取り組みを主導してきた。国連開発計画では、1990年に「人間開発指数」（HDI:Human Development Index）を発表した。HDIはアマルティア・センおよびパキスタン人経済学者のマブーブル・ハック、その他の優れた人間開発の専門家によって開発された。貧困、労働、環境、政治など、多面的に社会発展の在り方に関するデータ提供と問題提起に使用され、その後の指標開発の礎となった。

　また、1992年6月3日からブラジルのリオデジャネイロで開催された環境と開発をテーマにした国連環境開発会議、別名「地球サミット」が開催された。当時、ほぼすべての国連加盟国172カ国の政府代表が参加する一大イベントとなった。現行の経済成長を許容することは、地球環境破壊を加速させ、地球温暖化が深刻となり、人類を含む多くの生物にとって取り返しのつかない事態が訪れること、そのような事態を回避するために何ができるかを討議し、アジェンダ21（行動計画）が発表された。

　続いて、2000年にニューヨークで開催された国連ミレニアムサミットでは、国連ミレニアム宣言と国連ミレニアム開発目標（MDGs:Millennium Development Goals）が発表され、環境破壊への歯止めと持続する開発の実現に取り組むこととした。また、MDGsの多くの目標は達成されたが、残された問題は、2015年9月に国連で開かれたサミットの中で、2030年までの長期的な開発指針として持続可能な開発目標（SDGs）に引き継がれた。このように、国連において、世界各国が持続する社会経済システムへの転換の必要性を認識することへの合意が図ら

れてきた。

　2007年11月には「Beyond GDP」国際会議にて、社会の進歩を測定する方法を改善することについて、利害関係者（欧州委員会、欧州議会、ローマクラブ、OECD、国連統計委員会、WWFなど）の間で合意がなされた。それは、従来各国ではGDPを拡大させることを目標に各種政策が行われてきたが、主に生産量を計測する目的で作られたGDPでは、「人々の生活の質がどれくらい向上しているか」といった豊かさ（Well-being）や、「将来に利用できる資源がどれだけ残っているか」といった環境面などを充分に評価できないといった問題から、GDPを超えた評価指標を示し、これを政策目標にしていくことが必要であるという認識であった。

　また、リーマンショックやユーロ圏債務危機などの経済危機を背景に、2008年フランスのサルコジ大統領が「GDPに代表される現在の統計では経済社会の実態がうまく捉えられていないのではないか」という問題意識から、ジョセフ・スティグリッツやアマルティア・セン、ジャン＝ポール・フィトゥシの三氏に呼びかけ、アメリカ、イギリス、フランス、インドの経済学や社会学の専門家25名から成る、「経済パフォーマンスと社会の進歩の測定に関する委員会（CMEPSP）」を発足させた。2009年9月には、同委員会がまとめた報告書が公表された。報告書では「社会の幸福度を測定しようとすればそれにふさわしい指標が必要になる」との観点から提言がなされた。複雑な社会の全体像を単一の指標で捉えることはできないとし、①主観的幸福の測定、②能力アプローチ、③公正な配分のアプローチからなるダッシュボード方式で幸福指標を示すことを提案した。主観的幸福の測定は人々の主観を測るのに対して、能力アプローチと公正な配分は、人々の客観的条件と人々がそれらの条件を入手できる機会に注目している。客観的条件には、健康、教育、社会的つながり、環境、生活の安全性、経済的不安などが含まれる。このCMEPSPの提言を受け、2011年に始まったOECDの「より良い暮らしイニシアチブ（Better Life Initiative）」は、各国において比較可能な包括的幸福度指標を国際的なレベルで提示するという試みに取り組み、「より良い暮らし指標（BLI: Better Life Index）」を開発した。BLIは、

OECD加盟国をはじめ、世界各国の幸福指標の基盤となっている[12]。

　また、新たな取り組みとして、2018年にスコットランド、アイスランド、そしてニュージーランドは、GDPが国家の成功を測る究極の尺度となっている現状を変えるために、ウェルビーイング・エコノミーの理解を深め、推進することを目指し、ウェルビーイング経済府（WE-Go:Wellbeing Economy Governments）ネットワークを設立した。「ウェルビーイング・エコノミー」とは、経済活動は社会や自然界の他のものの一部であるという考え方で、「健康」「生活水準」「自然環境の質」「労働保障」「市民の政治参加」など多面的な指標を、GDPと並ぶ経済の指標として捉える新たな経済概念である。

　2022年現在、スコットランド、ニュージーランド、アイスランド、ウェールズ、フィンランドで構成されているWEGoの具体的な取り組みとして、フィンランドではウェルビーイング経済の実施、アイスランドでは幸福指標による政府の意思決定、ニュージーランドでは幸福指標に根ざした幸福予算と生活水準の枠組み、ウェールズでは未来世代の幸福法による幸福の重要性を法制化、そしてスコットランド政府がWEGo事務局のサポートを提供している。このように、非公式なネットワークではあるが、国家間で協力し、ウェルビーイングに基づいた国政を行う動きも起きている[13]。

5．国内における幸福政策の歴史

　日本においては、内閣府、総務省統計局、労働省などにより1970年代以降、暮らしに関する指標（社会指標や国民生活指標など）が発表、検討されてきた。また、上記のような国際機関や各国の動きも反映して2010年12月には、新成長戦略を受け、幸福度に関する研究会（内閣府）を設置した。2011年12月には幸福度指標試案を公表している。そこでは、主観的幸福度を上位概念とし、経済社会状況、心身の健康、関係性を三本柱とする指標群の案を提案し、持続可能性を別に議論を行っている。

また、地方自治体においても、経済的な豊かさ以外の視点も含め、安全・安心や生活環境、人々とのつながりといった非経済的な要素も含めた住民の幸福実感向上を目指した地域づくりの動きが生まれている。

　先駆的な事例として、2004年11月に西川太一郎区長が就任した東京荒川区では、積極的に「住民の幸福実感向上」に関する取り組みがなされてきた。西川区長は就任直後に「区政は区民を幸せにするシステムである」をドメイン（事業の領域）として掲げ、住民の幸福に寄与するため「役所だからこそできる」という発想を全職員が持てるよう、職員の意識改革に強いリーダーシップを発揮してきた。そして、主観的な幸福を増進するためには定量化が必要になると考え、2009年に区のシンクタンクとして荒川区自治総合研究所を設置し、「荒川区民総幸福度（Gross Arakawa Happiness：通称GAH）」の研究を始めた。そして区民の幸福度を指標として表し、その動向を分析して政策・施策に反映させてきた。

　その後、2013年6月5日には、荒川区が発起人代表となり、北海道から九州まで、住民の「幸福実感」の向上をまちづくりの目標にしようという全国52の自治体が東京都荒川区に集まり、「住民の幸福実感向上を目指す基礎自治体連合（幸せリーグ）」が結成された。「幸せリーグ」が結成された背景として、地方自治法の第1条の2第1項に明記されている「地方公共団体は、住民の福祉の増進を図ることを基本として、地域における行政を自主的かつ総合的に実施する役割を広く担うものとする」という規定がある。この住民の福祉の増進、すなわち幸福の増進に真正面から挑戦した取り組みが「幸せリーグ」である。住民の幸福実感の向上という同じ問題意識を持つ基礎自治体同士が交流し、互いに政策について学び合いながら、活動の成果をそれぞれの行政運営に生かし、誰もが幸福を実感できる地域社会を築いていくための連合体である [14]。「幸せリーグ」以外にも、現在では日本全国の多くの地方自治体で、住民の幸福度を政策目標化や指標化する取り組みが増えている。自治体職員と住民たちが一丸となり、自分たちのまちの将来の在り方や、自身の生き方を議論しながら、指標体系の構築を行うこと自体に価値があると言える。

　これらの取り組みの後押しとなるのが、内閣府の政策である地方分権改革であると考えられる。「地方分権改革」とは、住民に身近な行政は、できる限り地方公共団体が担い、その自主性を発揮するとともに、地域住民が地方行政に参画し、協働していくことを目指す改革である。

　2019年7月に行われた地方分権改革の全国知事会議において、憲法における地方自治の本旨の明確化について、全会一致により、決議するとともに、さらなる検討を行うために、「憲法における地方自治の在り方検討ワーキングチーム（WT）」を設置することとなった。

　このWTで議論されたことは、原点に立ち返って、「目指すべき地方（国家）像」を明らかにした上で、住民（国民）が憲法第13条に基づき、それぞれの地域において、幸福を追求する権利が保障されるべきとの観点から、「地方自治の本旨の明確化」をはじめとした原案の課題をさらに掘り下げた修正版「改正草案」をまとめることである。つまり、国と地方が対等な立場で、憲法第13条の趣旨を実現するため、住民一人ひとりが、それぞれの地域において、個人として尊重され、自由および幸福を追求できる国であるべきだとの合意がなされたと言える[15]。

　また、2018年3月に自由民主党政務調査会において『日本Well-being計画推進プロジェクトチーム（PT）』が立ち上げられた。PTでは、大学や民間企業などの有識者ヒアリングを基に、GDPを補完する観点から、人々のWell-being・満足度の物差しとなる指標群の構築などについて、提言を取りまとめ、骨太方針2018、骨太方針2019に盛り込んでいる。また、2020年9月にはPTから特命委員会に格上げし、関係省庁から基本計画についてヒアリングを実施し、様々な分野の計画・基本方針等にWell-beingの視点が盛り込まれていることが確認できた。しかし、Well-beingに関する課題認識や分析、KPIの設定などが不十分なケースが多かったと分析し、その理由として各省担当者のWell-beingに関する理解不足があり、今後は各省庁のWell-beingに関する知見を高める必要性があると述べている[16]。

　また、2021年6月に公表された「経済財政運営と改革の基本方針2021（骨太の方針）」では、政府の各種の基本計画等に、Well-beingに関するKPIを設定することが示された。EBPM（エビデンス・ベースト・ポ

リシー・メイキング）の一環として、政策評価において、データで検証・分析を行い、経済効果だけではなく、国民の幸福度に与える影響を考慮し、政策立案・推進していくとの考えが示された[17]。

　以上のように、国内においても国民の幸福度に寄り添った政策立案が進められている。そうした動きの中で、幸福研究に関する知見、また国際的な取り組みや動向などを把握していくことの重要性が今後増すことになると考えられる。また、多くの研究によって日本人の幸福感の特殊性が指摘されていることから、日本人の幸福感、価値観を重視した、日本人の幸福度・満足度データに基づいた日本独自の幸福政策が重要となってくると考えられる。日本の政府、地方自治体、大学や研究所、民間企業など官民協働で、共に日本らしい明るい将来像を描き、国民一人ひとりが夢や希望を持ち、「日本に生まれて良かった。日本に住むことは幸福だ」と感じられるような国づくりが求められる。

【参照文献】

[1]　アリストテレス『ニコマコス倫理学〈下〉』岩波書店, 1973.

[2]　大石繁宏『幸せを科学する　心理学からわかったこと』新曜社, 2014.

[3]　小林正弥『ポジティブ心理学と公共哲学』Emergence-東京基督教大学, 第巻XIV, 第07, pp.47-49, 2020. http://www.tci.ac.jp/smj/wp-content/uploads/Emergence_14_07-for-web.pdf

[4]　デレック・ボック,『幸福の研究』, 東洋経済新報社, 2011.

[5]　日本WHO協会, "世界保健機関（WHO）憲章とは, "26 6 1951.［オンライン］. Available: https://japan-who.or.jp/about/who-what/charter/.［アクセス日：18 02 2022］.

[6]　前野隆司,『幸せのメカニズム実践・幸福学入門』, 講談社現代新書, 2013.

[7]　大石繁宏・小宮あすか, "幸せの文化比較は可能か？", Japanese Psychological Review, 2012.

[8]　浦川邦夫, "幸福度研究の現状——将来不安への処方箋", 特集／不安の時代と労働, 第612, pp. 4-15, 2011.

[9]　JPPA:Japan Positive Psychology Association, "一般社団法人 日本ポジティブ心理学協会," ［オンライン］. Available: https://www.jppanetwork.org/pppc. ［アクセス日：11 11 2021］.

[10]　内田由紀子・荻原祐二,『文化的幸福観—文化心理学的知見と将来への展望—』, 心理学評論, 2012.

[11]　GNH Centre Bhutan, "History of GNH," ［オンライン］. Available: https://www.gnhcentrebhutan.org/history-of-gnh/. ［アクセス日：18 02 2022］.

[12]　村上由美子・高橋しのぶ/OECD東京センター,『GDPを超えて—幸福度を測る OECDの取り組み』, 第6巻, 第4, pp.8-15, 2020.

[13]　WEGo, "Wellbeing Economy Alliance," ［オンライン］. Available: https://weall.org/wego. ［アクセス日：21 02 2022］.

[14]　住民の幸福実感向上を目指す基礎自治体連合, "幸せリーグ〜住民の幸福実感向上を目指す基礎自治体連合〜", ［オンライン］. Available: https://rilac.or.jp/shiawase/. ［アクセス日：18 02 2022］.

[15]　政権評価特別委員会, "憲法における地方自治の在り方検討WT報告書", ［オンライン］. Available: https://www.cao.go.jp/bunken-suishin/kaigi/doc/kaigi32shiryou09_2_1.pdf. ［アクセス日：18 02 2022］.

[16]　自由民主党政務調査会, "日本Well-being計画推進特命委員会　第四次提言", 2021.

[17]　経済財政運営と改革の基本方針2021　日本の未来を拓く4つの原動力〜グリーン、デジタル、活力ある地方創り、少子化対策〜（令和3年6月18日閣議決定）［オンライン］ https://www5.cao.go.jp/keizai-shimon/kaigi/cabinet/honebuto/2021/decision0618.html ［アクセス日：17 12 2023］.

後書き

谷隼太

　まずこの白書は多くの方々のご協力のもと執筆・出版する事ができました。執筆にご協力頂いた有識者である先生方、一般社団法人ウェルビーイング政策研究所のメンバーの皆さま、本当にありがとうございます。この場をお借りして御礼を申し上げます。

　企画から出版まで月日がかかってしまったのですが、その間にもWell-being（幸せ）に関する環境もめまぐるしく変わってきています。政府の骨太や成長戦略にwell-beingが入り、32以上の官公庁の基本計画にもWell-beingに関するKPIが入りました。世界初のウェルビーイング学部も2024年4月に武蔵野大学に開設され、発刊の言葉を頂いた前野隆司先生が学部長に就任予定となっています。私自身も書籍の出版を企画し、執筆や有識者の方々に執筆をお願いし、白書の制作を進めていく間に、埼玉県秩父市の隣の人口約8000人しかいない横瀬町という町を舞台に、町民だけでなく町外の企業・団体・個人の参加型で日本一幸せな町をつくっていく「みんなでつくる日本一幸せな町横瀬プロジェクト」がはじまりました。

　そんなwell-being（幸せ）に関する環境がめまぐるしく進んでいます。

　一説によると数年前のGoogleトレンドにおける「SDGs」のキーワード検索回数の上昇のしかたと、現在の「Well-being」の上昇のしかたが似ているという情報もあるそうです。

　今これだけWell-beingに注目が集まっている要因はいくつかあると思いますが、一つは本書にもあった通り、これまで国の成功を測る指標としてのGDPが適切な指標ではないという議論や、経済成長重視の世界が個人の幸福実感に結びつかないという議論が、個人としても実感するところであります。

　我々のウェルビーイング政策研究所（当時の名称はウェルビーイングポリシー研究会）で主催した、人の幸せに寄与する国の公共政策の勉強会も、非常にニッチなテーマにも関わらず、平均で約100人、多い時で400人以上の方が勉強会に参加されるほど人々にとって関心の高いテーマであると事を感じましたし、参加者からも今の資本主義を中心とした社会システムに疑問を持つ質問や感想が多く出ていました。

　もう一つは人口減少の問題です。地方創生のかけ声と共に自治体間で移住者獲得を競争するようになりましたが、成功している自治体は一部しかおらず、その成功していると評価される自治体でさえ人口が減り続けているというのが大半で、その結果近い将来何を守って人口減少と向き合っていくかという議論に変わっていく可能性があり、その文脈でWell-beingが注目されていると考えられます。

　そして何よりAIをはじめとするテクノロジーの発展が、今後産業革命以来の大きな変化を世の中にもたらしていく事が予想されています。
　先日もchat-GPTがリリースされ一部の試算では将来の失業者数は数億人とも算出されていましたが、オックスフォード大学の研究ではAIやロボットなどのテクノロジーによって、将来的に85%まで仕事が失われる可能性があると指摘しています。

　ここ数十年で世の中に新しいサービスが生まれ続け、昔とは比べものにならないほど便利な社会になりましたが、皮肉にも日本人の主観的な幸福度が概ね変わっていない中、人類はさらに便利な社会を求めテクノロジーの発展による歴史上初めてとも言える変化を迎える可能性が高まっています。

　後者の二つの要因（人口減少とテクノロジーの発展）が今後も加速度を増して変化していく事を考えると、今は、方向性を大きく誤らないように国家や自治体という単位で何を目指していくのか、どのような状態がWell-being（良好な状態）なのか議論していくべきなのかもしれません。

もちろん学問としての幸福学は、主に主観的幸福（subjective well-being）の話ですが、持続可能性や包括性も含めてどのような状態がWell-being（良好な状態）であろうかという指標は、少なくとも今の時代においてGDPよりは参考になると考えられます。

　もちろん何がWell-being（良好な状態）かというのはそれぞれの人や地域や国によっても異なるし、時代によっても変わっていくものだと思います。ただ一旦国や自治体で住民と一緒に議論して決めてみるというのは、変化が激しく10年先は誰にも予想できない社会において、国や地域の方向性を大きく間違えないためにも、必要な議論であり、参考となる指標になるのではないでしょうか。

　最後に本書を出版するに当たり、ご協力頂いた関係者の皆さま、本当にありがとうございました。改めて御礼申し上げます。
　本書が出版されることで、自治体や官公庁、議員さんなど公共政策に携わる方が幸せに関するエビデンスを見るようになり、その結果本当に人のためになる公共政策が作られる事で、より良い社会づくりに貢献する事ができれば、私自身この上なく幸せです。

支援者一覧

個人名・団体名	支援形態
秋口万貴子	個人
安倍昭恵	個人
阿部典子	個人
石黒護	個人
石田さと美	個人
泉谷道子	個人
市川道生	個人
一般社団法人終活カウンセラー協会 終活認定講師 稲葉みどり	個人
農ライファーズ株式会社 代表取締役 井本喜久	個人
井若和久	個人
上田嘉通	個人
牛山雅代	個人
内田昭大	個人
江頭慎一郎	個人
小笠原 卓也	個人
小笠原寛	個人
岡田貴裕	個人

個人名・団体名	支援形態
片岡正美	個人
かたひろ/片岡博	個人
加藤安子	個人
河合和彦	個人
木俣知大	個人
久保田恵理	個人
栗原大	個人
小林大介	個人
救急救命士 近藤 誠人	個人
西郷喜代子	個人
意識「他界」系のkakka こと坂井孝行	個人
ナラティブ人的資本研究所 代表 堺孝善	個人
坂田一倫	個人
佐藤恭子	個人
かたわら代表 佐藤彰悟	個人
佐藤貴幸	個人
柴田照美	個人
ストランデル公子	個人
Be positive 瀬田千恵子	個人
高橋仁美	個人
一般社団法人なでしこ未来塾　髙橋美紀	個人
高山智司	個人

個人名・団体名	支援形態
武田靖子	個人
谷川じゅんじ	個人
土井鉄庸・志穂・唯菜・日向里	個人
キャリアコンサルタント 遠塚慎吾	個人
厝田俊司	個人
SPARKS NETWORK 中村恵美	個人
中山 弘@きょういくの未来 2030VISION Project	個人
中山みずほ	個人
野村つとむ	個人
PaTRiiiCK_RiskTaker	個人
ゆるすこと研究所 所長 平井良明	個人
株式会社WHERE 平林和樹	個人
福西桂	個人
藤井耀	個人
古井康介	個人
古橋香織	個人
正忠	個人
一般社団法人まちのこ団	個人
松岡修平	個人
宮松利博	個人
村松邦子	個人

個人名・団体名	支援形態
森田浩司	個人
保井俊之	個人
矢野和男	個人
山口敦司	個人
ワクワクする社会づくりを目指し全国を異動する公務員 吉弘拓生	個人
米田美香子	個人
脇田真知	個人
株式会社ケアメイト	出版パートナー
株式会社ラシク	出版パートナー
日本電産企画株式会社	名誉発行パートナー

執筆者一覧

梶川遥奈（かじかわ はるな）

道路・公園・広場を整備するまでの調査・設計と、できてからの維持管理・利活用など行政のサポートをする建設コンサルタントの仕事に携わる。仕事をする中で行政や市民みんなが幸せになるまちづくりとは何か模索している。ウェルビーイングはそのヒントになると考え勉強中である。

後藤義明（ごとう よしあき）

心理カウンセラー、ウェルビーイング・心理研究家

東京メンタルヘルス・スクエア、ライフリンクなどのNPO法人や法人企業にて、電話やSNS・対面等による自殺防止のための相談業務やよろず心理相談を手がける。また、タル・ベン・シャハーに師事し、Happiness Studyの国内普及に努めている。著書に『欲望ダイエット』（アメージング出版）など。

小林正弥（こばやし まさや）

1963年生まれ。東京大学法学部卒業。千葉大学大学院社会科学研究院教授。千葉大学公共研究センター長。専門は政治哲学、公共哲学、比較政治。NHK教育テレビ「ハーバード白熱教室」（2010年）では解説を務め、最近はポジティブ心理学の研究にも取り組む。日本ポジティブサイコロジー医学会理事。

小紫雅史（こむらさき まさし）

1974年兵庫県生まれ。2015年に生駒市長に就任し、現在2期目。市民と行政が共に汗をかく「自治体3.0」のまちづくりに取り組み、全国から注目を集めている。2019年度マニフェスト大賞優秀賞受賞。 主な著書に、『10年で激変する！「公務員の未来」予想図』（学陽書房）、『地方公務員の新しいキャリアデザイン』（実務教育出版）など。

西郷孝彦 (さいごう たかひこ)

1954年横浜生まれ。上智大学理工学部を卒業後、1979年より都立の養護学校
（現：特別支援学校）をはじめ、大田区や品川区、世田谷区で数学と理科の教員、
教頭・副校長を歴任。2010年より10年間、世田谷区立桜丘中学校長に就任し、
インクルーシブ教育を学校経営の中心に据え、校則や定期テスト等の廃止、ICT
の活用、個性を伸ばす教育を推進した。

澤田真由美 (さわだ まゆみ)

（株）先生の幸せ研究所代表取締役

自由と可能性に溢れた世の中を学校から創るため、年間200案件以上の学校・園
の改革を手掛ける。著書、『自分たちで学校を変える！　教師のわくわくを生み
出すプロジェクト型業務改善のススメ』（教育開発研究所）他。文部科学省・第
12期中央教育審議会初等中等教育分科会臨時委員。

島田由香 (しまだ ゆか)

株式会社YeeY 共同創業者／代表取締役

アステリア株式会社 CWO（Chief Well-being Officer）

一般社団法人日本ウェルビーイング推進協議会 代表理事

日本企業や社会のウェルビーイングリテラシー向上に貢献。企業の経営支援や人
事コンサルティング、組織文化の構築支援などを通じて、日本企業のウェルビー
イング経営実現に取り組んでいる。

鈴木寛 (すずき かん)

東京大学教授・慶應義塾大学特任教授・ウェルビーイング学会副代表理事

東京大学法学部卒業。通商産業省、慶應義塾大学助教授を経て参議院議員（12
年間）。文部科学副大臣、文部科学大臣補佐官を歴任。教育、医療、スポーツ、
文化、イノベーションに関する政策づくりや各種プロデュース、人材育成を中心
に活動中。

鈴木崇弘（すずき たかひろ）

PHP総研特任フェロー。東京財団設立に参画し同研究事業部長、大阪大学特任教授・大阪大学フロンティア研究機構副機構長、自民党系「シンクタンク2005・日本」設立に参画し同理事・事務局長、国会事故調情報統括、厚生労働省総合政策参与、城西国際大学大学院研究科長教授、沖縄科学技術大学院大学（OIST）客員研究員等を経て現職。

瀬川裕美（せがわ ひろみ）

皆が幸せで健康である社会やケアシステムの構築を目指し、活動を行っている。看護師・保健師として国内外の実践経験を経て、人生の幸福を目指した医療の推進の必要性や社会の中での「ケア」やライフコースを通したケアシステムの在り方、社会文化地域格差に課題を感じ研究を始めた。

関口宏聡（せきぐち ひろあき）

特定非営利活動法人 セイエン 代表理事

1984年生まれ、千葉県佐倉市出身。東京学芸大学教育学部環境教育専攻卒業。2007年からシーズ・市民活動を支える制度をつくる会にてNPO法改正や寄付税制拡充等のロビイングに従事。2021年11月から現セイエンで活動中。白井市市民活動推進委員長、新宿区協働支援会議委員など。

鷹木えりか（たかぎ えりか）

京都府出身。2021年慶応義塾大学卒業。旅行業界、物流業界、金融業界などを経て現在IT会社でアプリケーションの開発に携わる。国内外300以上の資料から幸福に関する先行研究、政府や国・地方自治体の取り組みなどをまとめ、日本人にとっての幸福を政策や日常の生活に取り入れるにはどうすれば良いか考えている。

谷隼太（たに はやた）

一般社団法人ウェルビーイング政策研究所　代表理事／みんなでつくる日本一幸せな町横瀬協議会　事務局長

人を幸せに寄与する公共政策やまちづくりの調査・研究・勉強会の開催に加え、埼玉県の横瀬町にて町内外の参加型で日本一幸せな町をつくるプロジェクトを立ち上げ全体プロデュースを行っている。

徳永由美子（とくなが ゆみこ）

NPO佐倉こどもステーション副理事長＆日本政策学校を経て佐倉市議会議員として20年以上子どもたちの活動づくりや子育て支援を行っている。多様性が大切にされる社会を目指して、Well-being policy研究会に参画。

浜森香織（はまもり かおり）

2002年NTTドコモ入社。モバイルコンテンツのコンサル事業、農業ICTプロジェクト、法人営業部門の人材開発担当課長を経て、2023年4月より千代田区議会議員。区民の幸福度を高める区政の実現を目指して活動中。

細川甚孝（ほそかわ しげのり）

1971年 秋田県仙北市生まれ。

1999年以降、農林水産省系列のシンクタンクを皮切りに、様々なコンサルティング／シンクタンクでリサーチャー及びコンサルタントとして、地域活性化、行政評価、総合計画などの策定支援の業務に従事。2012年独立。早稲田大学パブリックサービス研究所招聘研究員（兼任）行政経営フォーラム会員。

前野隆司（まえの たかし）

1984年東京工業大学卒業、1986年同大学修士課程修了。キヤノン株式会社、カリフォルニア大学バークレー校訪問研究員、ハーバード大学訪問教授等を経て現在慶應義塾大学大学院システムデザイン・マネジメント研究科教授兼武蔵野大学ウェルビーイング学部長・教授。博士（工学）。ウェルビーイングの研究に従事。

三宅隆之（みやけ たかゆき）

一般財団法人ワンネス財団共同代表／精神保健福祉士、公認心理師
刑事施設出所者、依存症者などに対し「生きがいをもった生きなおし」の応援を続けている。奈良県内の再犯防止公民連携プロジェクトのコアメンバーとしても活動。各地のセミナー、講演会などで生きなおし可能な社会づくりについて伝えている。

米良克美 (めら かつみ)

株式会社WeLLBeING代表取締役／慶應義塾大学大学院SDM研究科博士課程学生
製薬会社、コンサル会社を経て、現在はビジネスパーソンの能力開発に携わると
ともに、個人および組織のWell-being向上を目指した活動を行っている。
薬剤師、博士（薬学）、経営学修士（MBA）。

保井俊之 (やすい としゆき)

東京大学卒業、財務省及び金融庁等の主要ポストを経て、官民ファンドREVIC
常務取締役、国際金融機関IDBの日本ほか5カ国代表理事等を歴任。2021年に開
学した広島県立の叡啓大学の唯一の学部の初代学部長・教授に就任。慶應義塾大
学大学院SDM特別招聘教授を兼務。博士（学術）。米国PMI認定PMP、地域活
性学会副会長、ウェルビーイング学会監事、日本創造学会評議員。専門は社会シ
ステムデザイン、ウェルビーイング。著書に『「日本」の売り方：協創力が市場
を制す』（角川新書）など。

著者プロフィール

一般社団法人ウェルビーイング政策研究所

人を Well-being（幸せ）にする公共政策やまちづくりを研究・実践しています。
具体的には、人を Well-being にする公共政策やまちづくりの調査や研究、勉強会の開催、書籍の執筆等を行ったり、埼玉県横瀬町にて、みんなでつくる日本一幸せな町横瀬協議会の事務局を担っています。

幸せ白書
～人がより良く生きるために　政策関係者、地方自治体、学校現場、企業は何をすべきか

2024年7月15日　初版第1刷発行

著　者　一般社団法人ウェルビーイング政策研究所
発行者　瓜谷 綱延
発行所　株式会社文芸社
　　　　〒160-0022　東京都新宿区新宿1－10－1
　　　　　　　　　　電話 03-5369-3060（代表）
　　　　　　　　　　　　　03-5369-2299（販売）

印刷所　図書印刷株式会社

ISBN978-4-286-24109-8